déco'récup

pour la maison

déco'récup
pour la maison

Nathalie Lacan-Soudré

SOLAR

Je remercie la société Rougier et Plé, qui m'a procuré
une grande partie des fournitures nécessaires à ce livre.
Je remercie également la société Marie-Papier de m'avoir
généreusement équipée et de m'avoir accueillie
très agréablement.
Pour tous les tissus, les boutons, les fils à broder et les rubans
utilisés dans ce livre, je remercie la société Bouchara-Eurodif
et la société Entrée des fournisseurs.
Merci aussi à la société Pébéo pour les peintures
et à la société Pain d'épices, qui a prêté certains accessoires
pour les photos.
Je remercie également les personnes qui m'ont aidée à réaliser
cet ouvrage, et plus particulièrement monsieur Jean Galard,
qui m'a spontanément ouvert les portes de sa maison.

Photographies
Philippe Galard et Sébastien Straessle

Conception graphique, suivi éditorial et réalisation
ELSE,
Anne-Laurence Darrasse et Blaise Daures

ISBN : 2-263-02912-5
Code éditeur : S 02912
Dépôt légal : mars 2001

Préface

Aujourd'hui, récupérer devient un véritable art de vivre, une sorte de réflexe. Cette activité est sans limite. Alors, ne jetez rien, triez, gardez et créez !

L'ouvrage traite quatre grands thèmes, qui sont les bases de vos récupérations : le bois, le verre, les papiers et cartons, et, enfin, la nature. Pour chaque thème, je vous propose une quinzaine d'objets à créer, dont la réalisation est détaillée comme une recette de cuisine : la liste du matériel, puis, étape par étape, les différentes opérations à effectuer, illustrées de dessins explicatifs. Le niveau de difficulté, le temps de réalisation et le coût sont indiqués par des points de couleur. Les créations proposées font appel à plusieurs aptitudes manuelles : couture, broderie, bricolage, peinture… qui, toutes, laissent la plus belle part à votre imagination.

Laissez parler vos goûts, vos envies, osez les touches personnelles. Si, de plus, vous travaillez dans la joie et la bonne humeur, l'objectif de cet ouvrage aura été atteint !

NATHALIE LACAN-SOUDRÉ

Sommaire

Le bois 10
noble et chaleureux

Le verre 56-57
sobre et élégant

Sommaire

Le papier et le carton 92
doux et naturels

La nature 134
authentique et généreuse

Quelques

Récupérer et chiner sont devenus une habitude chez ceux qui aiment décorer et personnaliser leur maison ou leur appartement en dehors de tout standard et loin de l'uniformité ambiante. Ce que nous avons chez nous raconte notre histoire, et nos choix esthétiques reflètent notre personnalité.

Aujourd'hui, les styles se mélangent : la commode ancienne d'une vieille tante, le bougeoir rapporté de Turquie, la vaisselle chinée dans un vide-grenier, la petite table récupérée sur un trottoir… Objets fétiches, souvenirs et bonnes occasions s'unissent allègrement dans l'univers de nos intérieurs, uniques et personnels, renouvelés au fil des opportunités.

L'intention

Dans cet ouvrage, le choix des 4 chapitres – bois, verre, papier et carton, nature – correspond à une envie de préserver la nature ; sont donc exclus le plastique et ses dérivés ni naturels ni recyclables. Les créations proposées dans ce livre préservent la nature. Elles font même plus : elles l'invitent à entrer dans la maison avec ses couleurs, ses textures, ses lumières, ses parfums et ses matières.

Le livre

Dans chacun des 4 thèmes, vous trouverez des objets à réaliser. Les degrés de difficulté sont différents d'un objet à l'autre. D'une manière générale, le thème du bois présente des réalisations un peu plus difficiles que les autres, car l'outillage est plus délicat à utiliser. Prenez le temps, cependant, de vous attarder sur le sujet, vous trouverez quelques créations assez simples, et donc encourageantes.
Ne négligez pas, en début de chapitre, les conseils et les renseignements concernant les matériaux. Ce petit temps de lecture vous permettra de glaner des informations utiles pour bricoler.

La récupération intelligente

La récupération s'effectue partout, elle n'est limitée que par votre imagination. Ouvrez grands les yeux, et des objets utilisés, hier sans valeur, prendront un tout autre sens.
Dans la consommation courante, par exemple, gardez les bouteilles, les pots de yaourt, et tous les bocaux en verre. Stockez également les boîtes en carton et les papiers.

Si vous allez au marché, choisissez le moment où les commerçants remballent leurs marchandises.
Vous trouverez quantité de cageots, boîtes de fromage, papiers recouvrant certaines oranges…

Soyez exigeant sur l'état de ce que vous ramassez ; inspectez bien toutes les faces : un objet récupéré en bon état implique un moindre travail de rafistolage. La plupart du temps, vous devrez poncer, recoller des morceaux cassés, boucher des trous. Veillez donc à alléger ce travail par un choix judicieux.

Le bois

Prenez-le sec ou faites-le sécher avant de l'utiliser car il se déforme avec l'humidité. Un cageot mouillé gondolera au séchage et deviendra inutilisable. Récupérez donc le bois pendant les jours de beau temps.

Le verre

Facile à récupérer, le verre est rarement très abîmé. Choisissez avec soin les formes des bouteilles, pots et bocaux que vous trouverez car elles contribuent à la réussite finale de la création. Promenez-vous dans les supermarchés, au pied des bennes de recyclage, qui regorgent d'emballages en verre, ou dans certaines décharges publiques. Vous découvrirez à coup sûr des pots de yaourt, des bouteilles de boisson, d'huile.
Vous constaterez aussi que les verres s'ornent de teintes différentes avec lesquelles vous pourrez jouer.
Lorsque vous dînez chez des amis ou au restaurant, pensez à récupérer les bouteilles les plus originales. Sollicitez vos proches, ils seront ravis que vous les débarrassiez d'objets inutiles et encombrants.

Le papier et le carton

On en trouve absolument partout. Pensez à conserver les sacs en papier que vous donnent les magasins lorsque vous achetez des vêtements, des accessoires, des parfums. La diversité des emballages est considérable, vous trouverez aisément formes, tailles et couleurs différentes.
La presse offre, elle aussi, un excellent potentiel de récupération. Magazines et journaux peuvent contribuer à décorer des objets.
Pensez aussi à garder les papiers cadeau et les étiquettes de vin.
Lorsque vous faites le marché, gardez les emballages de fruits, des clémentines, mandarines et oranges notamment.
Vous en aurez l'utilité.
Le carton des boîtes à chaussures ou à bottes, pour enfants ou adultes, sont aussi une bonne base de travail.

conseils

Gardez-les, ainsi, d'ailleurs, que les petites boîtes à bijoux ou autres accessoires.

La nature
Elle offre en toute saison – bien que l'hiver soit moins généreux – une gamme infinie de richesses à portée de la main. Promenez-vous à la campagne, à la montagne et faites provision de tout ce qui vous est offert : du bois, de la brindille à la grosse bûche, de la mousse, des fleurs, des plantes, des fruits, des pommes de pin, des glands, des châtaignes, des marrons. Lorsque vous allez au bord de la mer, pensez à ramasser des coquillages, des galets, des étoiles de mer, du bois flotté. Faites provision de sable de couleur et de grosseur de grains différentes.

La méthode

N'hésitez pas à mélanger sur un même objet des éléments de provenances diverses : de la mousse cueillie à la campagne s'harmonisera avec le cageot récupéré sur le marché et avec la bouteille dont vous avez débarrassé votre voisin. Les alliances inattendues rendent les créations originales, sans parler des souvenirs que feront naître les objets, mémoire vivante des endroits où vous les aurez dénichés. Enfin, mettez votre entourage à contribution. Les Chantrel partent en Thaïlande ? demandez-leur de vous rapporter des coquillages. Les Sarchet font une croisière ? ils récupéreront un petit sac de sable à votre intention.

Prenez du plaisir à chiner dans les brocantes, dans les vide-greniers ou même sur les trottoirs, mines d'or pour la décoration. Vous découvrirez des merveilles, mais aussi des personnes, vendeurs amateurs ou professionnels souvent aussi passionnés que vous. N'hésitez pas à négocier les prix, c'est courant dans ce genre de métier. Transformez les objets en leur imprimant votre patte personnelle, détournez-les de leur utilité première. Vous apprendrez dans ce livre, par exemple, à transformer des patères en lampe, un livre en boîte ; un miroir banal en un véritable objet précieux. Laissez libre cours à votre imagination, vous créerez des objets origianux, amusants, utiles.

L'organisation de l'atelier

Bricoler doit être un plaisir. Aussi, choisissez un endroit de la maison où vous vous sentez bien et installez-y un petit atelier.

La sécurité
Vous devez travailler dans des conditions de sécurité maximales, pour vous et pour votre entourage. L'idéal est de pouvoir fermer l'endroit où vous travaillez lorsque vous n'y êtes pas. Outils contondants ou produits nocifs (certaines peintures ou diluants par exemple) seront ainsi à l'abri des arrivées intempestives d'enfants et d'animaux domestiques. Si vous ne pouvez pas le faire, soyez très prudent et rangez votre matériel en hauteur, ou dans un placard fermé, hors de portée. Protégez-vous les yeux les mains, surtout lorsque vous manipulez des outils électriques ou des produits nocifs. Achetez dans un magasin de bricolage des lunettes protectrices et des gants renforcés, vous travaillerez ainsi en toute sécurité.

Mon conseil
Évitez de tenir l'objet dans une main et l'outil dans l'autre. Coincez l'objet dans un étau solidement fixé à la table et travaillez avec les deux mains, sans risque de dérapage de l'outil sur vos doigts.

La propreté
Ayez toujours un aspirateur et un chiffon à portée de main, car l'endroit où vous travaillez doit être propre sous peine de salir l'objet que vous créez. De la poussière collée à la peinture et au vernis que vous êtes en train de passer peut vous obliger à recommencer le travail. Si vous coupez beaucoup de bois, protégez-vous de la poussière avec un foulard devant le nez ou avec un petit masque filtrant. Il en existe de très simples dans les magasins de bricolage.

L'organisation
Rassemblez l'outillage et les fournitures près de votre table de travail et ayez toujours à portée de main les éléments nécessaires à la réalisation de vos créations. Vous gagnerez du temps. Le choix et l'utilisation des outils est expliqué au début de chacun des chapitres. Si vous hésitez sur un achat, demandez conseil aux vendeurs. Si vous n'avez pas beaucoup d'outils, emprun-tez-en à votre entourage, ou bien louez-en durant le temps de votre réalisation. Vous trouverez de nombreuses adresses d'entreprises de location dans l'annuaire.

Et maintenant, après ces quelques conseils, au travail ! Mais le travail, dans le domaine de la décoration, est surtout un plaisir… Alors, au plaisir !

TEYRE
E·AU

Le bois noble et chaleureux

Récupérer le bois

Récupérer du bois est assez facile. En effet, sur les marchés et chez les commerçants, les emballages des produits consommés offrent un choix considérable. Allez sur les marchés plutôt en fin de matinée et observez les différents emballages que les commerçants jettent. Les cageots, par exemple, ont des formes et des tailles très variées ; c'est aussi le cas des boîtes de fromage.

Je vous conseille de faire de la « récup' » les jours où il ne pleut pas car, sous la pluie, le bois se gorge d'eau et gonfle. Quand il sèche, il se déforme et se craquelle. On a souvent des mauvaises surprises. Regardez bien ce que vous ramassez, choisissez des cageots en bon état dont le fond n'est pas abîmé. Demandez les boîtes à vin à des commerçants, à des amis amateurs de vin, dans les supermarchés qui organisent des opérations de vente de vins. Ces boîtes sont souvent demandées, mais se trouvent encore assez facilement. Dans des rues commerçantes, vous verrez parfois des palettes utilisées pour transporter des marchandises. Récupérez-les, les planches qui les constituent pourront vous servir dans le montage de certains objets.

Toutes ces récupérations de bois peuvent servir de base à la création d'objets. Vous pouvez aussi les désosser et récupérer ainsi le bois pour fabriquer des objets. Parfois, les inscriptions que l'on trouve sur le bois récupéré sont colorées et amusantes. Elles peuvent contribuer au style de vos créations.

Préparation du bois

Après vos récupérations, vous devrez très souvent préparer le bois avant de le transformer et de le décorer, car il est rarement parfait.

Nettoyage

Si une étiquette est collée sur le bois, commencez par retirer tout ce que vous pouvez avec un grattoir. Utilisez ensuite un papier abrasif pour l'enlever complètement. S'il reste de la colle, imbibez un chiffon d'acétone ou de dissolvant et frottez sur les traces.
Enfin, poncez l'emplacement de l'étiquette. Si le bois est taché, lavez-le à l'eau, puis poncez les taches jusqu'à ce qu'elles disparaissent. D'autre part, s'il y a des clous ou des agrafes sur le bois, retirez-les soigneusement avec une pince.

Ponçage

Les surfaces des cageots et des boîtes en bois sont souvent rugueuses. Avant de commencer à réaliser un objet, poncez toujours soigneusement le bois avec un papier abrasif jusqu'à ce que la surface soit bien lisse.

Rebouchage

Bouchez tous les trous, fentes et autres accrocs dans le bois avec de la pâte à bois.
Si les accidents sont profonds, procédez par étapes, en laissant toujours bien sécher la pâte à bois entre chaque couche. Lissez ensuite la surface en ponçant avec un papier abrasif fin.

Dépoussiérage

Si le bois est très poussiéreux, passez l'aspirateur.
Ensuite, passez une éponge légèrement humide et laissez bien sécher.

Mon conseil
Si vous souhaitez décorer le bois en y collant du papier ou des tissus peu épais, il vous faudra uniformiser sa surface. En effet, sur de nombreuses récupérations, il existe des motifs peints ou gravés, des nœuds très foncés, qui pourraient se voir par transparence. Pour faire disparaître ces imperfections, passez une ou deux couches de peinture avant de poser le papier ou le tissu.

Outillage utilisé pour travailler le bois

Découpe

Les outils varient en fonction de l'épaisseur et de la qualité du bois que vous devez travailler. Ils s'adaptent aussi à la complexité des découpes.

Scie et scie sauteuse

Ces outils sont parfaitement adaptés pour découper toutes les épaisseurs de bois et surtout celles qui dépassent 5 mm. Si vous avez plusieurs découpes à faire, utilisez une scie sauteuse. Elle vous facilitera beaucoup le travail. Après chaque coupe, poncez la partie coupée pour lisser la surface.
Pour bien utiliser la scie sauteuse, suivez ces conseils.
❖ Posez la scie parfaitement à plat sur le morceau de bois à découper ; la lame doit être perpendiculaire au morceau que vous découpez.

❖ Choisissez une lame adaptée à l'épaisseur et à la résistance du bois. Plus le bois est épais et résistant, plus les dents de la lame doivent être grosses.
❖ Maintenez le morceau de bois à découper sur la table avec un étau. Vous maîtriserez beaucoup mieux la découpe

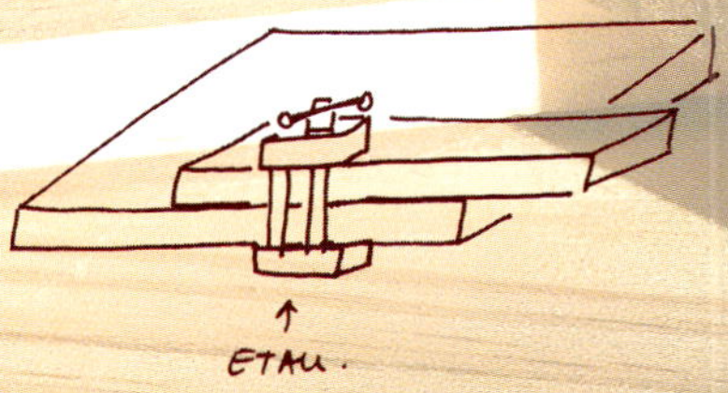

si le bois ne bouge pas. D'autre part, votre main qui ne tient pas la scie sauteuse ne servira pas à tenir le bois pendant la découpe et sera alors bien protégée.

❖ Protégez-vous aussi de la poussière. En effet, les découpes de bois en produisent une grande quantité. Des lunettes pour les yeux et un foulard pour le nez sont indispensables.

❖ Par ailleurs, préparez votre aspirateur avant de commencer à découper, il vous permettra d'aspirer la poussière que vous ferez dans la pièce.

Scie électromagnétique

Cette scie est très souvent utilisée pour tailler de petites pièces en bois pour des maquettes. Elle permet de réaliser toutes les découpes précises et délicates.
Elle s'emploie pour le bois dont l'épaisseur n'excède pas 15 mm.
Certaines, conçues pour être utilisées par des enfants, sont très efficaces pour les découpes fines.

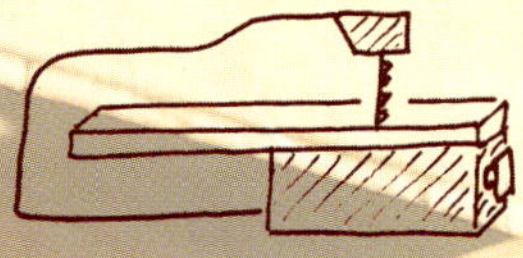

Gros cutter

Utilisez-le pour découper des lignes droites dans des bois très tendres et dont l'épaisseur ne dépasse pas 5 mm (ex. : balsa, latte de cageot très fine). Pour réaliser des découpes droites, travaillez dans le sens de la veine du bois. Appuyez le cutter contre une règle métallique, antidérapante.

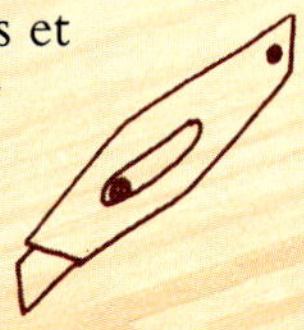

Commencez toujours par passer le cutter une première fois sur la ligne, sans appuyer trop fort, de façon à marquer la découpe, puis repassez-le, autant de fois que c'est nécessaire, jusqu'à la fin de la découpe.

Perçage

En fonction de l'épaisseur du bois et du diamètre du trou, il existe trois possibilités :

Perceuse

La perceuse électrique s'utilise avec des mèches à bois de différents diamètres, permettant ainsi de réaliser des trous de la taille que vous désirez.

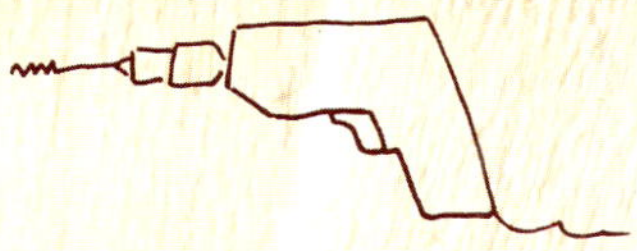

Pour percer des trous parfaitement perpendiculaires à la surface du bois, utilisez un accessoire, le support de perçage. La perceuse se fixe sur l'axe de ce support et peut ainsi percer des trous perpendiculaires à la surface.

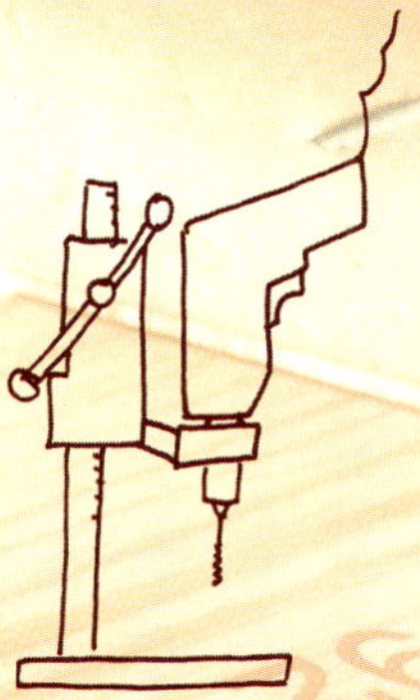

Vrille à bois

Elle s'utilise pour faire des trous de diamètre réduit (environ 2 mm). Elle permet aussi de fixer des petites vis dans le bois.

Clou

Pour faire de petits trous dans des bois fins et tendres, utilisez un clou et un marteau. Protégez votre table avec une planche à découper. On peut aussi utiliser une pointe de compas pour percer certains bois très tendres.

Assemblage

Pour assembler des morceaux de bois, on peut utiliser plusieurs méthodes.

Colle

La colle blanche et la colle à chaud sont très adaptées pour coller le bois. Quand vous utilisez de la colle à bois, il faut toujours bien serrer les morceaux ensemble jusqu'à ce que la colle soit sèche. Pour le serrage, vous pouvez utiliser un étau, des poids ou des serre-joints.

Vis et clou

Les vis ont une meilleure tenue dans le bois que les clous. Ceux-ci conviennent mieux aux bois fins.

Agrafe

Des agrafes de différentes tailles peuvent s'adapter sur les agrafeuses murales. Elles s'utilisent pour des bois d'une épaisseur comprise entre 4 mm et 8 mm environ.

Ponçage

Pour des ponçages fins, vous utiliserez des papiers abrasifs de différentes épaisseurs. En revanche, pour des ponçages plus épais, un rabot sera indispensable.

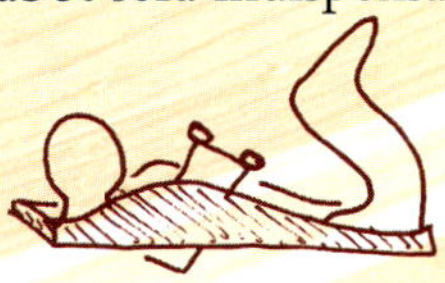

Décoration du bois

La surface du bois peut se décorer de plusieurs façons, selon l'objet à réaliser et le type d'effet que vous voulez obtenir.

Peinture

Vous pouvez utiliser des peintures acryliques (à l'eau) ou glycérophtaliques. Les premières sentent moins fort et elles sèchent plus rapidement. Utilisées un peu diluées, elles laissent apparaître les veines du bois. Pour les protéger, passez une couche de vernis transparent mat quand la dernière couche de peinture est bien sèche. Les peintures glycérophtaliques sont moins fragiles et plus couvrantes, mais leur temps de séchage se révèle un petit peu plus long.

Teinture

Il existe des teintures pour le bois qui imitent différentes essences (sapin, châtaîgner, chêne, merisier, acajou).
Vous pouvez ainsi changer la couleur initiale de votre récupération dans la teinte qui vous convient.
Si le bois est trop foncé, appliquez au pinceau un éclaircisseur adapté.

Collage

Pour coller du papier sur le bois, utilisez de la colle à papier peint.
Pour y coller du tissu, utilisez simplement de la colle blanche à tissu.
Vous pouvez aussi utiliser, dans certains cas, du ruban adhésif double face (pour moquette), surtout pour coller de petites surfaces de tissu.

Les petites armoires

L'armoire à clés

Utile, pratique, voire indispensable, vous pourrez aussi l'habiller de tissu pour un résultat plus sophistiqué.

1 BOÎTE EN BOIS, UTILISÉE POUR TRANSPORTER LES BOUTEILLES DE VIN.
EXTÉRIEUR : HAUTEUR (H) : 33,5 CM ; LARGEUR (l) : 26,5 CM ; PROFONDEUR (P) : 10 CM
INTÉRIEUR : HAUTEUR (H) : 31,5 CM ; LARGEUR (l) : 24,5 CM ; PROFONDEUR (P) : 9 CM

Mon conseil : si votre boîte est trop profonde, recoupez-la avec une scie sauteuse.

Matériel

Contreplaqué, épaisseur (10 mm) (33,5 x 26,5 cm) pour la porte ● 4 baguettes à couper en biseau pour le cadre, 2 fois (2 x 24,5 cm) et 2 fois (2 x 17,5 cm).

Accessoires

2 charnières plates (30 x 19 mm) ● 12 vis à bois (L : 1 cm) ● 1 aimant de placard, force 3 kg ● 2 grosses vis (L : 4 cm) ● 50 clous « tête perle » (L : 1 cm) ● 14 petits crochets « X » ● colle à bois ● colle forte blanche ● 2 bandes de carton à angléser (100 x 1,5 cm) ● 1 feuille de carton blanc de 2 ou 3 mm d'épaisseur (31,5 x 24,5 cm) ● 2 grandes feuilles de papier Canson blanc, assez épaisses ● 1 feuille de papier calque ● 1 pot de peinture grise ● 1 petit pot de peinture blanche ● 1 rouleau de ruban adhésif, pour protéger la peinture entre 2 couleurs ● 1 poignée en forme de clé ● 1 entrée de serrure ● 1 bobine de 50 m de ficelle naturelle ● 40 cm de tissu en lin naturel (laize : 1,40 m) ● 15 couleurs de fil à broder ● 1 aiguille à coudre.

Outillage

1 grand pinceau et 2 petits ● marteau ● vrille à bois ● tournevis ● règle ● crayon noir
facultatif : 1 règle avec des lettres ● agrafeuse murale et agrafes de 6 mm ● ciseaux ● perforeuse.

1. Peignez l'armoire

Peignez en gris la porte (recto et verso) et l'extérieur de la boîte. Laissez sécher, puis passez une 2e couche. Quand la peinture est sèche, protégez le bord extérieur de la boîte avec du ruban adhésif. Peignez en blanc les chants de la boîte, les baguettes du cadre, la poignée et l'entrée de la serrure. Laissez sécher, puis passez une 2e couche.

2. Habillez l'intérieur

Agrafage
Commencez par les bords. Coupez une bande de tissu (L : 1,16 m ; l : 13 cm). Coupez 4 bandes de carton à angléser : 2 bandes (L : 24,2 cm) et 2 bandes (L : 31,5 mm). Posez l'envers du tissu sur le bord intérieur de la boîte et recouvrez-le d'une bande de carton. Commencez l'agrafage dans un angle en ayant pris soin de plier 2 cm de tissu pour la propreté. Agrafez ainsi, tout autour.

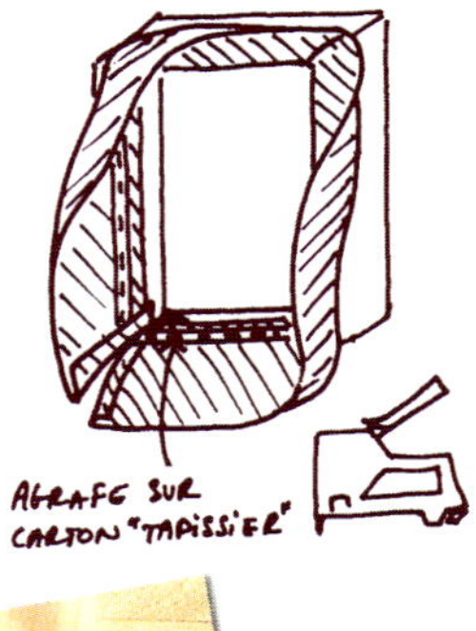

Collage
Enduisez de colle blanche les parois intérieures, en débordant un peu sur le fond, puis appliquez le tissu. Coupez un morceau de tissu légèrement plus grand que le carton blanc prévu pour le fond (environ 2 cm tout autour). Encollez le carton et appliquez le tissu en rabattant le surplus sur l'envers, puis collez-le au fond.

3. Décorez la porte

Coupez un morceau de tissu légèrement plus grand que l'intérieur du cadre blanc et collez-le au milieu de la porte. Ensuite, avec de la colle à bois, fixez les baguettes du cadre sur la porte, en entourant le tissu.

4. Fabriquez les porte-clés

Confection des 14 pompons
Préparez un morceau de ficelle de 20 cm et faites une boucle nouée, au milieu. Faites 10 tours de ficelle autour de votre main et liez-les avec le morceau préparé juste avant.

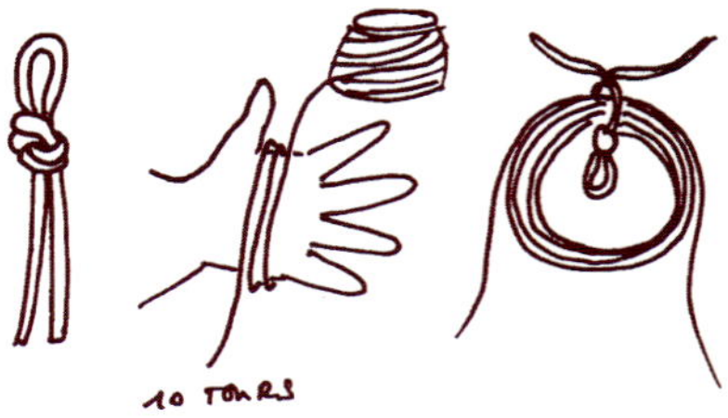

Mon conseil
Si vous prenez de la peinture à l'eau, prévoyez un vernis transparent, mat, en couche finale.

Pour ranger soigneusement toutes les clés de la maison et ne plus perdre la tête en cherchant celles de la voiture.

Prenez un fil de couleur et formez la « tête » du pompon, en faisant une dizaine de tours. Avec des ciseaux, coupez le bas du pompon. Pour le pompon de la poignée en forme de clé, intégrez la clé dans la boucle du 1er morceau de ficelle.

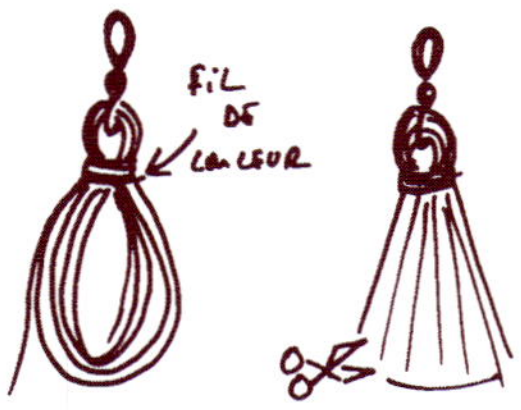

Préparation des étiquettes
Au crayon noir, décalquez l'étiquette ci-dessous et reproduisez-la 28 fois sur les feuilles de Canson. Écrivez sur les étiquettes, les noms de vos clés. Faites 2 étiquettes identiques par clé ; l'une pour le porte-clés et l'autre pour l'armoire. Cousez un fil de couleur tout autour des étiquettes. Avec une perforeuse, faites un trou pour l'étiquette du porte-clés.

Mon conseil
Choisissez une couleur par clé et faites dans cette même couleur 2 étiquettes et 1 pompon assorti.

Pose des porte-clés
La 1re rangée se trouve à 3 cm du haut de la porte et la 2e à 22 cm. Il y a 4 crochets « X » sur la 1re rangée et 3 sur la 2e. La disposition est identique à l'intérieur de la porte et à l'intérieur de l'armoire. Clouez tous les crochets « X ».

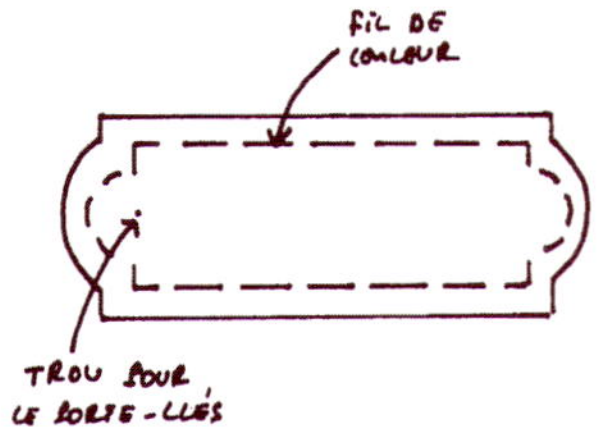

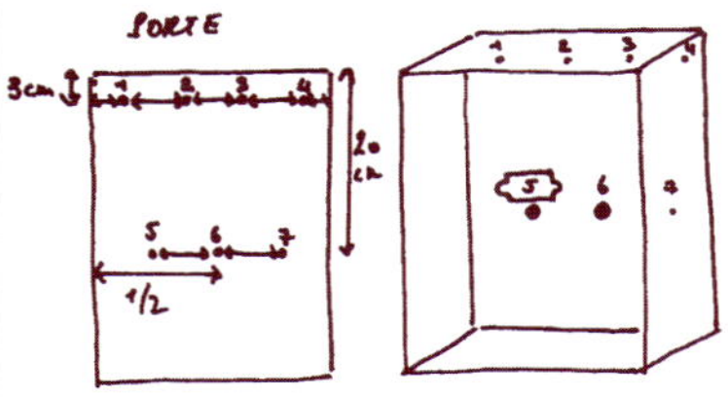

Pose des étiquettes
Clouez-les au-dessus de chaque crochet « X ».

5. Finissez l'armoire

Pose de l'aimant
La partie la plus volumineuse se trouve dans l'armoire, centrée dans la hauteur. Fixez-la avec des vis. Puis vissez la partie plate de l'aimant à l'intérieur de la porte.

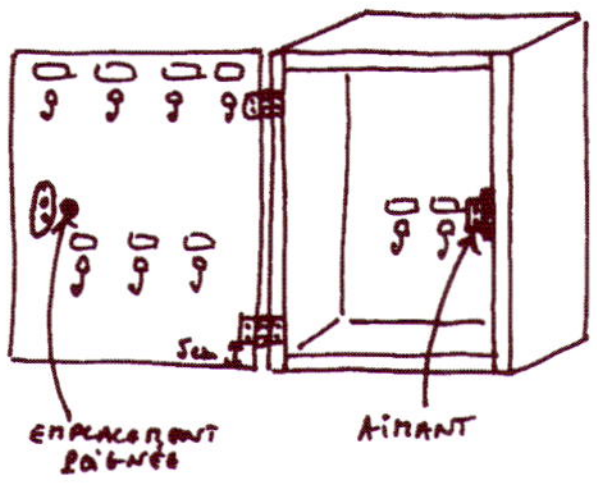

Pose de la poignée
À l'intérieur de la porte, percez un trou à côté de l'aimant plat, centré dans la hauteur.
À l'extérieur de la porte, clouez l'entrée de la serrure. Il ne vous reste qu'à fixer la poignée.

Pose des charnières
Elles se trouvent à 5 cm des extrémités. Commencez par les poser sur les portes, puis sur les chants de la boîte.

Fixation murale
Avec la vrille, percez 2 trous au fond de l'armoire, dans la partie supérieure du fond, à 4 cm des angles.

Retouches
Peignez les vis, les charnières et les clous de la serrure en blanc ou en gris selon l'endroit.
Il ne vous reste plus qu'à ranger vos clés.

C'est fou ce qu'un petit placard peut contenir comme délices !

L'armoire à gâteaux

Belle à croquer !
Les petits gourmands seront si contents d'y ranger leur goûter.

BOÎTE EN BOIS, UTILISÉE POUR TRANSPORTER LES BOUTEILLES DE VIN.
EXTÉRIEUR : HAUTEUR (H) : 33 CM ; LARGEUR (l) : 50 CM ; PROFONDEUR (P) : 18 CM
INTÉRIEUR : HAUTEUR (H) : 31 CM ; LARGEUR (l) : 48 CM ; PROFONDEUR (P) : 17 CM

Mon conseil : veillez à récupérer une boîte en parfait état.

Matériel

2 planches de contreplaqué, épaisseur 10 mm, pour les portes (25 x 33 cm) • 1 étagère (47,5 x 14,5 cm) • 2 poignées en bois (7 x 7 cm) • 2 tasseaux carrés pour l'étagère (1 x 1 x 14,5 cm) • 1 tasseau pour joindre les portes (1,5 x 31 x 2,5 cm) • 2 tasseaux pour les poignées (1,5 x 2 x 2,5 cm).

Accessoires

4 charnières plates (30 x 19 mm) • 24 vis à bois (L : 1 cm) • 2 aimants de placard, force 3 kg • 2 grosses vis (L : 4 cm) pour fixer l'étagère au mur • 2 vis à bois (L : 3 cm) pour fixer les poignées • 4 vis à bois (L : 2 cm) pour le tasseau des portes • 4 clous (L : 1,5 cm) pour les tasseaux de l'étagère • colle à bois • colle blanche forte • 1 pinceau • 2 grands torchons ou 70 cm de tissu (laize : 1,40 m) • 1 bobine de fil résistant, assorti au tissu • 2 morceaux de grillage (25 x 20 cm) • agrafes pour agrafeuse murale de 6 mm de profondeur • 4 bandes de carton à angléser (100 x 1,5 cm) • 1 feuille de carton blanc de 2 ou 3 mm d'épaisseur (31 x 48 cm) • peinture blanche • vernis marin • 2 pinceaux de taille moyenne et 1 grand • 2 boîtes de gâteaux pour le thé.

Outillage

Marteau • vrille à bois • tournevis • règle • crayon noir • perceuse et mèches à bois de 8 et 2 mm • scie sauteuse • étau • agrafeuse murale • ciseaux à couture • cutter • tenaille • machine à coudre facultative.

1. Découpez l'intérieur des portes

À l'intérieur des portes, tracez au crayon noir un cadre à 6,5 cm des bords. Pour passer la lame de la scie sauteuse, percez 1 trou avec une mèche de 8 mm au centre des portes.
Posez une porte sur la table, à plat, et maintenez-la par un étau. Sciez l'intérieur de la porte en suivant le trait de crayon.

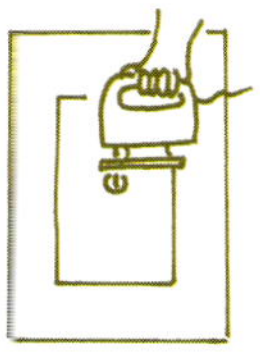

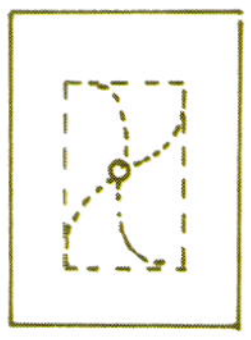

Mon conseil
Comme il n'est pas possible de scier un angle à 90° avec une scie sauteuse, les démarrages à partir du trou central s'effectuent en courbe.

2. Peignez l'armoire

Peignez en blanc tous les morceaux de l'armoire qui sont en bois : intérieur et extérieur de la boîte, étagère, tasseaux, poignées et portes (recto et verso).

Mon conseil
N'hésitez pas à passer au moins 2 couches de peinture et respectez bien les temps de séchage indiqués sur le pot.

3. Collez les petits gâteaux

Appliquez de la colle blanche sur l'envers des gâteaux en répartissant bien la colle sur toute la surface. Puis appliquez-les autour du cadre de la porte, sauf à l'emplacement des poignées. Collez un gâteau sur chaque poignée. Respectez le temps de séchage indiqué sur le pot.

4. Habillez l'intérieur

Agrafage

Coupez une bande de tissu (L : 1,62 m ; l : 21 cm).
Dans le carton à angléser, coupez 2 bandes (L : 30,7 cm) et 2 bandes (L : 48 cm).

Mon conseil
Si vous avez choisi un tissu à carreaux, faites attention aux raccords. Placez-les dans les angles.

Posez l'envers du tissu sur le bord intérieur de la boîte et recouvrez-le d'une bande de carton. Commencez l'agrafage dans un angle en ayant pris soin de replier 2 cm de tissu pour la propreté. Agrafez ainsi, tout autour.

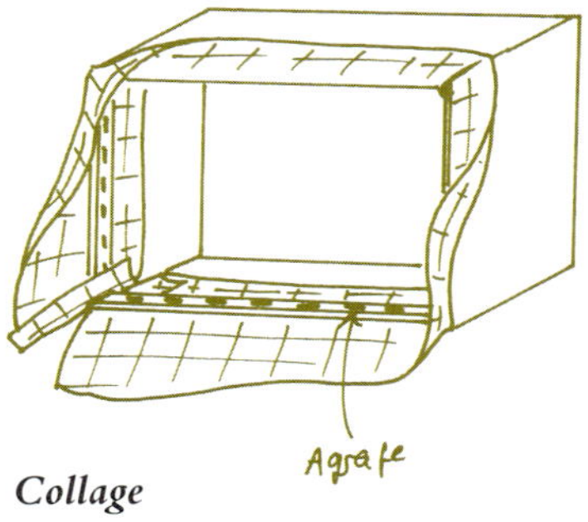

Collage

Enduisez de colle blanche les parois intérieures, en débordant un peu sur le fond, puis appliquez le tissu. Coupez un morceau de tissu légèrement plus grand que le carton blanc prévu pour le fond (environ 2 cm tout autour). Encollez le carton et appliquez le tissu en rabattant le surplus sur l'envers, puis collez-le au fond.

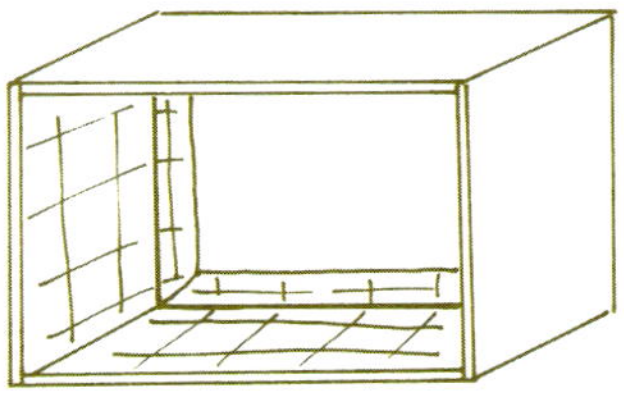

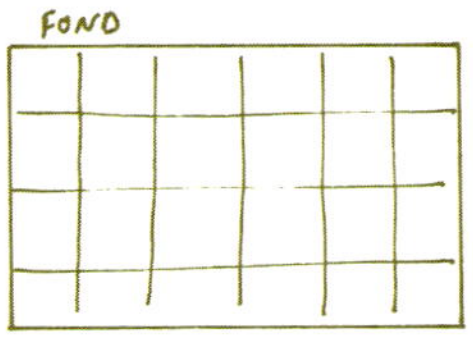

5. Finissez l'étagère

Pour faire le volant, coupez une bande de tissu (96 x 9 cm). Ourlez les 2 extrémités ainsi qu'une des longueurs.
Sur l'autre longueur, passez 2 fils de fronce à 1 cm et 1,5 cm du bord. Froncez le volant jusqu'à ce que vous obteniez une longueur de 48 cm. Coupez une bande de carton à angléser aux mêmes dimensions, puis agrafez-le sur l'envers du tissu, au bord de l'étagère.

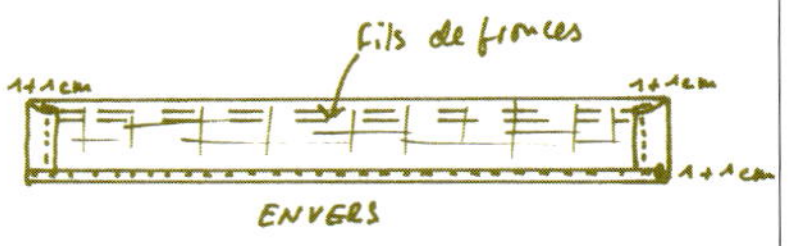

6. Posez les tasseaux

Clouez les 2 tasseaux de l'étagère à 15 cm de hauteur en partant du bas. Avec une vrille à bois, percez 2 trous en haut et en bas de la boîte, au milieu, pour placer le tasseau central et vissez (avec les vis L : 2 cm).
Au dos des poignées, en plein centre, collez les tasseaux d'une épaisseur de 1,5 cm (2,5 x 2 cm).

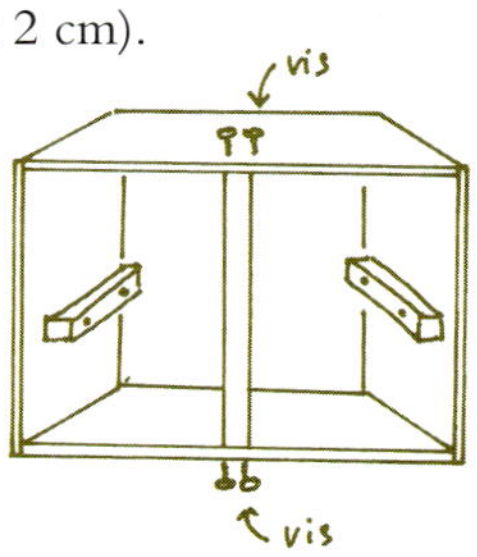

7. Finissez les portes

Passez une couche de vernis marin sur l'extérieur des portes et laissez sécher au moins une journée. Vous pouvez passer une 2e couche si vous voyez que le vernis n'est pas uniforme.
Prenez les 2 morceaux de grillage de 20 x 25 cm qui fermeront les fenêtres.
Agrafez-les sur l'envers.
Avec la vrille, percez un trou, sur l'envers des portes, centré dans la hauteur et dans la largeur, puis vissez les poignées.

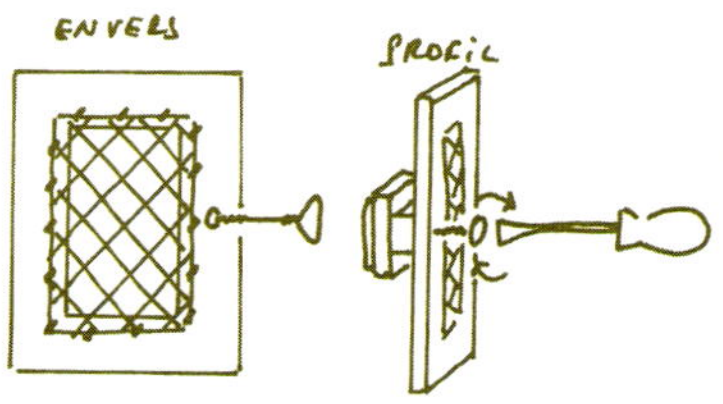

8. Assemblez les portes et la boîte

Pose des aimants

Placez la partie volumineuse des aimants de chaque côté du tasseau central, à 9 cm du haut. Faites des trous avec la vrille et vissez-les.
Ensuite, vissez les parties plates des aimants à l'intérieur des portes.

Mon conseil
Attention ! laissez un espace de 4 mm au moins entre les 2 portes.

Pose des charnières

Les charnières se trouvent à 5 cm des extrémités.
Commencez par les poser sur les portes, puis sur les chants de la boîte.

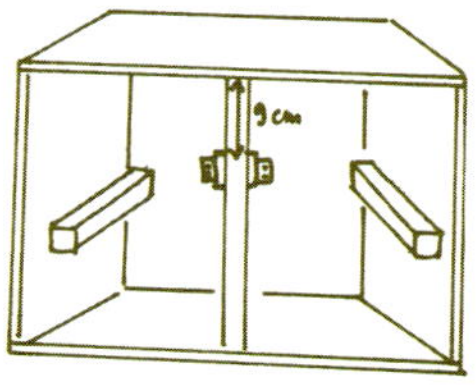

Finitions

Avec un peu de peinture blanche, peignez les charnières et les vis.
Pour fixer l'armoire au mur, percez deux trous avec la vrille dans le fond de l'armoire, en haut et à 4 cm des angles.

Mon conseil
Manipulez l'armoire avec soin, les biscuits sont relativement fragiles.

De belles teintes dorées et naturelles pour réchauffer et égayer la cuisine.

Les boîtes à malice

La boîte à boutons

Pour mettre un peu d'ordre dans votre nécessaire à couture, rangez vos boutons dans cette amusante petite boîte.

1 BOÎTE EN BOIS, UTILISÉE POUR EMBALLER DES FROMAGES.
COUVERCLE : DIAMÈTRE (D) : 13,2 CM ; HAUTEUR (H) : 2,5 CM ;
PÉRIMÈTRE : 41,5 CM
FOND : DIAMÈTRE (D) : 12,6 CM ; HAUTEUR (H) : 2,7 CM

Mon conseil : choisissez une boîte qui n'a pas d'agrafe, comme certaines boîtes de livarot.

Matériel

36 boutons en nacre, (D : 14 mm) ● bouton en nacre (D : 22 mm) ● ruban gros-grain de 3 couleurs différentes (L : 46,5 cm ; l : 1,5 cm), si vous préférez mettre un seul galon (l : 2,5 cm). Vous pouvez aussi utiliser des rubans de velours ou de satin ● 1 bobine de fil à coudre, assorti à 1 galon ● 1 aiguille à broder ● 1 carré de 30 cm de feutrine assortie aux galons ● colle blanche ● pinceau.

Outillage

Règle ● équerre ● crayon noir ● ciseaux ● compas ● pinces à linge.

Mon conseil
La taille de ces boutons correspond à la taille de notre boîte, n'oubliez pas d'adapter la taille de vos boutons à votre boîte.

Si vous souhaitez protéger la boîte, vernissez-la maintenant avec un vernis mat.
Avec un pinceau, vernissez toutes les parties de la boîte : intérieur et extérieur, couvercle et fond.

1. Fixez les boutons

Placez les boutons sur la boîte en suivant le dessin ci-dessous. Commencez par former une croix puis placez les autres boutons. Avec un crayon noir, marquez tous les trous des boutons et percez-les avec la pointe du compas. Cousez ensuite les boutons sur la boîte.

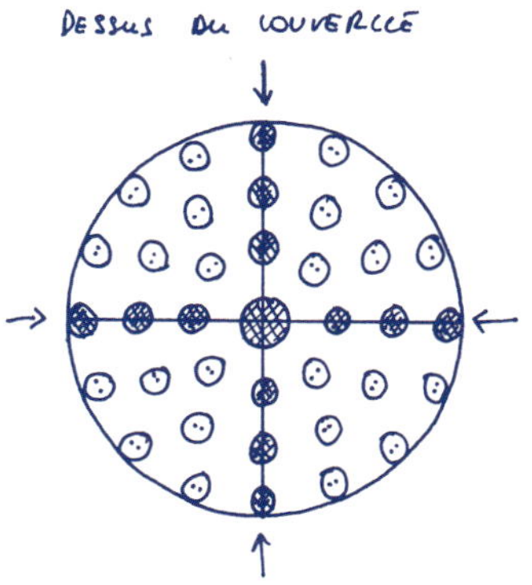

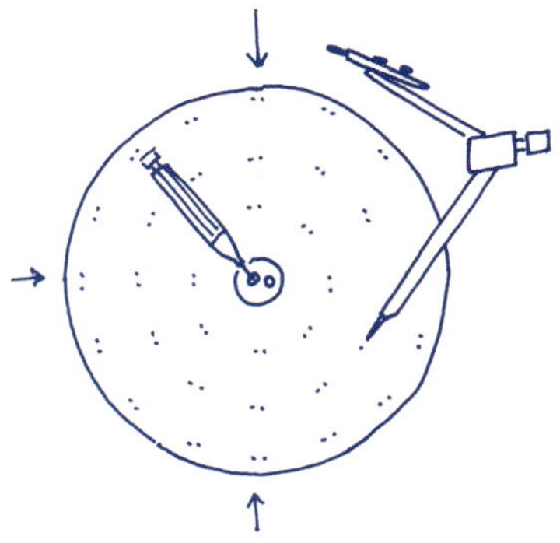

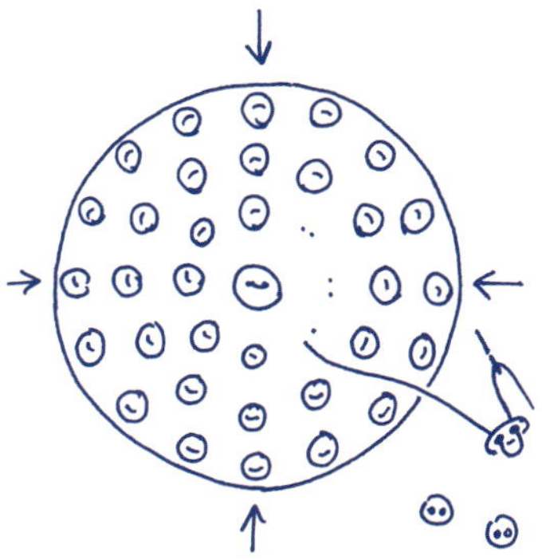

2. Posez les galons

Commencez par le galon inférieur. Enduisez-le de colle blanche puis posez-le tout autour du couvercle.
Coupez le surplus de galon en laissant dépasser 1 cm, qu'il ne faut pas coller tout de suite. Répétez l'opération pour les autres galons.
Pour que les galons adhèrent bien à la boîte, laissez-les sécher en les maintenant avec des pinces à linge.

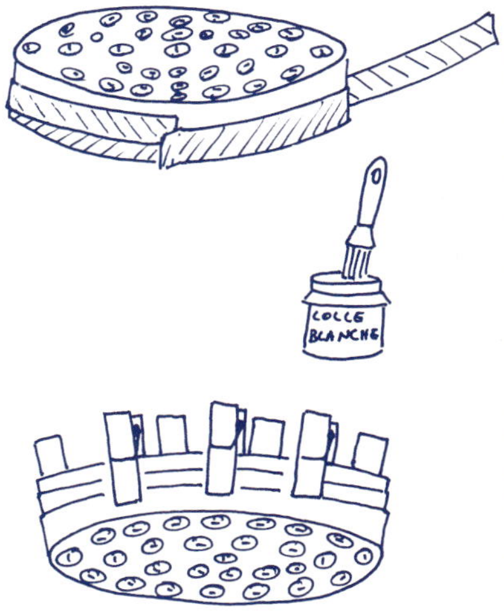

3. Finissez la boîte

Dans la feutrine, tracez au compas 2 cercles correspondants aux fonds intérieurs du couvercle et de l'intérieur de la boîte puis découpez-les. Avec la colle blanche, collez-les à l'intérieur de la boîte et du couvercle.

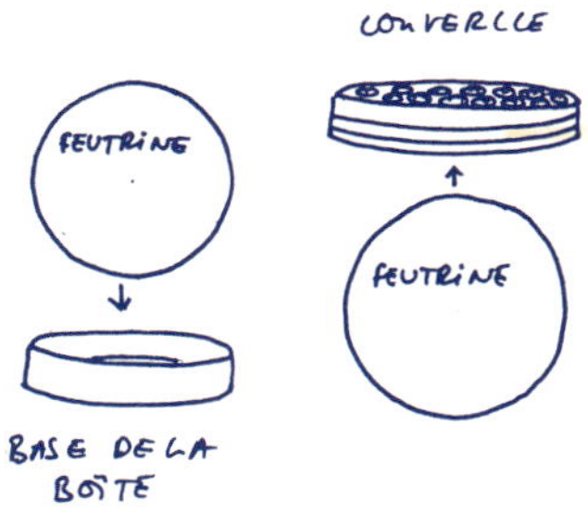

Pratique,
la petite boîte
à couture
d'urgence n'occupe
que très peu
de place
dans les bagages.

La boîte à bijoux

Confectionnez cet écrin original et raffiné pour vos plus belles parures.

1 BOÎTE EN BOIS, UTILISÉE POUR EMBALLER DES FROMAGES.
COUVERCLE : DIAMÈTRE (D) : 13,2 CM ; HAUTEUR (H) : 2,5 CM ;
PÉRIMÈTRE : 41,5 CM
FOND : DIAMÈTRE (D) : 12,6 CM ; HAUTEUR (H) : 2,7 CM

Mon conseil : si le couvercle de votre boîte est bien plus grand que le fond, prévoyez de l'habiller aussi. Sinon, peignez-le.

Matériel

● Galon tubulaire tressé (D : 5 mm) pour le couvercle, de 3 couleurs différentes : 2 m pour l'extérieur, 1,5 m pour l'intérieur et 50 cm pour la poignée ● Ruban gros-grain ou velours pour le bord du couvercle : avec 1 seul ruban (L : 46,5 cm ; l : 3 cm) ; avec plusieurs rubans, prenez soit un galon (l : 2 cm) et l'autre (l : 1 cm), soit 3 galons (l : 1 cm) ● feutrine pour l'intérieur, assortie aux couleurs des galons (20 x 50 cm) ● peinture assortie aux couleurs des galons ● pinceau ● 1 rouleau de ruban adhésif double face pour moquette.

Outillage

Règle ● crayon noir ● ciseaux ● compas ● cutter.

Si vous devez peindre la base de la boîte car le couvercle est très ajusté à la base, faites-le maintenant. Peignez le bord extérieur et sa tranche.

1. Préparez la boîte

Avec la pointe du compas puis celle des ciseaux, percez un trou de 1 cm de diamètre au centre du couvercle.

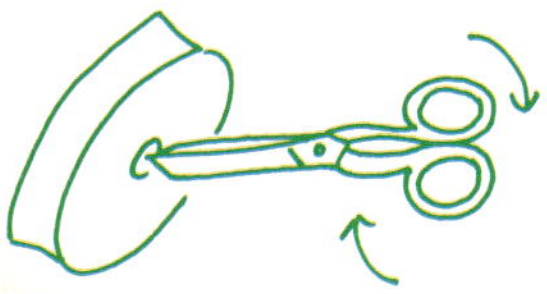

Posez de l'adhésif double face sur le dessus et le bord extérieur du couvercle ainsi que sur le dessous et les bords extérieurs et intérieurs de la base.

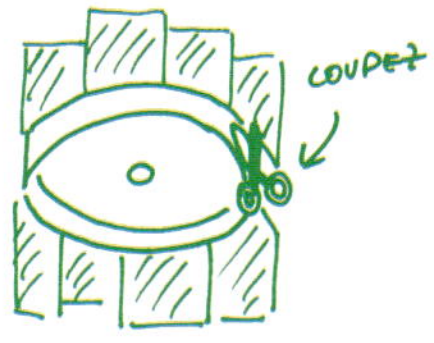

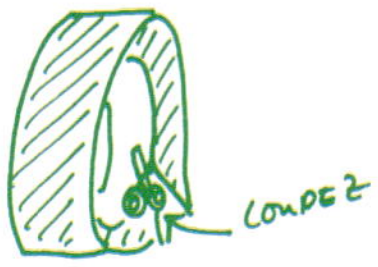

2. Fixez le galon tubulaire

Retirez la protection de l'adhésif se trouvant sur le couvercle et repercez le trou central. Posez le galon en commençant par le bord extérieur. Si vous mettez plusieurs galons de couleurs différentes, le raccord se fait après une spirale complète.

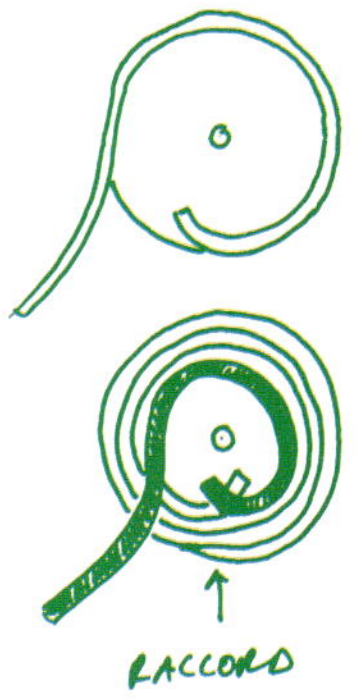

Quand tout le couvercle est recouvert, passez le galon par le trou central et fixez-le sur l'envers, avec de l'adhésif double face.

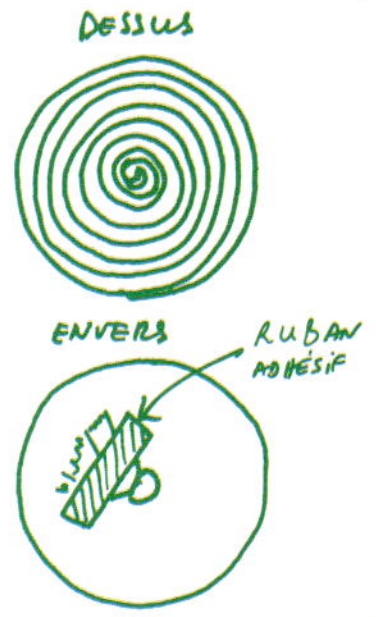

Pour la poignée, prenez 20 cm de galon et faites 2 nœuds au milieu.

Ensuite, passez les 2 extrémités par le trou central et collez-les avec de l'adhésif double face sur l'envers.

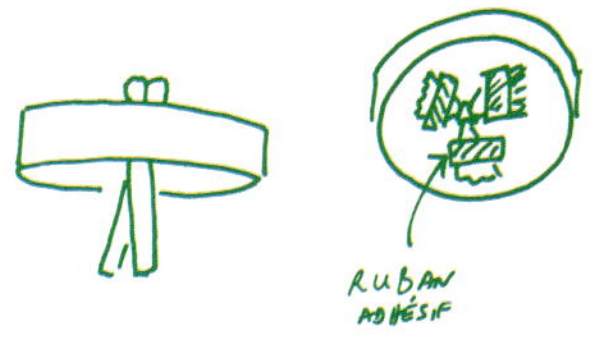

3. Posez les rubans

Retirez la protection de l'adhésif se trouvant sur le côté du couvercle, puis posez le 1er ruban en commençant par le bas.

Coupez le surplus en gardant 1 cm de marge. Alignez le 2e ruban sur le haut du galon tubulaire. Pliez en deux le centimètre de surplus et collez-le avec de l'adhésif double face.

Si le couvercle est beaucoup plus large que la base, renouvelez ces opérations pour habiller la base.

4. Habillez l'intérieur de la boîte

Dans la feutrine, tracez 2 cercles correspondants aux fonds intérieurs du couvercle et de la base puis découpez-les. Coupez une bande (L : 41,5 cm ; l : 2,3 cm) pour les parois. Recouvrez les 2 cercles d'adhésif double face puis collez-les. Retirez la protection de l'adhésif se trouvant sur la paroi intérieure de la base et collez-y la bande de feutrine. Retirez la protection de l'adhésif se trouvant sous la base et recouvrez de feutrine. Découpez le surplus tout autour.

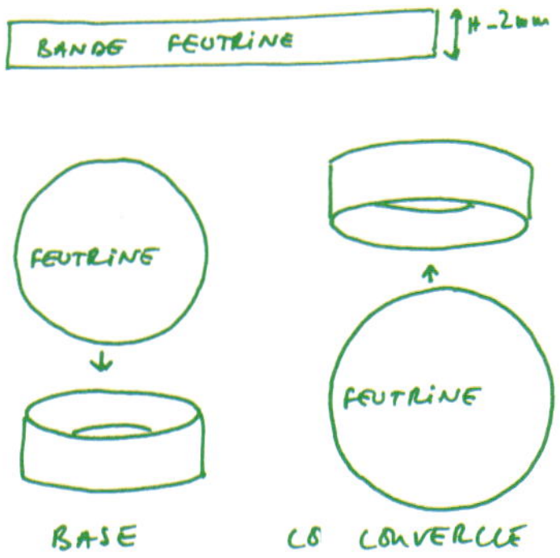

Des coffrets élégants, parce que vos bijoux sont ce que vous avez de plus précieux.

La boîte à trésors

Facile à réaliser, ce drôle de petit fourre-tout fera la joie de tous les bambins.

1 BOÎTE EN BOIS, UTILISÉE POUR EMBALLER DES FROMAGES.
COUVERCLE : LONGUEUR (L) : 11,5 CM ; LARGEUR (l) 11,5 CM ;
HAUTEUR (H) : 1,8 CM

Mon conseil : vous pouvez adapter ce modèle à d'autres types de boîtes, et utiliser des couleurs différentes.

Matériel

● 5 cm de feutrine dans les couleurs suivantes : jaune, rouge, vert, blanc, noir ● 1 petit pompon rouge ● 70 cm de serpentine rouge (l : 18 mm) pour le tour du couvercle ● fil à coudre ou à broder, rouge et vert ● 1 aiguille ● colle à tissu ● peinture couleur chair ● 1 pinceau pour pochoir ● 5 cm de fil de fer souple ● 1 feuille de film transparent format A4, pour photocopieur ● 1 feuille de papier calque.

Outillage

Crayon noir ● ciseaux ● compas ● pinces à linge ● cutter et tapis de découpe ● perforeuse ● règle.

Modèle à décalquer et à reporter sur la feutrine

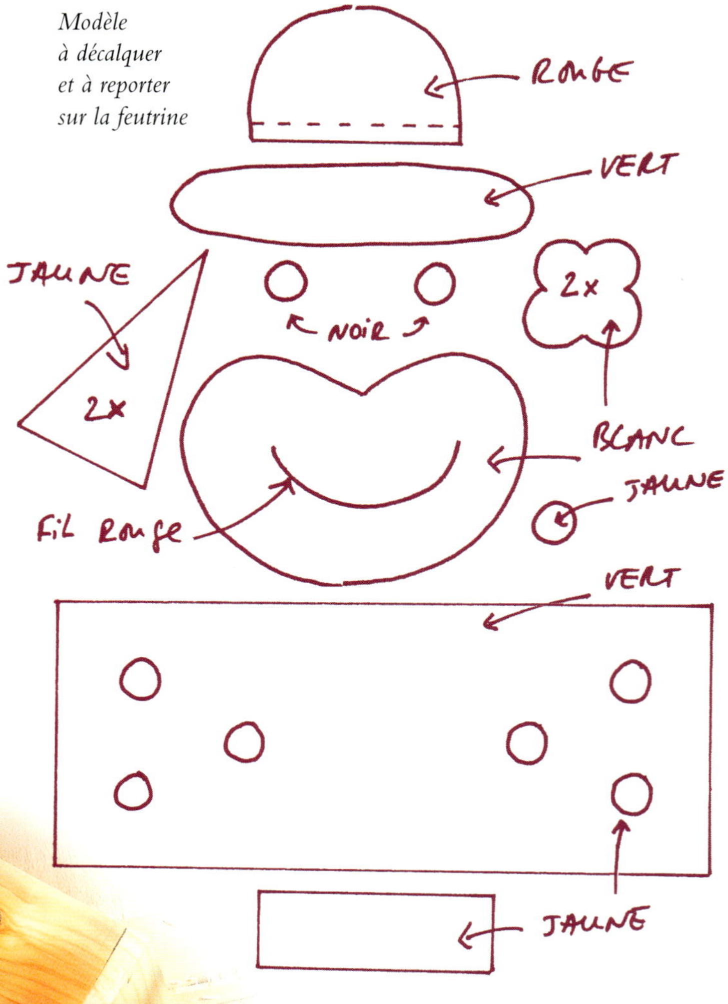

1. Peignez le visage

Dans la feuille de plastique, tracez un cercle de 3,5 cm de rayon, pour le pochoir. Découpez-le au cutter.

Mon conseil
Si vous n'avez pas de tapis de découpe, protégez votre table avec une planche en bois ou un morceau de carton avant d'utiliser le cutter.

Posez le pochoir sur le couvercle de la boîte ; le cercle est centré en largeur et légèrement décentré vers le haut. Peignez-le.

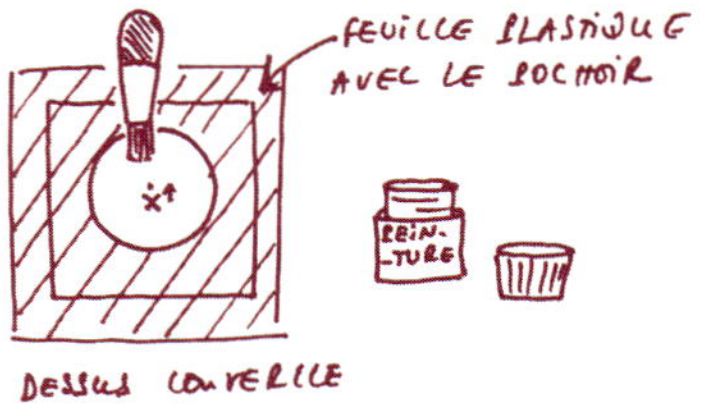

2. Découpez les feutrines

Décalquez tous les morceaux du dessin ci-joint, posez-les sur la couleur de feutrine correspondante et découpez tout autour. Avec la perforeuse, faites 8 pastilles jaunes et 2 noires. Cousez la bouche du clown avec du fil rouge, en faisant un point arrière.

3. Préparez la fleur

Prenez le petit morceau de fil de fer et entourez-le avec du fil vert. Avec la colle à tissu, collez le centre des morceaux de la fleur, puis fixez les 2 morceaux à l'extrémité du fil de fer. Percez un trou au milieu de la tête et passez-y la tige. Pour bien la maintenir, faites un petit point de couture de chaque côté du trou.

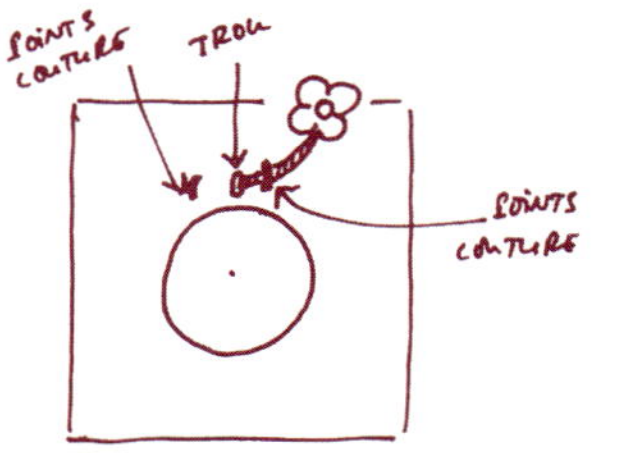

Des crayons rangés dans une si jolie boîte, voilà qui donne vraiment envie de faire de beaux dessins.

4. Collez les feutrines

Commencez par coller la bouche et les cheveux. Ensuite, fixez le nez, les yeux et le chapeau. Préparez le nœud papillon en collant 3 pastilles jaunes de chaque côté. Formez le nœud puis collez-le à la base du visage.

5. Posez la serpentine

Encollez tout le bord du couvercle et posez la serpentine tout autour. Finissez le tour en pliant et rentrant 1 cm de serpentine.

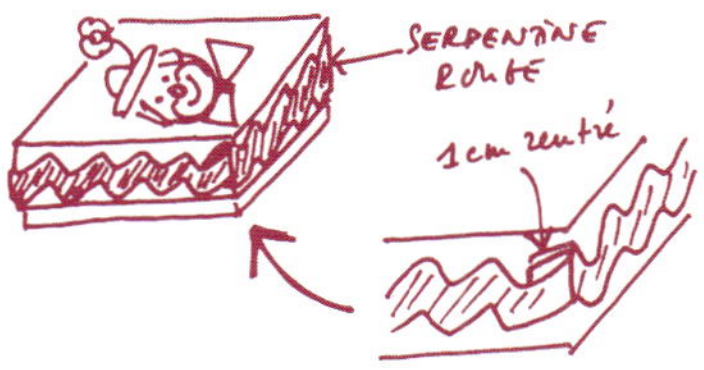

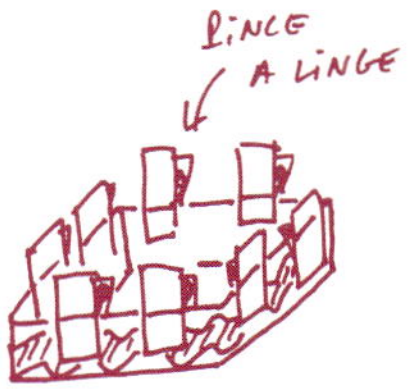

Mon conseil

Pour que la serpentine adhère bien, laissez sécher la colle en mettant des pinces à linge tout autour.

Les cageots de rangement

Le chariot à jouets p 26
raisonnable ●● plus de 6 h ●●● un peu difficile ●●●

Le porte-journaux p 30
raisonnable ●● 6 h ●●● compliqué ●●

Le coffre à habits p 33
raisonnable ●● entre 3 et 6 h ●● compliqué ●●

Le chariot à jouets

Ranger les jouets devient un jeu d'enfant et soulage bien des parents.

2 CAGEOTS IDENTIQUES.
EXTÉRIEUR : LONGUEUR (L) : 50 CM ; LARGEUR (l) : 30 CM ; HAUTEUR (H) : 26 CM
INTÉRIEUR : LONGUEUR (L) : 49,5 CM ; LARGEUR (l) : 29,5 CM ; HAUTEUR (H) : 25,5 CM ; ANGLE (A) : 4 CM

Mon conseil : prenez un cageot dont tous les côtés sont en latte de bois.

Matériel

Contreplaqué, épaisseur 10 mm (49,5 x 29,5 cm) ● 2 tasseaux carrés de 2,5 cm de section (l : 33 cm) ● 1 planche, épaisseur 10 mm (15 x 60 cm).

Accessoires

4 gros clous (L : 5 cm) pour les roues ● 8 rondelles métalliques adaptées à la taille des clous ● 10 petits clous (L : 2 cm) ● 4 clous (L : 3,5 cm).

Couture

25 cm de lin naturel, (laize : 1,40 m) ● 50 cm de tissu oxford bleu ciel (laize : 1,40 m) ● 1,50 m de tissu blanc, popeline, piqué, vieux drap... (laize : 1,40 m) ● 70 cm de ouate murale ● kapok ● 1 m de cordon blanc, ruban, ficelle... ● 12 brins de raphia ● fil à coudre blanc et aiguille ● fil à broder rouge pour le nez ● 2 perles noires pour les yeux ● 60 cm de corde en chanvre naturel ● 2 m de ficelle et 1 grosse aiguille ● épingles à nourrice.

Outillage

Marteau ● perceuse et 2 mèches à bois (D : 5 mm et 10 mm) ● scie sauteuse ● pince ● compas ● règle ● gros cutter ● machine à coudre ● ciseaux ● fer et planche à repasser ● épingles ● 1 épingle à nourrice.

1. Préparez le bois

Découpe

Avec la scie sauteuse, découpez les 4 roues de 15 cm de diamètre dans la planche (15 x 60 cm), les 4 angles du fond et les 2 tasseaux. Si les lattes de votre cageot ne vont pas jusqu'en haut, récupérez des lattes du 2e cageot. Recoupez-les au cutter, et clouez-les sur le chariot.

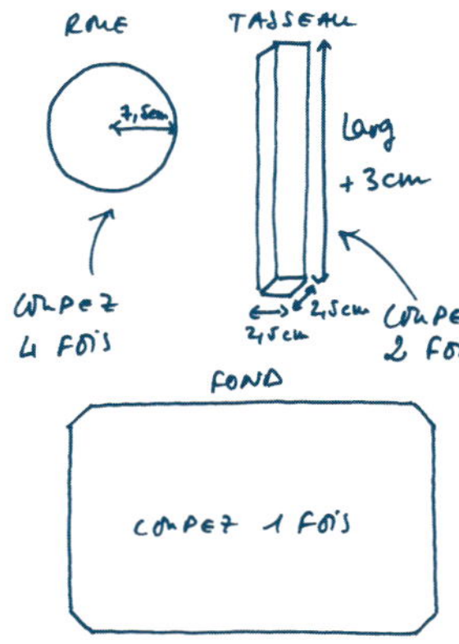

Perçage

Avec la mèche de 5 mm, percez le centre des 4 roues.

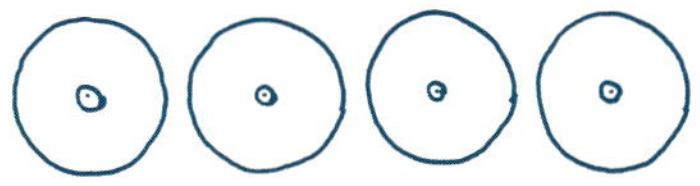

À 1 cm du bord supérieur du cageot, faites 5 trous espacés régulièrement sur les longueurs, puis 2 trous centraux espacés de 1 cm sur les largeurs. Sur une des largeurs, à 2 cm du bord supérieur et à 6 cm de chaque angle, percez 2 trous espacés de 3 cm. Avec la mèche de 10 mm, faites 1 trou au centre de la latte du bas. Sur le dessus de la largeur opposée, avec la mèche de 5 mm, percez 2 trous centraux espacés de 6 cm, qui serviront à fixer l'ours.

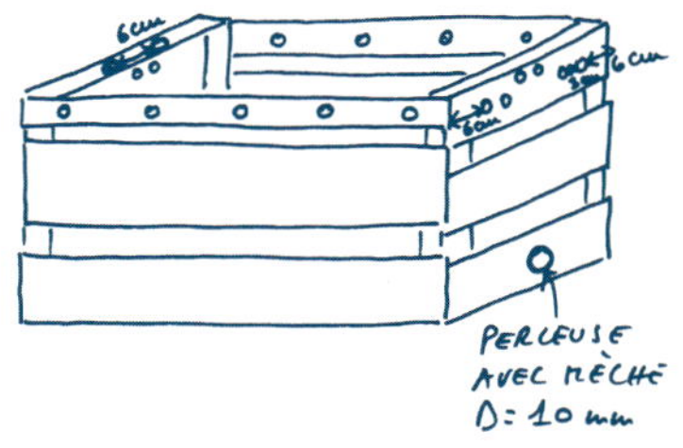

On n'imagine pas tout ce qu'un enfant peut transporter de secrets dans un petit cageot !

À chaque extrémité des tasseaux, percez 1 trou de 3 cm de profondeur.

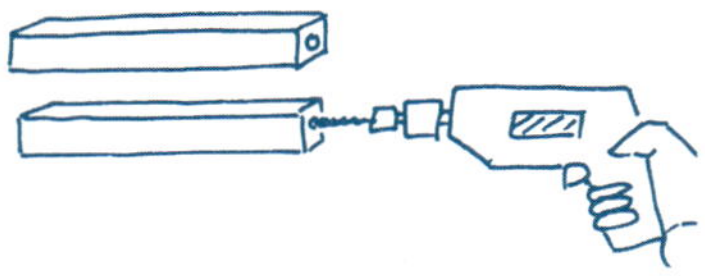

2. Montez le chariot

Posez le fond en contreplaqué dans le fond du chariot. Ensuite, posez les tasseaux sous le chariot à 8 cm des bords, faites-les dépasser de 1,5 cm de chaque côté. Clouez-les sur le fond par l'intérieur du chariot. Clouez les 4 roues en posant une rondelle métallique de chaque côté de la roue.

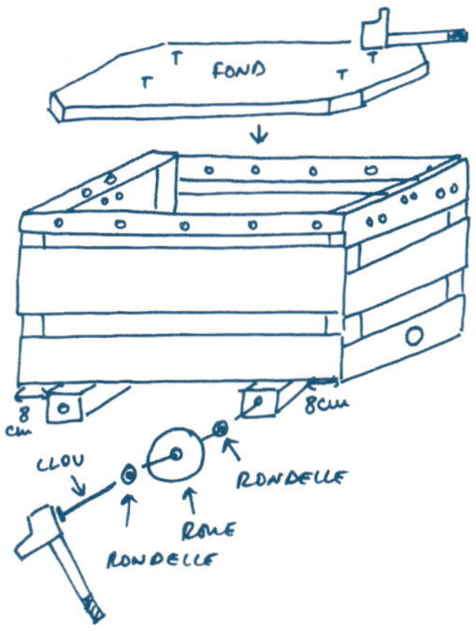

Mon conseil
Ne découpez surtout pas votre tissu en suivant les traits de crayon du modèle ci-contre. Prévoyez un centimètre de plus pour les coutures.

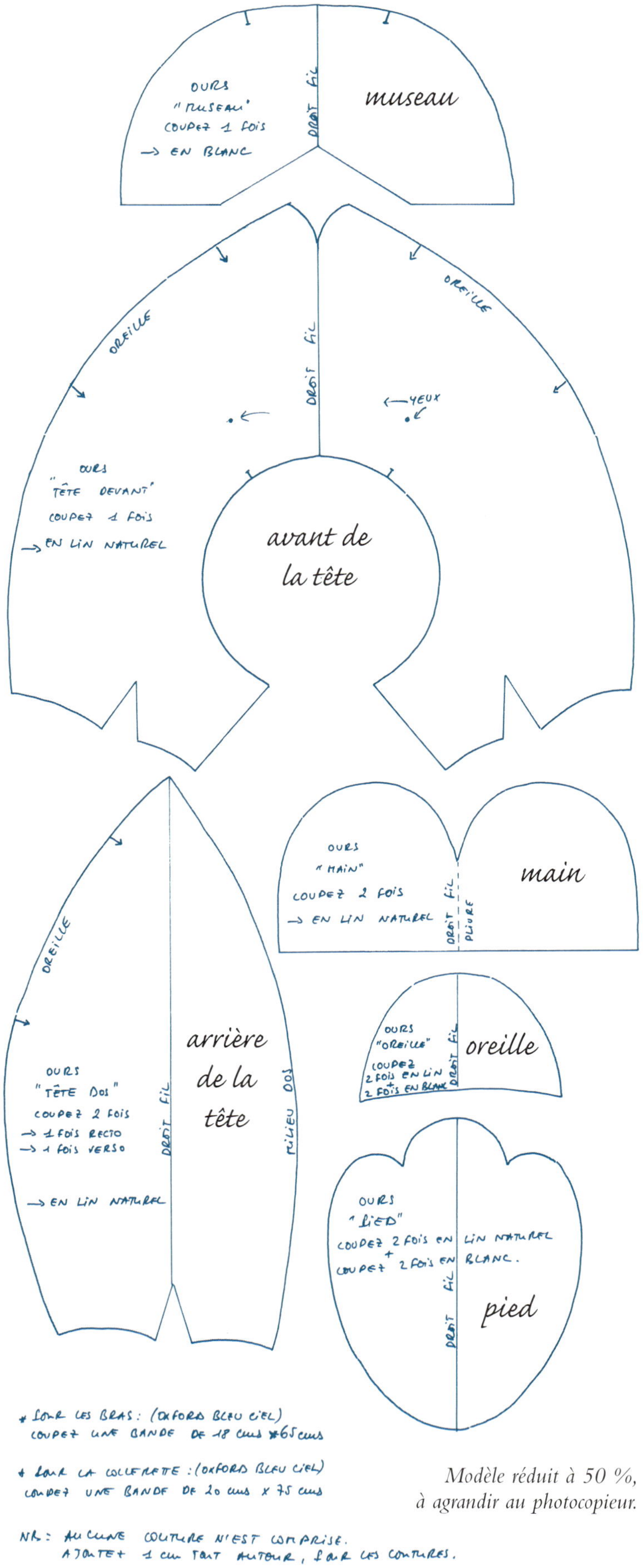

Modèle réduit à 50 %, à agrandir au photocopieur.

3. Découpez les tissus de l'ours

Au crayon noir, reportez le patron ci-joint sur l'envers des tissus. Découpez en ajoutant 1 cm de couture tout autour.

4. Cousez le corps et la tête de l'ours

Préparez les oreilles et les pieds
Formez un matelas avec 3 épaisseurs : 1 oxford, 1 blanc, 1 ouate. Piquez-les ensemble.

Mon conseil
Les tissus sont posés endroit contre endroit. Cousez tout autour en laissant une ouverture pour les retourner.

Recoupez les coutures à 5 mm de la piqûre. Retournez les morceaux et repassez-les.
Pour fermer l'ouverture des pieds, faites une petite couture à la main.

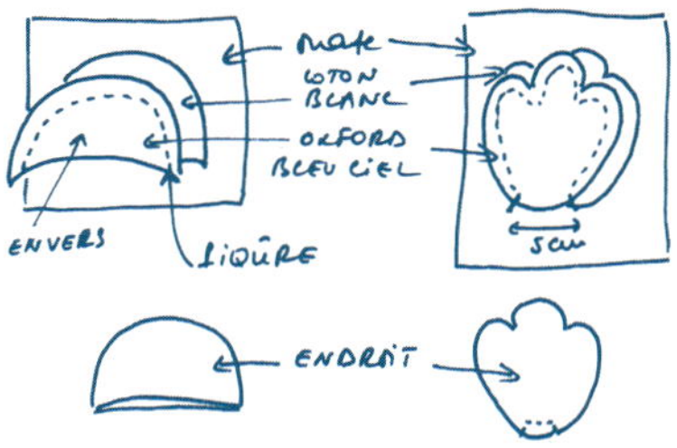

Montez la tête de l'ours sur l'envers
Commencez par la tête, puis le museau, la broderie du nez, la pose des yeux et enfin les oreilles.
Remplissez le museau de kapok puis passez trois fils, en triangle, pour fixer le kapok dans le museau.
Assemblez les 2 morceaux de l'arrière de la tête.
Piquez les pinces de l'avant et de l'arrière de la tête.
Assemblez ensuite l'avant et l'arrière de la tête, endroit sur endroit.

Recoupez les coutures à 5 mm des piqûres puis retournez la tête. Remplissez-la de kapok.

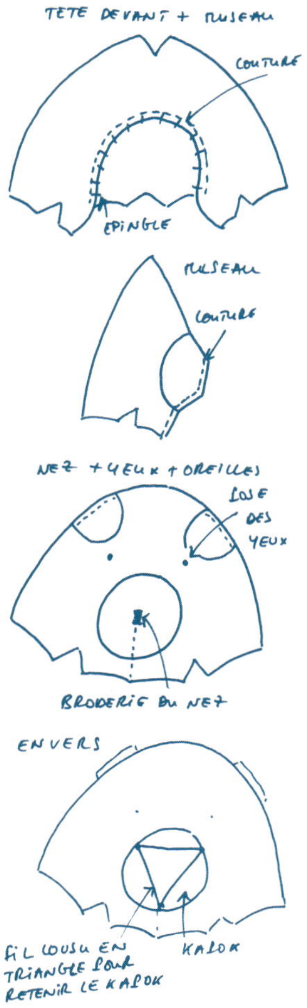

5. Confectionnez un boudin pour les bras de l'ours

Découpez une bande (18 x 65 cm) de tissu oxford bleu ciel. Froncez chaque extrémité pour obtenir une longueur de 11 cm. Piquez les mains à chaque extrémité, en les superposant, endroit sur endroit. Pliez en deux la bande et les mains, endroit sur endroit. Piquez tout autour en laissant une ouverture au centre de 14 cm.

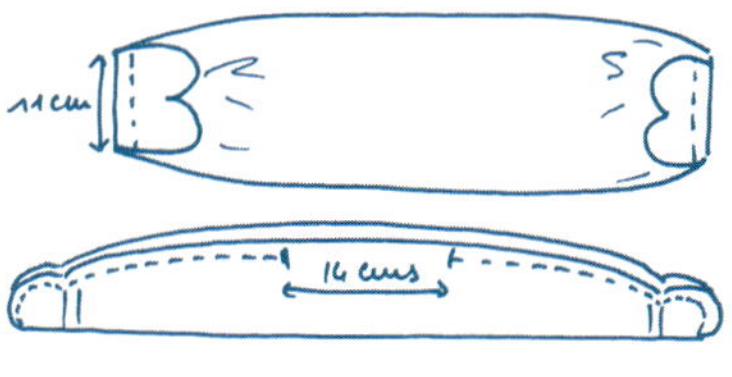

Retournez la bande, repassez-la et remplissez-la de kapok. Cousez, à la main, la tête avec les bras.

6. Cousez la collerette

Pliez en deux dans le sens de la longueur, endroit contre endroit, une bande de tissu oxford bleu ciel (20 x 75 cm) et piquez sur le côté opposé au pli. Retournez-le, repassez-le, fermez la collerette par une couture. Surpiquez sur la longueur. Pour passer le cordon blanc, avec l'épingle de nourrice, pratiquez deux petites ouvertures de chaque côté de la couture du dos. Passez la collerette autour du cou de l'ours, froncez-la et faites une boucle pour l'arrêter.

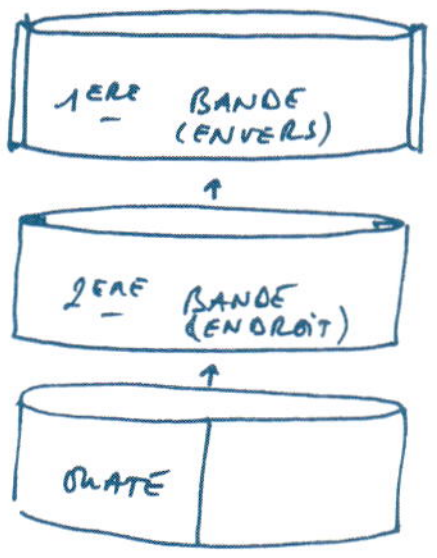

7. Habillez l'intérieur du chariot

Sur l'envers du tissu blanc, tracez 4 bandes (25,5 x 87 cm). Tracez ensuite le fond, en 2 exemplaires. Découpez en laissant 1 cm de couture tout autour. Cousez les 4 bandes de tissu blanc, deux par deux, dans le sens de la largeur. Posez-les l'une sur l'autre, endroit sur endroit, puis sur une épaisseur de ouate. Piquez uniquement sur une longueur et recoupez la ouate qui dépasse à 1 cm de la piqûre. Retournez les 2 épaisseurs de tissu en y enfermant la ouate. Repassez puis fermez le bas de la bande avec un point zigzag juste au bord. Mettez une épaisseur de ouate entre les 2 morceaux du fond, épinglez tout autour et faites un point zigzag au bord. Recoupez la ouate qui dépasse. Assemblez ensuite le fond avec la bande.

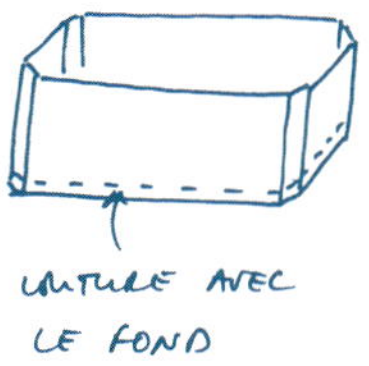

8. Fixez l'ours et l'intérieur du chariot

Pour maintenir l'habillage en tissu dans le cageot, cousez 12 brins de raphia aux emplacements correspondants aux trous que vous avez percés sur les bords supérieurs du chariot, il y en 5 de chaque côté et 1 à chaque extrémité. Fixez 4 brins de ficelle (L : 50 cm) sous les bras de l'ours aux emplacements indiqués ci-dessous pour fixer l'ours au chariot. Cousez les pieds à l'autre extrémité. Passez la corde par le trou de 1 cm de diamètre et faites un nœud à chaque extrémité.

Mon conseil
Pour que les attaches de l'habillage intérieur coïncident parfaitement avec les trous du chariot, repérez les emplacements avec des épingles.

Le porte-journaux

*Fini les journaux éparpillés !
Ce petit rangement trouvera sa place
au coin de la cheminée.*

1 CAGEOT.
EXTÉRIEUR : LONGUEUR (L) : 44 CM ; LARGEUR (l) : 27,5 CM ;
HAUTEUR (H) : 18 CM
INTÉRIEUR : LONGUEUR (L) : 38 CM ; LARGEUR (l) : 27 CM ;
HAUTEUR (H) : 14 CM
6 FEUILLES DE PAPIER JOURNAL.

*Mon conseil : choisissez un cageot avec des poignées
et dont les côtés sont constitués d'une seule latte.*

Matériel

Couture : 1,50 m de lainage épais gris (laize : 1,50 m) • 1,50 m de galon tubulaire rouge-bordeaux, de 10 mm de diamètre • fil à coudre gris et aiguille
Peinture : 1 pot de peinture blanche à l'eau • 1 paquet de colle à papier peint • 1 vernis acrylique mat pour papier • 3 pinceaux.

Outillage

Perceuse et mèche à bois de 10 mm • règle • machine à coudre • ciseaux • cutter • fer et planche à repasser • épingles.

1. Préparez le cageot

Perçage

Percez 2 trous qui permettront d'assembler le tissu et le cageot, sur chaque longueur, à 6 cm de chaque angle et à 2 cm du bord supérieur du cageot.

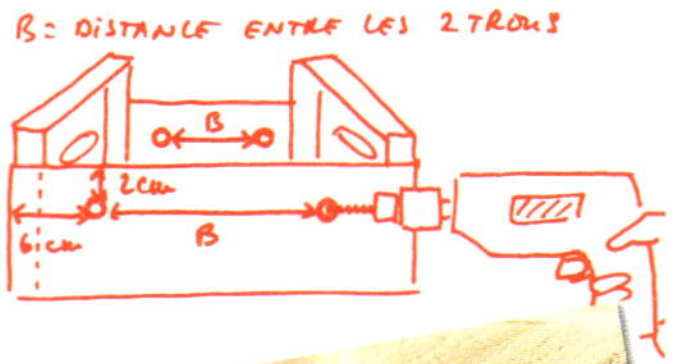

Mon conseil
Notez bien la distance B qui sépare les deux trous, vous aurez à l'utiliser pour la confection des boutonnières de l'habillage intérieur.

Peinture

Peignez en blanc l'intérieur et l'extérieur du cageot. Si la peinture n'est pas très couvrante, passez une 2e couche.

2. Découpez le tissu

Calculez la hauteur de tissu à découper en fonction du nombre de magazines que vous souhaitez ranger dans le cageot. Ce modèle est prévu pour contenir 10 magazines, le vôtre pourra en contenir plus ou moins. Si le tissu n'est pas assez long, arrangez-vous pour que les raccords tombent dans le fond d'un pli.
Pour obtenir la largeur de tissu à découper, prenez la cote de la longueur intérieure du cageot et ajoutez 6 cm pour les coutures des côtés.

Voici un objet très facile à transporter, pour mettre la main rapidement sur les revues d'actualité.

Sur l'envers du tissu, tracez 2 bandes (L : 1,47 m ; l : 44 cm) et 1 bande (L : 1,10 m ; l : 44 cm).

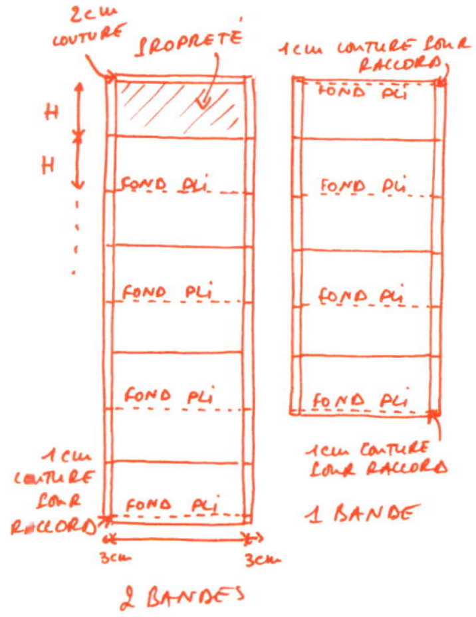

3. Cousez la bande

Surfilez au point zigzag les largeurs des bandes. Assemblez les bandes en plaçant la plus courte au milieu. Ouvrez d'abord les coutures au fer à repasser. Pliez ensuite sur l'envers 1, 5 cm de tissu de chaque côté de la bande. Pliez une nouvelle fois 1,5 cm, puis cousez ces ourlets.

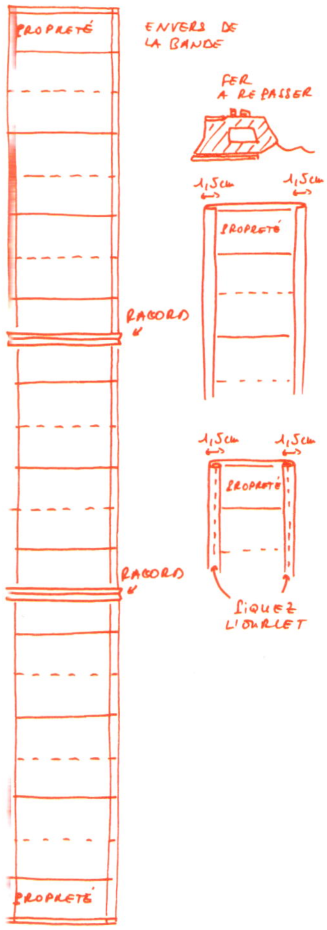

Toujours avec le fer, pliez 2 cm de tissu vers l'envers à chaque extrémité de la bande. Puis pliez à nouveau, mais cette fois-ci à 18 cm. Cousez ces 2 ourlets.

4. Réalisez les boutonnières

Au crayon, marquez l'emplacement des 2 premières boutonnières (L : 1,5 cm). Reportez-vous au dessin ci-dessous. Cousez les boutonnières et ouvrez-les. Pliez la bande en accordéon et épinglez ensemble les épaisseurs de tissu deux par deux. Répétez l'opération pour les autres boutonnières.

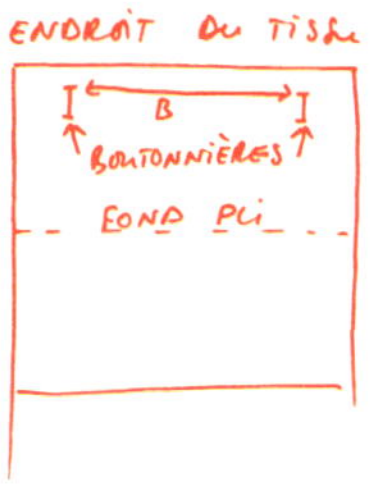

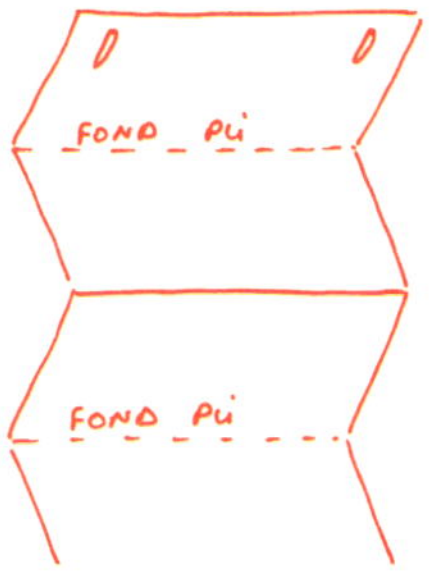

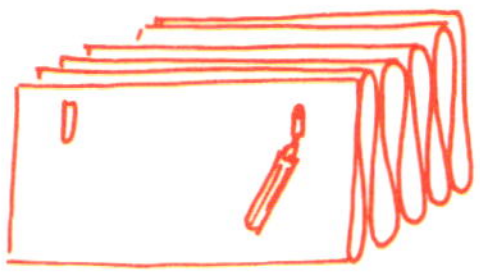

5. Posez le papier journal

Découpez grossièrement des morceaux de papier journal, en prévoyant de les faire dépasser très largement du cageot. Délayez la colle à papier peint dans de l'eau. Encollez les morceaux de papier et laissez-les détremper environ 5 minutes. Ensuite, posez-les sur le cageot en commençant par les grands côtés. Laissez sécher.

Mon conseil
Pour faciliter la pose, commencez par coller le papier au milieu, puis appliquez-le vers l'extérieur.

Quand le papier est bien sec, Recoupez au cutter ce qui dépasse : les poignées et les trous recouverts de papier journal. Passez 1 ou 2 couches de vernis et laissez bien sécher.

6. Assemblez le tissu et le cageot

Placez l'accordéon de tissu dans le cageot. Faites un nœud à une extrémité du galon tubulaire puis faites passer l'autre extrémité par tous les trous et par toutes les boutonnières. Finissez à nouveau par un nœud.

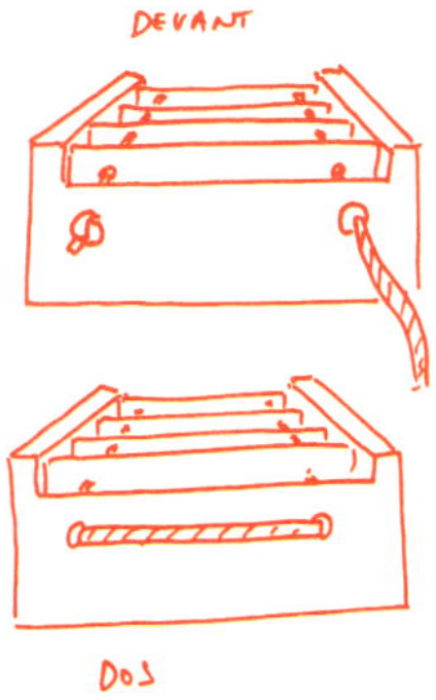

Mon conseil
Si vous avez du mal à passer le galon dans les trous, entourez de ruban adhésif une extrémité du galon pour le rigidifier.

Rassembler les souvenirs du temps passé, dans le petit coffre du grenier. Les enfants seront ravis d'y retrouver leurs déguisements préférés.

Le coffre à habits

Pourquoi ne pas ranger foulards et ceintures dans ce petit coffre ? Il peut aussi faire office de table de chevet.

2 cageots identiques.
Extérieur : longueur (L) : 50 cm ; largeur (l) : 30 cm ; hauteur (H) : 27 cm
Intérieur : longueur (L) : 49,5 cm ; largeur (l) : 29,5 cm ; hauteur (H) : 26,5 cm ; angle (A) : 4 cm

Mon conseil : choisissez des cageots dont tous les côtés sont en latte de bois.

Accessoires

2 charnières (L : 2,5 cm) • 8 vis à tête plate (L : 1 cm) • 1 dizaine de petits clous (L : 2 cm) • agrafes murales de 6 mm • 1 pot de peinture jaune à l'eau et 1 pinceau.

Couture

1 m de toile de coton écru, épaisse (laize : 1,40 m) • fil à coudre écru et aiguille • 1 m de galon tubulaire fuchsia, de 5 mm de diamètre • ruban adhésif.

Outillage

Marteau • perceuse et 2 mèches à bois de 5 mm et 10 mm • agrafeuse murale • tournevis • pince • règle • gros cutter • machine à coudre • ciseaux • fer et planche à repasser • épingles.

Mon conseil
Vous pourrez créer des effets différents en peignant une latte sur deux dans des couleurs contrastées ou complémentaires.

1. Préparez le cageot

Récupération

Avec la pince, enlevez les agrafes qui maintiennent le fond d'un des 2 cageots. Récupérez-le, il va servir de couvercle.
Récupérez une latte du 2e cageot qui fasse toute la longueur de la boîte.
Recoupez-la pour lui donner une largeur de 2,5 cm. Fixez-la ensuite avec l'agrafeuse murale, sur l'envers et au bord du couvercle.

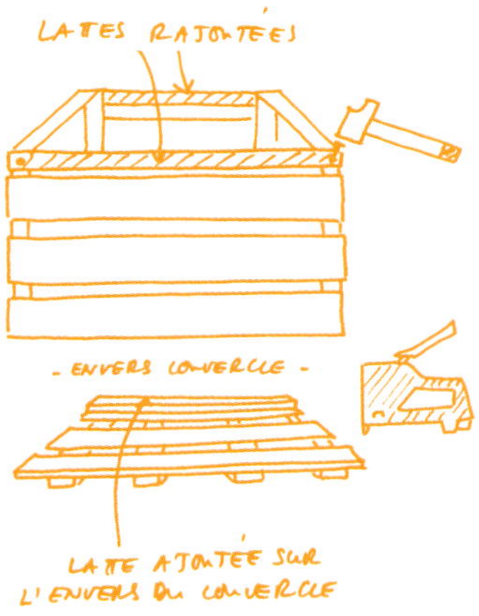

Mon conseil
Si les lattes de votre cageot ne vont pas jusqu'en haut, récupérez des lattes sur le 2e cageot.

Perçage

À 1 cm du bord supérieur du coffre, percez des trous tous les 3 cm, avec la mèche de 5 mm. Faites de même pour le couvercle.
Pour le système de fermeture, percez un trou central, avec la mèche de 10 mm, sur le devant en haut (côté opposé à la latte ajoutée), ainsi que sur le couvercle.

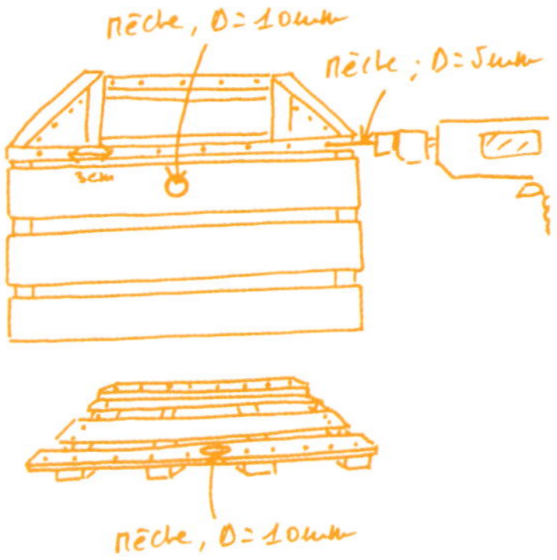

2. Peignez le cageot

Peignez l'intérieur et l'extérieur du cageot, puis le couvercle en jaune. Si votre peinture n'est pas très couvrante, passez 2 couches.

3. Préparez le tissu

Sur l'envers du tissu écru, tracez 2 bandes de 26,5 x 87 cm (prenez les cotes intérieures : additionnez une longueur, une largeur et 2 angles pour obtenir la longueur totale).
Découpez-les en laissant 1 cm de couture tout autour.

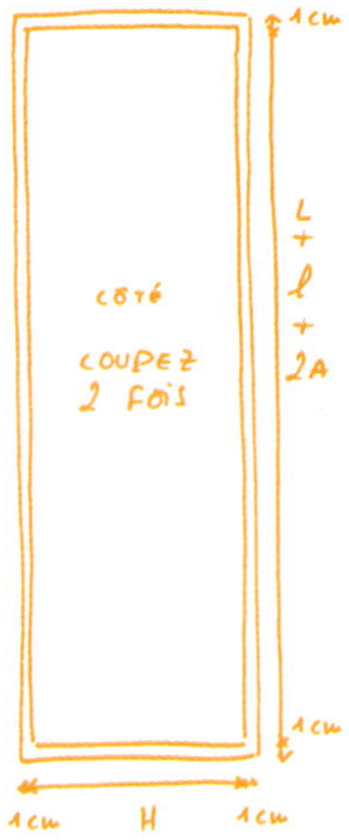

Tracez ensuite le morceau du fond ainsi que celui du couvercle. Découpez-les en laissant 1 cm de couture tout autour.

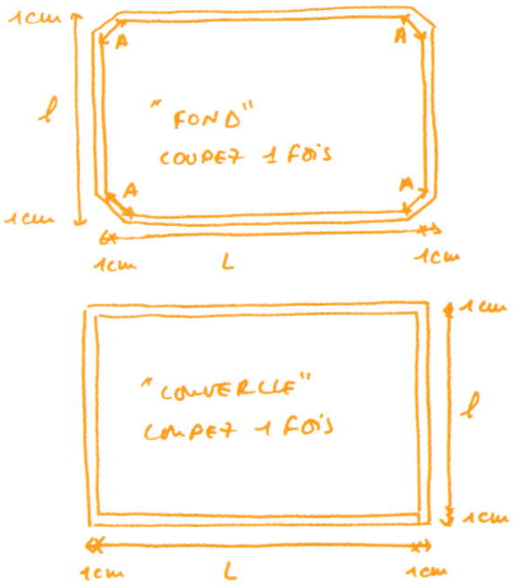

4. Cousez l'intérieur du coffre

Surfilez au point zigzag tous les morceaux que vous venez de découper.
Posez les 2 bandes de tissu écru, endroit contre endroit, et cousez les 2 largeurs. Puis ajoutez-y le fond.

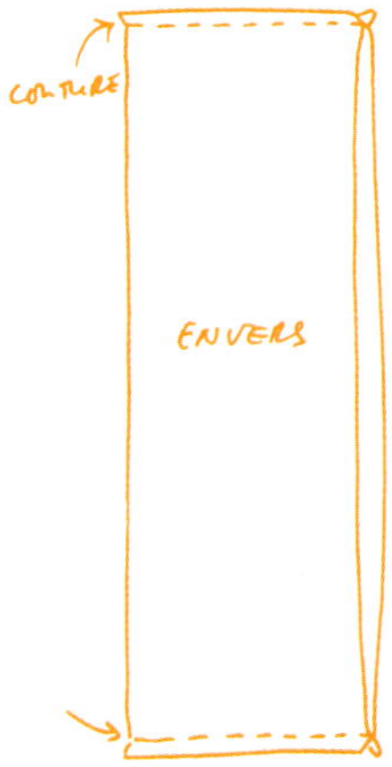

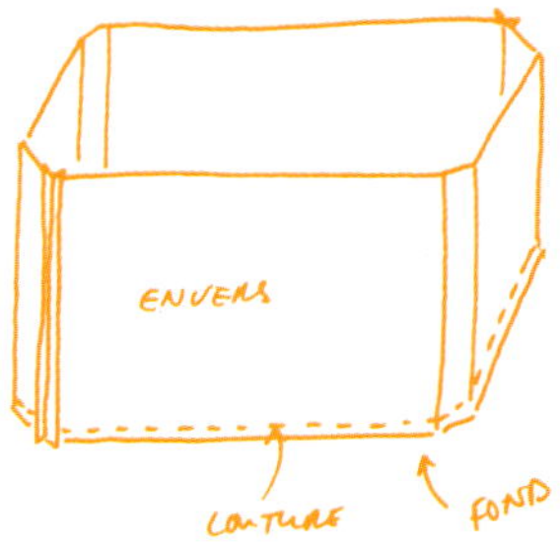

Au fer à repasser, faites une pliure à 1 cm du bord supérieur et piquez tout autour.

Recommencez cette opération pour l'habillage du couvercle.

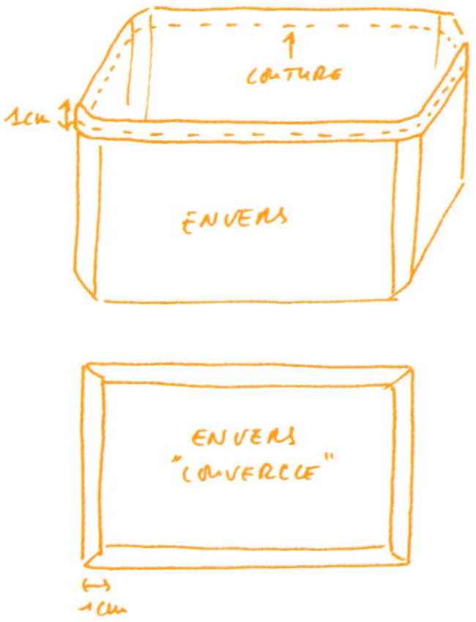

5. Posez la fermeture

Le bouton

Prenez 30 cm de galon fuchsia et nouez-le au milieu, en passant 4 fois dans la boucle.
Passez ensuite les 2 extrémités dans le trou de la boîte et faites un nœud sur l'envers. Mettez du ruban adhésif à l'intérieur, pour maintenir le galon.

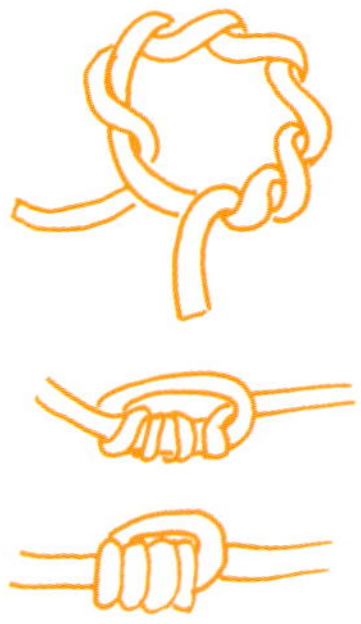

La boucle

Prenez 30 cm de galon fuchsia et pliez-le en deux. Passez les 2 extrémités dans le trou du couvercle, puis posez-le sur la boîte. Réglez la longueur de la boucle en fonction du bouton. Quand la longueur est bonne, faites un nœud sur l'envers et mettez de l'adhésif à l'intérieur pour maintenir l'ensemble.

Mon conseil

La couleur du galon tranche volontairement avec la teinte du coffre. Vous pouvez choisir une nuance plus proche.

6. Fixez les habillages dans le cageot

Avec un fil écru et une aiguille, cousez le tissu à l'intérieur de la boîte en passant par tous les trous du cageot. Procédez de la même façon pour le couvercle.

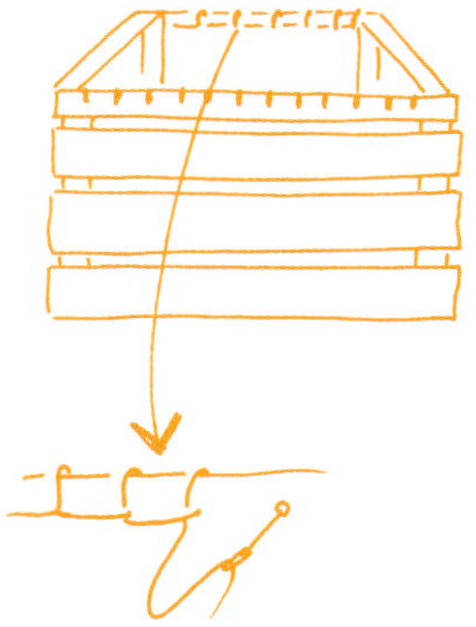

7. Posez les charnières

Vissez les charnières sur les 2 angles arrière de la boîte.

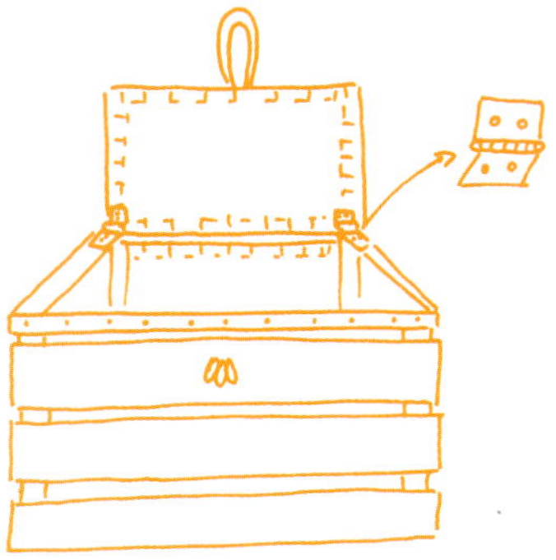

Couleur lumineuse et toile de coton donnent à ce coffre une touche très tendance.

L'étagère lumineuse

J'ai déniché à Saint-Ouen ce porte manteau. Avec un peu d'astuce et de temps, je l'ai transformé en petite étagère lumineuse qui éclairera mon entrée.

18 janvier
Saint-Ouen

SPECIAL BROCANTE

Petite séance de nettoyage et de perçage

Pour bien nettoyer l'objet, je l'ai poncé avec du papier de verre.
Avec une mèche de 12 mm, j'ai pratiqué des trous verticalement sur le dessus de chaque patère (sans les transpercer totalement).
J'ai percé les montants au-dessus des patères, avec une mèche de 5 mm, pour faire passer les fils.

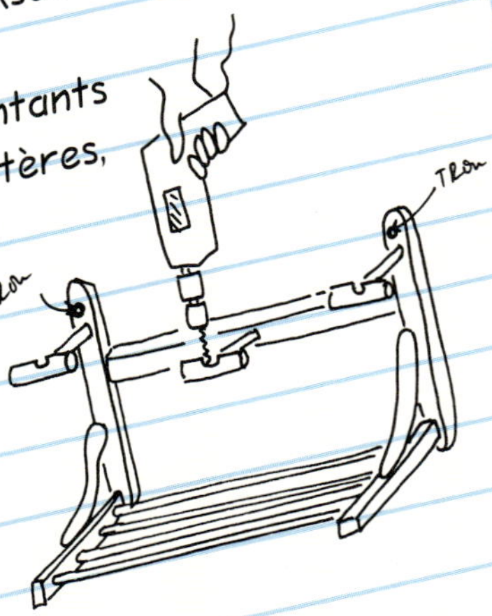

Des abat-jour en 2 temps 3 mouvements

J'ai recouvert 3 carcasses d'abat-jour, de 7 cm de diamètre, avec des emballages en forme de petites bourriches d'huîtres, dont j'ai évidé le fond au cutter.

Avec une pointe de compas, j'ai percé des trous à 0,5 cm du bord et, avec du fil et une aiguille, j'ai cousu la carcasse avec la bourriche.

À l'intérieur de l'abat-jour, j'ai collé des lattes fines de cageots découpées en forme de flèche (13 par abat-jour), à 0,5 cm du bord.

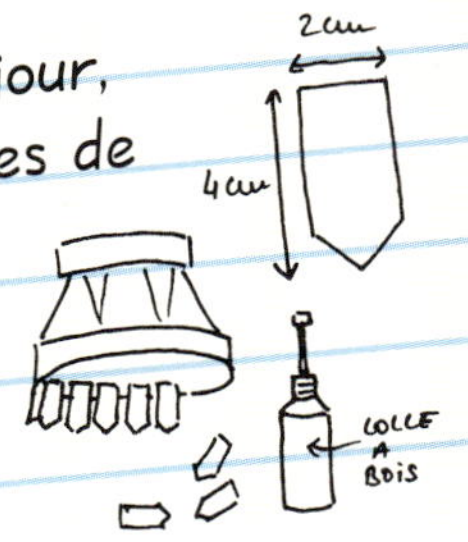

J'ai repeint en blanc l'objet et une flèche sur deux. Pour les abat-jour et l'autre moitié des flèches, j'ai utilisé de la peinture rouge.
Une fois la peinture blanche sèche, j'ai peint en rouge les patères et un barreau sur deux.

Quelques coups de pinceaux

Un peu d'électricité

À l'intérieur des trous, j'ai vissé les douilles et leur support et coupé assez de fil électrique pour brancher l'interrupteur.

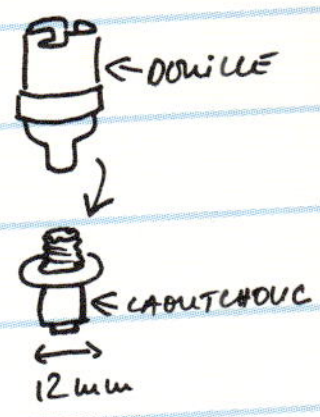

J'ai dédoublé les fils. Un fil simple relie la 1e douille à la 2e, puis repart de la 2e douille vers la 3e.
L'interrupteur est relié aux pôles vacants de la 1e et de la 3e douille, puis à la prise.
Les fils électriques sont collés au dos de l'objet.

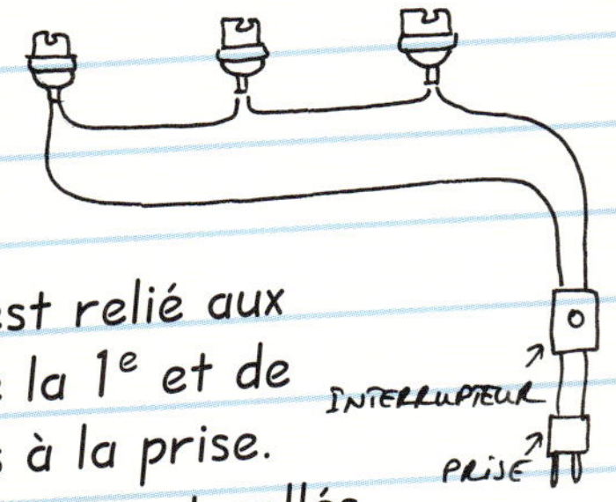

Camouflage de dernière minute

Au moment de monter l'ensemble, je me suis aperçue qu'on voyait les douilles. J'ai confectionné des caches, en découpant des lattes de cageot de 1 cm de largeur par 5 cm de longueur, que j'ai fixées sur du scotch double-face. J'ai repeint les cache douilles en blanc.

Les étagères

La niche p 38
raisonnable ●● *4 h* ●● *compliqué* ●●

L'étagère à CD p 41
économique ● *4 h* ●● *compliqué* ●●

L'étagère à secrets p 43
raisonnable ●● *6 h* ●●● *compliqué* ●●

La niche

Un petit nid douillet, pour les souvenirs de voyage les plus précieux.

1 BOÎTE EN BOIS, UTILISÉE POUR TRANSPORTER LES BOUTEILLES DE VIN.
EXTÉRIEUR : HAUTEUR (H) : 36 CM ; LARGEUR (l) : 38 CM ; PROFONDEUR (P) : 16 CM
INTÉRIEUR : HAUTEUR (H) : 34 CM ; LARGEUR (l) : 36 CM ; PROFONDEUR (P) : 15 CM

Mon conseil : si vous n'avez pas trouvé de boîte identique à la nôtre, revoyez les mesures de l'encadrement que nous vous proposons.

Fournitures

2 vis pour fixer l'étagère au mur (L : 4 cm) ● colle forte blanche, à séchage rapide ● colle « Araldite » à séchage rapide ● 1 pot de peinture blanche ● 1 grand pinceau pour la peinture, 1 moyen pour la colle ● 55 cm de carton ondulé ● carton « bois » d'une épaisseur de 3 mm : 1 planche (54 x 56 cm) pour le cadre, 2 rectangles (15 x 36 cm) et 2 rectangles (15 x 33,4 cm) pour les bords intérieurs ● 1 feuille de papier Canson gris pour le fond (34 x 36 cm) ● 5 m de biais passepoilé gris clair.

Outillage

Tournevis ● règle ● équerre ● perceuse et mèche à bois de 10 mm ou vrille à bois, ● cutter ● tapis de découpe ● pinces à linge.

Mon conseil
Si vous n'aimez pas le gris, choisissez une feuille de papier Canson assortie aux couleurs de votre intérieur.

1. Préparez la fixation murale

Au dos de la boîte, percez 2 trous à 4 cm du haut et à 5 cm des côtés.

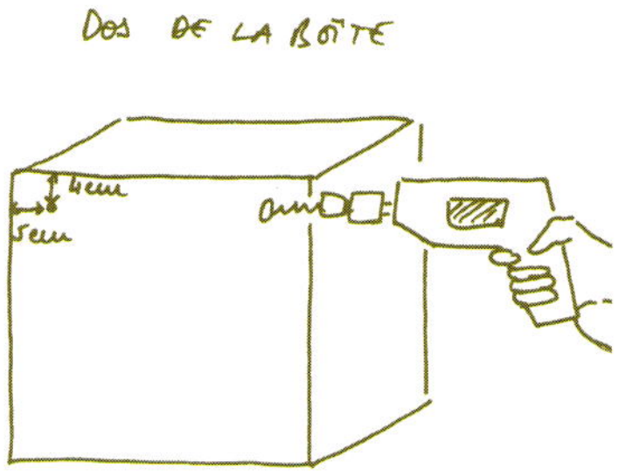

2. Découpez le carton « bois »

Dans le morceau prévu pour le cadre, découpez au centre un rectangle (H : 33,2 cm ; l : 35,2 cm) afin d'obtenir un cadre de 10,4 cm de largeur.

Mon conseil
Découpez les morceaux de carton en respectant les mesures indiquées dans la liste des fournitures.

3. Peignez la boîte

Peignez en blanc l'extérieur et les chants de la boîte, ainsi que tous les morceaux de carton « bois ».

4. Garnissez l'intérieur

Commencez par poser les parois intérieures. Enduisez de colle

*Protégés
de la poussière,
de la lumière
et des gestes
maladroits,
les bibelots
sont bien à l'abri.*

blanche les 4 morceaux de carton « bois » peints en blanc. Fixez-les dans la boîte. Pour que le carton adhère bien aux parois, fixez-le avec des pinces à linge sur le bord extérieur. Collez le Canson gris (33,4 x 35,4) au fond de la boîte.

5. Découpez le cadre

Dans le carton ondulé, coupez au cutter un rectangle (50 x 52 cm) pour l'extérieur, puis un autre (36 x 38 cm) pour l'intérieur. Recoupez les angles selon le dessin ci-dessous.

6. Montez le cadre

À l'envers du carton ondulé, appliquez de la colle blanche sur les bords extérieurs. Commencez à coller le biais passepoilé au niveau de l'angle du bas, votre raccord sera plus discret. Faites bien attention à ne pas faire de plis. Répétez l'opération pour les bords intérieurs. Puis collez le carton ondulé sur le cadre en carton « bois ». Encollez les chants de la niche avec de la colle « Araldite » et posez-y le cadre. Laissez bien sécher.

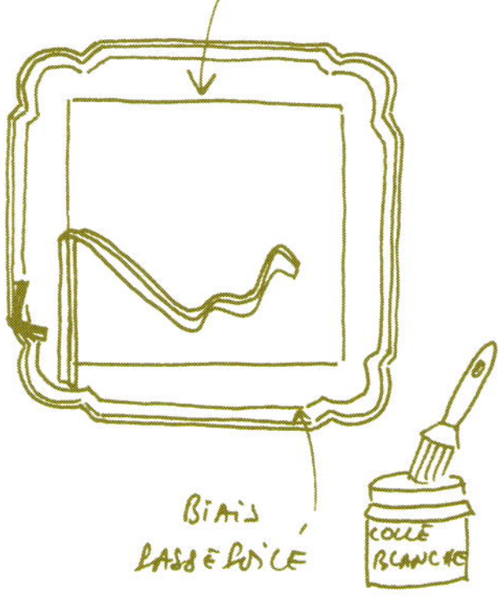

Avant de fixer la niche au mur, percez à nouveau le fond et vissez-la ensuite.

Mon conseil
Si vous êtes un as du cutter, rien ne vous empêche de réaliser une découpe de cadre plus travaillée. Vérifiez seulement vos quantités de biais.

Modèle à décalquer et à reporter sur le carton ondulé.

Avec son jeu de noir et de blanc, voici une étagère très swing, qui ne manque pas de personnalité.

L'étagère à CD

Pratique et ludique, pour ranger vos enregistrements préférés.

1 BOÎTE EN BOIS, UTILISÉE POUR TRANSPORTER LES BOUTEILLES DE VIN.
EXTÉRIEUR : HAUTEUR (H) : 35,5 CM ; LARGEUR (l) : 39 CM ; PROFONDEUR (P) : 12 CM
INTÉRIEUR : HAUTEUR (H) : 33,5 CM ; LARGEUR (l) : 37 CM ; PROFONDEUR (P) : 11 CM

Mon conseil : si vous ne disposez pas de scie électromagnétique pour la fabrication des notes de musique, utilisez du carton plutôt que des lattes de cageot.

Matériel

Contreplaqué de 10 mm d'épaisseur ou récupération du couvercle de la boîte pour l'étagère (11 x 37 cm) • 2 tasseaux carrés pour soutenir l'étagère (1 x 1 x 11 cm).

Fournitures

4 clous fins (L : 1,5 cm) • 2 vis pour le mur (L : 4 cm) • 1 tube de colle « Super Glue » à prise instantanée • 9 m de galon soutache noir • 1 feuille de papier calque • 1 pot de peinture blanche • 1 petit pot de peinture noire • 1 gros pinceau pour la peinture blanche • 1 petit pinceau pour la peinture noire.

Outillage

Marteau • tournevis • règle • perceuse et mèche de 5 mm • gros cutter.

Mon conseil
Si vous prenez de la peinture à l'eau, prévoyez un vernis transparent mat en couche finale.

1. Préparez l'étagère

La boîte doit impérativement mesurer 12 cm de profondeur, pour contenir des CD au format standard. Si la vôtre est plus profonde, commencez par la recouper à la scie sauteuse.

Fixation des tasseaux

Sur les côtés intérieurs de la boîte, tracez l'emplacement des tasseaux à mi-hauteur, puis clouez-les.

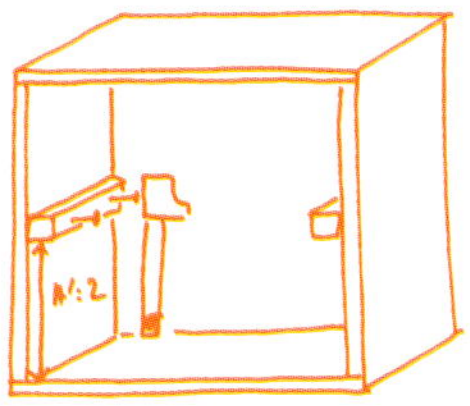

Perçage des trous pour les CD
Sur le dessus, le dessous et le bord de l'étagère, marquez des points à 1 cm du bord et espacés de 1,5 cm sur toute la longueur. Si vous avez des CD doubles, prévoyez quelques espacements de 3 cm. Avec la perceuse, percez tous les trous.

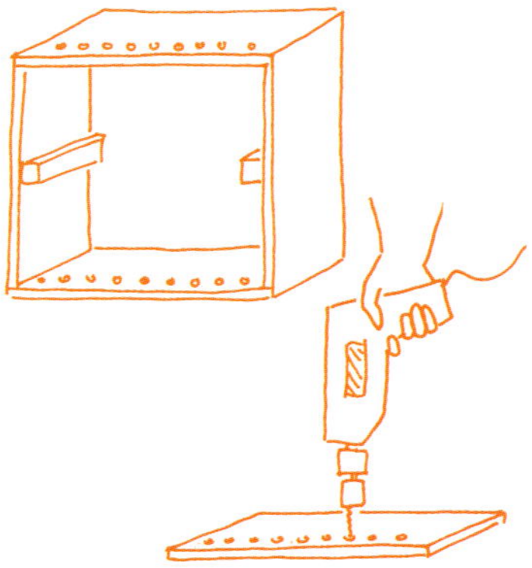

Perçage des trous muraux
Marquez les emplacements des 2 trous au dos de la boîte, à 4 cm du haut et à 5 cm des côtés.

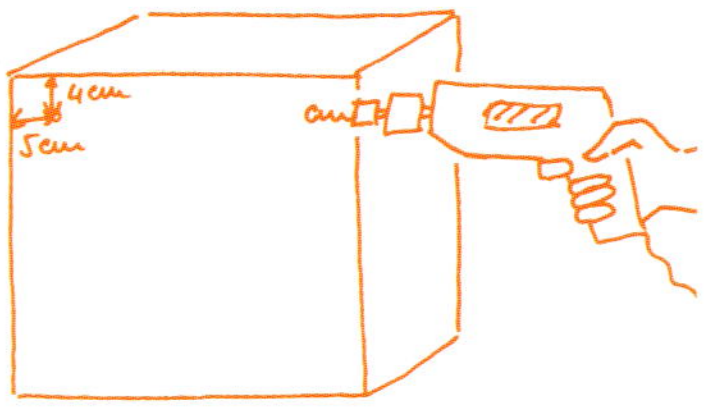

2. Préparez les notes de musique

Décalquez les notes ci-dessous et reproduisez-les sur le carton ou le bois. Découpez 9 notes simples et 5 notes doubles.

Mon conseil
Si vous avez le choix entre le carton et le bois, préférez le bois, qui sera plus résistant.

3. Peignez l'étagère et les notes

Peignez en blanc l'extérieur et l'intérieur de la caisse, l'étagère (dessus et dessous), puis les tasseaux. Peignez en noir toutes les notes de musique, sur les deux faces.

Mon conseil
N'hésitez pas à passer au moins 2 couches. Pour que la peinture blanche ne se salisse pas, vous pouvez passer une couche de vernis mat.

4. Posez le galon

Posez l'étagère dans la boîte. Mettez une petite pointe de colle sur le dessus des tasseaux pour que l'étagère soit bien fixée.
Prenez le galon soutache noir et faites un nœud à une extrémité. Si le galon s'effiloche, enroulez un peu de ruban adhésif à l'extrémité. Ensuite, passez-le par les trous, en tendant bien après chaque passage. Finissez avec un nœud.

5. Collez les notes

Avec la colle « Super Glue », collez les notes de musique sur chaque côté de la boîte et sur le devant.
Il ne vous reste plus qu'à fixer l'étagère au mur avec 2 vis.

Un petit théâtre aux couleurs pimpantes, pour faire la joie de tous les enfants.

Modèle à décalquer et à reporter sur le carton ou le bois.

L'étagère à secrets

Idéale dans une chambre d'enfant, elle peut se transformer en maison de poupée.

1 BOÎTE EN BOIS, UTILISÉE POUR TRANSPORTER LES BOUTEILLES DE VIN.
EXTÉRIEUR : HAUTEUR (H) : 33 CM ; LARGEUR (l) : 23 CM ; PROFONDEUR (P) : 12,5 CM
INTÉRIEUR : HAUTEUR (H) : 31 CM ; LARGEUR (l) : 21 CM ; PROFONDEUR (P) : 11,5 CM

Mon conseil : si les mesures de votre boîte sont très différentes des nôtres, réadaptez les mesures des tissus et galons.

Matériel

● Contreplaqué de 10 mm d'épaisseur ou récupération du couvercle de la boîte pour l'étagère (11,5 x 21 cm) ● 2 tasseaux carrés pour soutenir l'étagère (1 x 1 x 11,5 cm).

Fournitures

● 4 clous fins (L : 1,5 cm) ● 1 pot de colle blanche à tissu ● 1 pinceau ● 2 vis pour fixer l'étagère au mur (L : 4 cm).

Couture

60 cm de galon rouge (l : 1,5 cm) ● 1 m de serpentine rouge ● 50 cm de tissu rayé rouge et blanc ● 60 cm de doublure blanche en coton ● 30 cm de toile à broder pour point de croix « Aïda » (5,5 points par cm) ● 1 échevette de fil à broder rouge ● 1 aiguille à point de croix ● 1 bobine de fil blanc.

Outillage

Marteau ● perceuse et mèche de 5 mm ● tournevis ● machine à coudre ● fer et planche à repasser ● règle ● ciseaux.

Mon conseil
Assortissez les couleurs du tissu et de la broderie à celles de la chambre des enfants.

1. Percez les trous

Avec la perceuse, percez 2 trous au dos de la boîte, à 3 cm du haut et à 4 cm des côtés. Percez ensuite 2 trous sur les côtés, à 1 cm du bord à 13,5 cm en partant du bas.

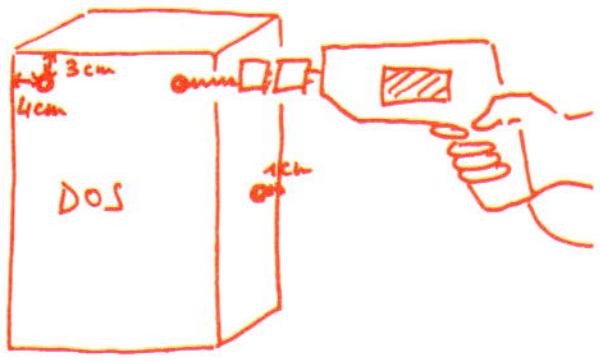

À l'intérieur de la boîte, tracez l'emplacement des tasseaux juste au-dessus des trous sur les côtés. Clouez-les.

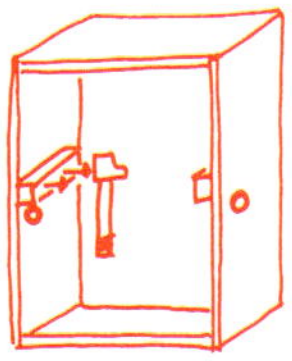

2. Découpez les tissus

Sur l'envers du tissu rayé, tracez un rectangle pour le rideau (33 x 71 cm), puis un rectangle identique sur la doublure blanche. Tracez un rectangle (21 x 25 cm) pour l'étagère.

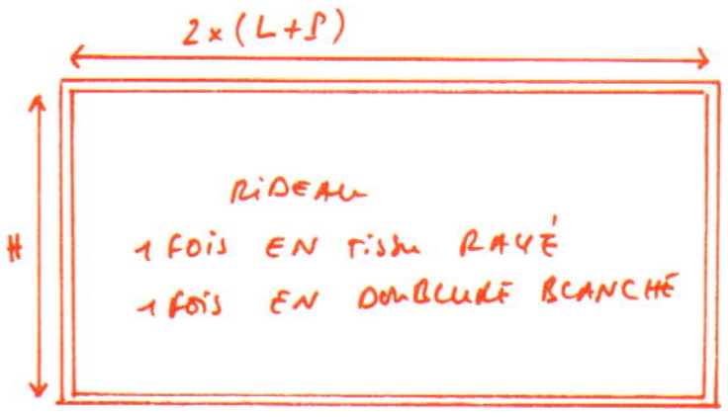

> **Mon conseil**
> *Pensez toujours à ajouter 1 cm de couture autour des tracés au moment où vous découpez vos tissus.*

Sur l'envers de la toile « Aïda », tracez 1 bande pour le bandeau (5,5 x 71 cm). Tracez une bande identique sur la doublure blanche. Pour le toit, tracez une bande (12,5 x 23 cm) sur la toile « Aïda », puis la même sur la doublure.

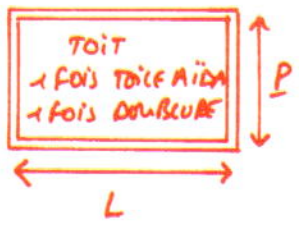

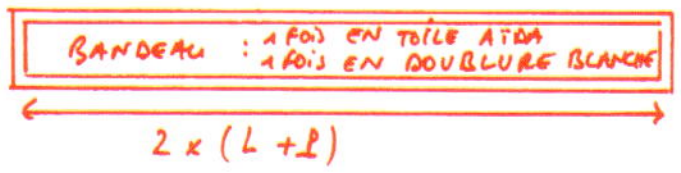

3. Brodez le cœur

Passez un fil à coudre, au milieu du bandeau de toile « Aïda » et 2 fils de part et d'autre du milieu, à 11,5 cm. Commencez par broder le 1er cœur, centré en hauteur et en largeur. Ensuite brodez les 2 autres cœurs, centrés en hauteur, à 3 cm des autres fils.

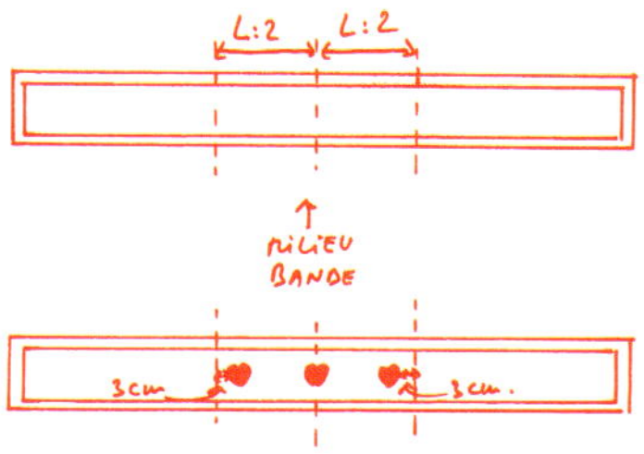

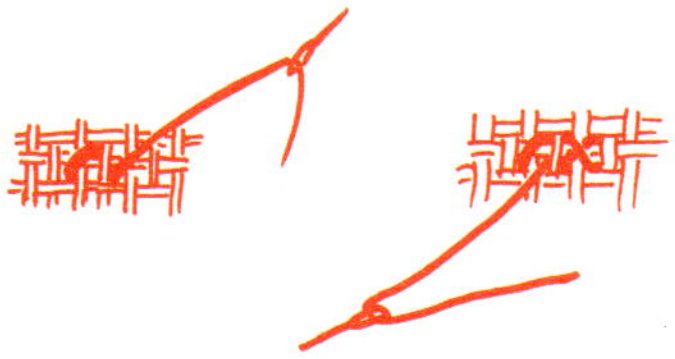

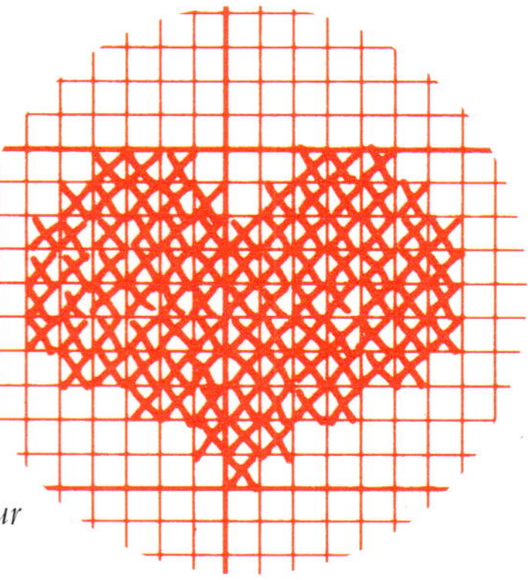

Modèle de cœur à broder.

4. Préparez le bandeau

Sur l'endroit de la bande, cousez la serpentine sur le bord inférieur. La piqûre se fait au centre de la serpentine. Ensuite, posez la bande sur la doublure, endroit contre endroit, et cousez les 3 côtés. Recoupez les angles, retournez la bande et repassez-la. Finissez le dernier bord par un point zigzag en prenant les 2 épaisseurs de tissu ensemble.

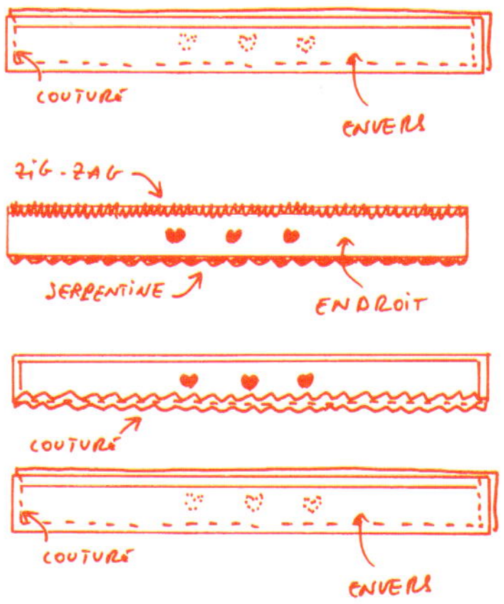

5. Préparez le rideau

Posez le rectangle de tissu rayé, sur sa doublure, endroit contre endroit. Cousez les 2 côtés et le bas. Recoupez les angles, retournez le morceau et repassez-le. Finissez le dernier bord par un point de zigzag en prenant les 2 épaisseurs de tissu.

6. Cousez l'habillage de la boîte

Pour le toit, posez le rectangle de toile "Aïda" sur sa doublure, envers sur envers, et surfilez les 4 bords en prenant les 2 épaisseurs de tissu ensemble. Le montage de l'habillage est plus facile en 2 étapes : assemblez d'abord le toit et le bandeau, puis assemblez le tout avec le rideau.

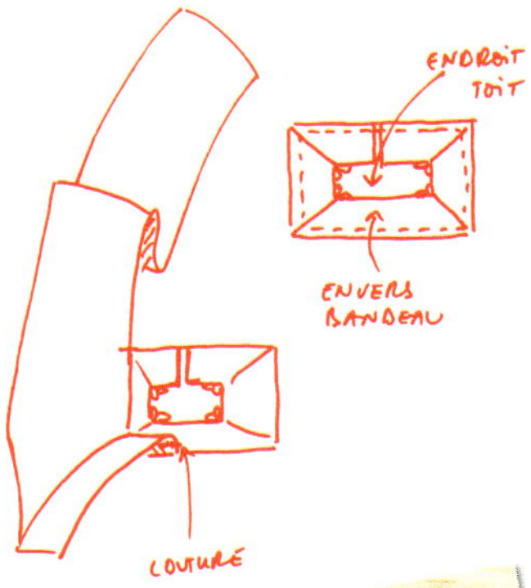

> **Mon conseil**
> *La jonction du bandeau s'effectue au milieu du dos de l'habillage. La jonction du rideau s'effectue au milieu du devant.*

7. Confectionnez les boutonnières

Elles mesurent 1,5 cm et se trouvent à la hauteur des trous des côtés de la boîte.

> **Mon conseil**
> *Pour connaître précisément les emplacements des trous, installez l'habillage sur la boîte et repérez-les au crayon.*

8. Habillez l'étagère

Au fer à repasser, pliez 1 cm de tissu vers l'envers de chaque

côté. Encollez une face de l'étagère ainsi qu'un des chants. Collez le tissu. Puis recommencez sur l'autre face.
Encollez l'épaisseur se trouvant à l'opposé de la finition et posez la serpentine rouge.

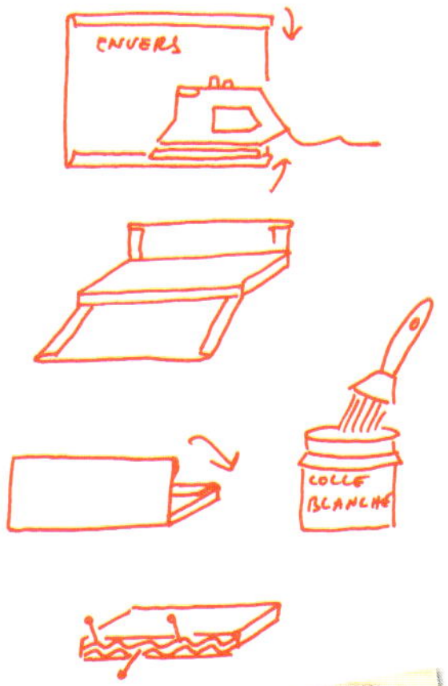

Mon conseil
Pour que le galon adhère bien à l'étagère, maintenez-le avec quelques épingles, jusqu'à ce que la colle soit bien sèche.

Vous n'avez plus qu'à poser l'étagère dans la boîte, installer son habillage et passer les rubans dans les boutonnières.
Si vous posez cette étagère au mur, fixez-la par les trous du dos de la boîte, avec 2 vis.

*Allez les poupées !
Finissez vite
de mettre le couvert,
c'est bientôt
l'heure du déjeuner.*

Les petits meubles

La commode 3 tiroirs

Une touche de gaieté dans un espace toujours bien ordonné.

1 BOÎTE EN BOIS, UTILISÉE POUR TRANSPORTER LES BOUTEILLES DE VIN.
EXTÉRIEUR : HAUTEUR (H) : 50 CM ; LARGEUR (l) : 33 CM ; PROFONDEUR (P) : 18 CM
INTÉRIEUR : HAUTEUR (H) : 48 CM ; LARGEUR (l) : 31 CM ; PROFONDEUR (P) : 17 CM
4 FONDS DE CAGEOT POUR RÉCUPÉRER 10 LATTES.

Mon conseil : si vous ne disposez pas de scie électromagnétique pour la fabrication des poignées, utilisez du carton plutôt que du bois.

Matériel

2 planches de contreplaqué, épaisseur 10 mm (18 x 27 cm) pour les pentes du toit ● 2 triangles pour les frontons (33 x 23 x 23 cm), au sommet, il y a un angle droit entre les deux côtés de 23 cm ● 2 étagères (17 x 31 cm) ● 2 tasseaux pour soutenir les triangles (1 x 1 x 32 cm) ● 3 tasseaux pour les poignées (1 x 1 x 1 cm).

Accessoires

3 vis à bois (L : 1,5 cm) ● 5 clous « pointe » très fins ● 25 clous (L : 1,5 cm) ● colle à bois et pinceau ● 1 pot de peinture jaune à l'eau ● 1 petit pot de peinture blanche ● 1 pinceau de taille moyenne ● 3 planches de carton, épaisseur 3 mm (60 x 80 cm) ● 1 rouleau de kraft autocollant (l : 3,5 cm), pour le cartonnage.

Outillage

Marteau ● vrille à bois ● tournevis ● règle ● équerre ● crayon noir ● éponge ● gros cutter ● tenaille ● 3 pinces à linge ● tapis de découpe.

Un petit meuble amusant et gai, en forme de guérite, pour ne pas mélanger la pâte à modeler et les nounours.

1. Installez les étagères

Dans le carton, découpez 6 rectangles (15,3 x 17 cm) pour soutenir les étagères. Encollez-les et collez-les dans la boîte.

> **Mon conseil**
> *Vous pouvez aussi utiliser des clous ou des agrafes murales, d'une profondeur comprise entre 6 et 8 mm.*

2. Découpez les tiroirs

Dans le carton, découpez 3 rectangles que vous rainerez par la suite et qui constitueront le devant, le fond et le dos des tiroirs (29,2 x 45,8 cm).

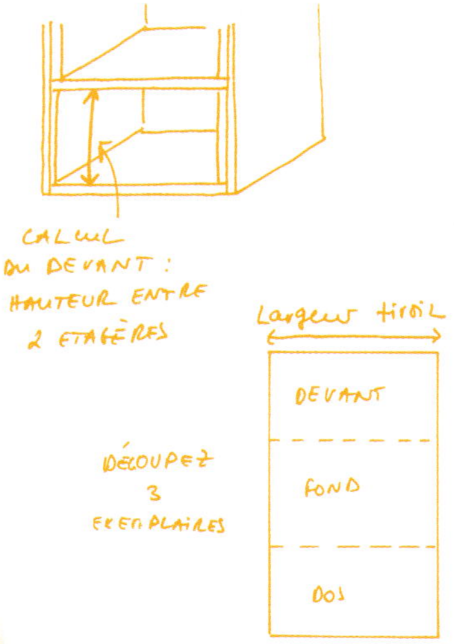

Découpez ensuite les 6 rectangles qui formeront les côtés (14,7 x 16,4 cm).

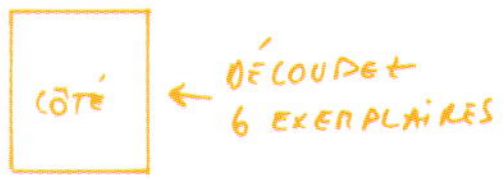

3. Montez les tiroirs

Au cutter, faites un passage de lame à 14,7 cm du haut de la feuille de carton pour marquer le pli du devant, puis un autre passage à 14,7 cm du bas pour marquer le pli du fond.
Prenez le rouleau de papier kraft. Pour le coller, humidifiez le côté à encoller avec une éponge puis posez-le sur le carton aux endroits rainés. Fixez d'abord les côtés avec le fond, puis les côtés avec les devants et les fonds. Pour finir, collez des bandes sur toutes les arêtes du tiroir, intérieures et extérieures.

> **Mon conseil**
> *Faites très attention à ne pas couper complètement le carton, il faut seulement le rainer pour faciliter le pliage.*

4. Formez le toit

Clouez les tasseaux à la base des frontons du toit, puis clouez l'ensemble sur la boîte. Clouez ensuite les pentes du toit.

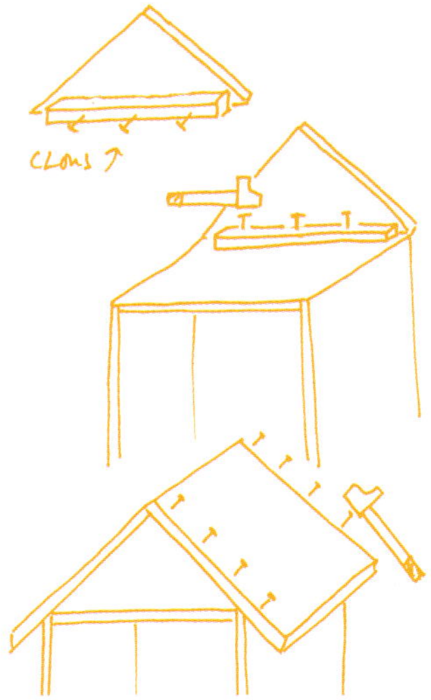

5. Découpez les lattes

Installez les tiroirs dans la boîte. Récupérez des lattes de fond de cageots puis placez-les sur le devant des tiroirs.
Nous avons mis 3 lattes par tiroir. Si les vôtres sont trop larges, recoupez-les au cutter. Faites-les dépasser légèrement de la largeur du tiroir pour masquer le carton soutenant les étagères (5,2 x 31,4 cm).
Sur l'envers des lattes, numérotez leur emplacement. Notez aussi l'emplacement des poignées.
Coupez les bordures du toit dans des lattes, de la longueur de la pente du toit (l : 1,5 cm).

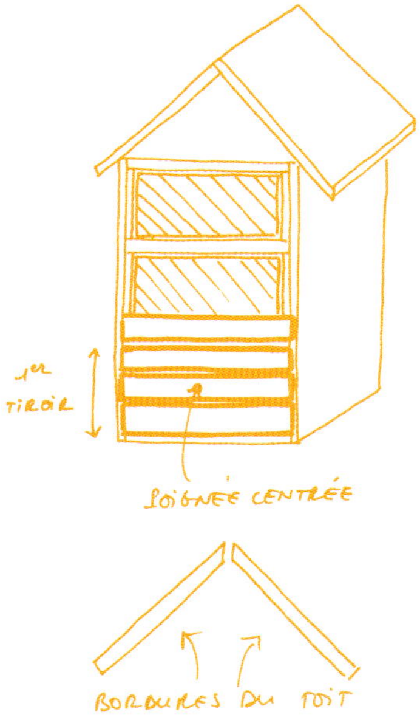

Pour les poignées, reproduisez 4 fois cette étoile, dans du carton ou du bois en fonction des outils que vous avez. Collez au dos de 3 d'entre elles les petits tasseaux (1 x 1 x 1 cm).

6. Peignez la commode

Peignez en jaune l'intérieur et l'extérieur de la boîte, 1 latte sur 2 des tiroirs, et les poignées qui seront placées sur une latte blanche. Peignez en blanc 1 latte sur 2, les poignées qui seront placées sur une latte jaune, les bordures des pentes du toit et l'étoile du toit.

7. Collez les lattes

Enduisez le devant des tiroirs de colle à bois et collez-y les lattes. Clouez les bordures blanches sur les chants du toit. Faites un trou central avec la vrille à bois sur le devant des tiroirs et vissez les poignées. Collez la dernière étoile de mer sur le fronton.

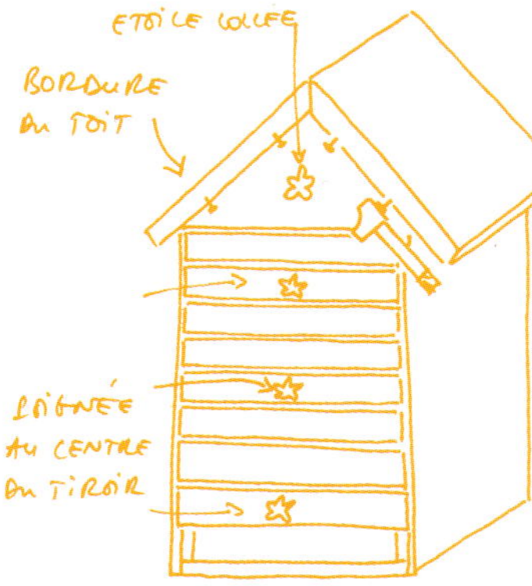

La boîte à couture

Tout habillé de raphia, ce charmant petit meuble ajoute à votre intérieur une note exotique.

2 BOÎTES EN BOIS IDENTIQUES, UTILISÉES POUR TRANSPORTER LES BOUTEILLES DE VIN.
EXTÉRIEUR : LONGUEUR (L) : 33 CM ; LARGEUR (l) : 26,5 CM ; HAUTEUR (H) : 17,5 CM

Mon conseil : pour réaliser les poignées, trouvez 4 boutons en bois, afin de rester dans les tons du raphia.

Matériel

2 rectangles de contreplaqué, épaisseur 20 mm pour le dessus et le dessous (38,6 x 26,5 cm) ● 4 montants (2,5 x 2,5 x 38,3 cm) ; 2 échelles dos et devant (2,5 x 2,5 x 33,6 cm) ; 4 guides pour les tiroirs (2,5 x 2,5 x 21,5 cm) ● 2 coulisses pour les tiroirs (2,5 x 4,5 x 21,5 cm) ● 1 fond en « Isorel » (38,6 x 42,3 cm).

Accessoires

4 équerres métalliques (3 x 3 cm) et 16 vis adaptées ● 12 vis à bois (L : 6 cm) ● 8 vis à bois (L : 3 cm) ● 12 clous (L : 3,5 cm) ● 50 clous fins sans tête (L : 2 cm) ● colle blanche forte ● pinceau ● 2 rectangles de carton blanc cassé, 2 mm d'épaisseur (17,5 x 33 cm) ● 1,50 m de tissu rabane, laize : 1,15 m ● fil résistant, assorti au rabanne et 1 aiguille ● 4 bobines de fil (H : 4 cm) pour les pieds ● 4 boutons (D : 4 cm) pour les poignées ● 3 bandes de carton à angléser (1,5 x 100 cm).

Outillage

Marteau ● tournevis ● règle ● crayon noir ● perceuse et mèche à bois de 5 mm ● scie sauteuse ● étau ● cutter ● agrafeuse murale et agrafes de 8 mm ● ciseaux ● pinces à linge ● vrille à bois.

On imagine bien cette boîte à couture des tropiques sous les pales d'un ventilateur.

1. Montez les échelles des faces avant et arrière

Prenez 4 tasseaux prévus pour les montants ainsi que les 2 tasseaux prévus pour les échelles. Percez 1 trou centré sur chaque montant et 1 trou à chaque extrémité. Ensuite, percez un trou centré aux extrémités des 2 tasseaux « échelles ». Assemblez-les avec les vis (L : 6 cm). Montez les 2 échelles.

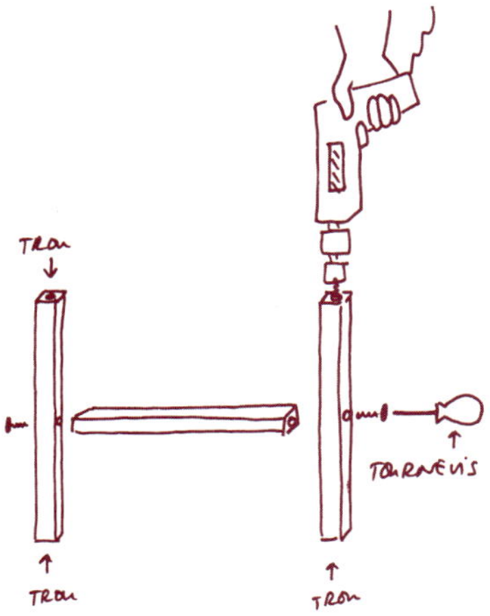

2. Fixez les équerres

Posez les équerres à l'intérieur de chaque échelle, à la base des tasseaux horizontaux.

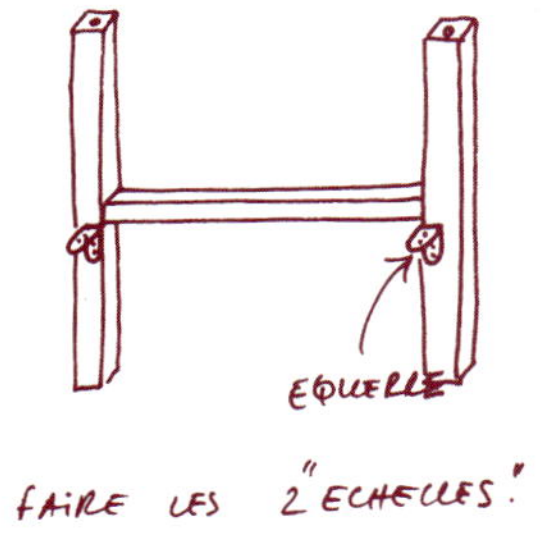

Mon conseil
Faites des avant-trous sur les échelles avec la vrille à bois, vous visserez plus facilement.

3. Préparez les coulisses des tiroirs

Clouez les « guides » alignés au bord des coulisses. Faites cette opération 2 fois seulement.

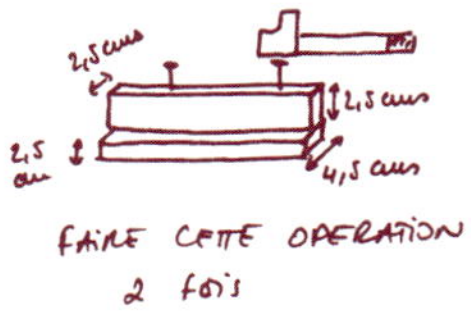

4. Posez les coulisses des tiroirs

Placez les coulisses sur les équerres puis fixez-les avec des vis.

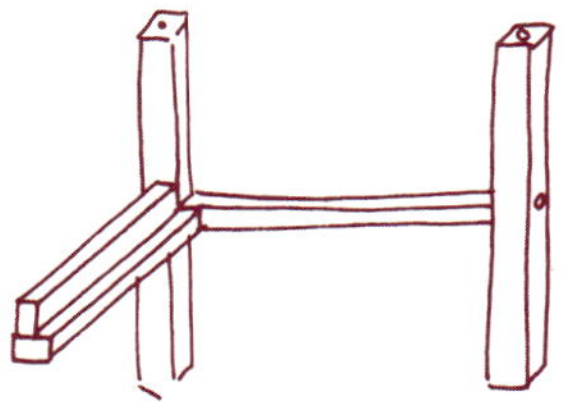

5. Montez la structure

Percez 1 trou à chaque angle des rectangles prévus pour le dessus et le dessous, à 1,25 cm des bords. Sur la partie que vous utiliserez pour le dessous, percez 1 trou supplémentaire à chaque angle, à 7 cm des bords des côtés et à 2 cm des bords des faces avant et arrière. Ils serviront à fixer les pieds.

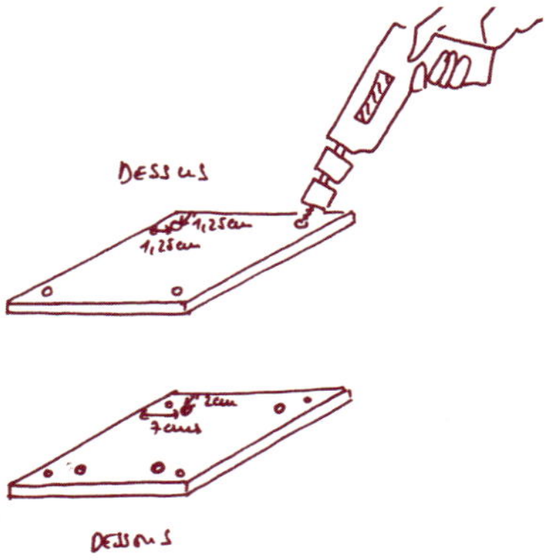

Avec les vis (L : 6 cm) fixez le dessus et le dessous aux montants. Ensuite, prenez les 2 tasseaux « guides » qu'il vous reste et clouez-les sur le contreplaqué prévu pour le dessous.
Pour finir, clouez le panneau d'« Isorel » au dos de la boîte.

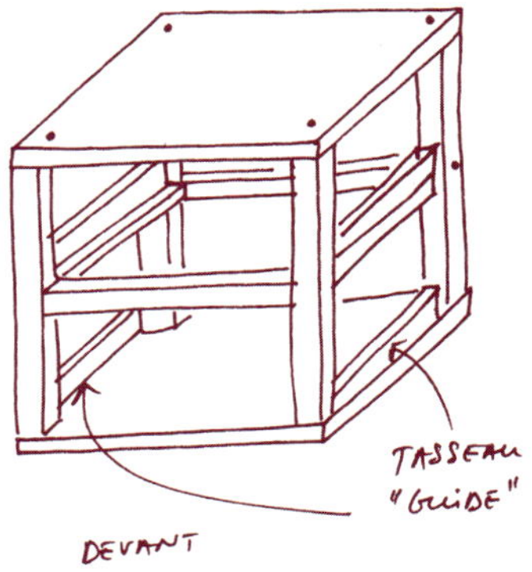

6. Préparez les tiroirs

Percez des trous sur les tiroirs, pour les poignées, centrés en hauteur et à 8 cm des côtés. Sur les poignées, passez un fil de couleur en croix et nouez-le sur l'envers. Ensuite, découpez dans du bois 4 petits carrés (2 x 2 cm), d'une épaisseur de 1 cm. Percez-les au centre puis collez-les au dos de chaque bouton.

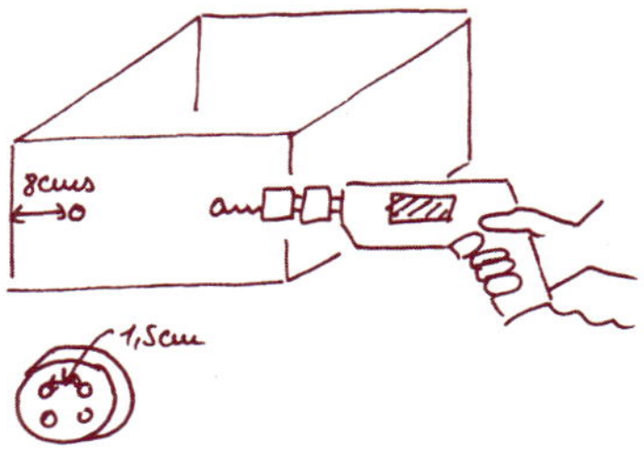

7. Posez la rabane sur les tiroirs

Encollez une face des rectangles de carton et appliquez la rabane. Découpez le surplus de rabane, en laissant 5 cm tout autour. Ensuite collez les angles sur l'envers, puis tout le reste. Encollez la façade du tiroir et appliquez le rectangle de rabane. Consolidez ce collage en clouant des clous sans tête sur les côtés et en bas. Fixez les poignées avec des vis.

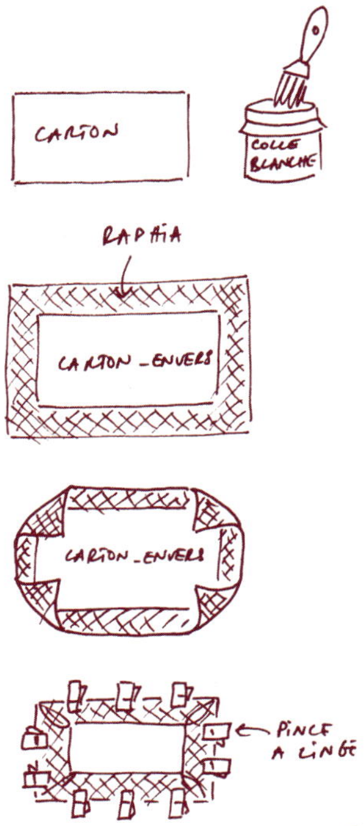

Mon conseil
Pour que le collage du haut du tiroir soit impeccable, maintenez-le avec des pinces à linge jusqu'à ce que la colle soit bien sèche.

8. Posez de la rabane sur la boîte

Prenez un morceau de rabane qui couvrira très largement le dessus. Ensuite, positionnez-le sur le devant de la boîte, puis placez 1 bande de carton à angléser (L : 33 cm) et agrafez l'ensemble sur la boîte.

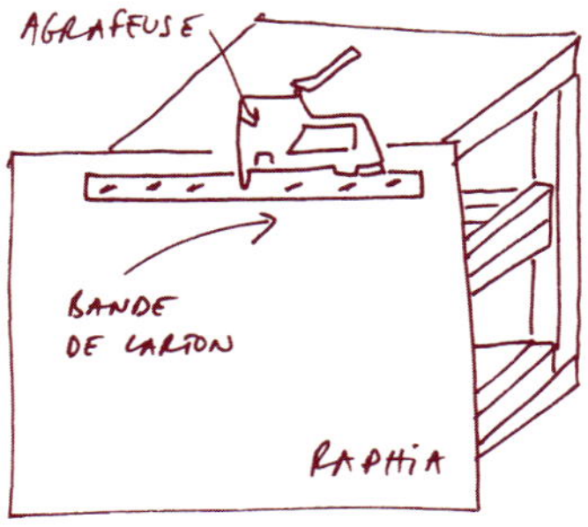

Retournez le tissu sur le dessus et agrafez-le tout autour, sur le chant du dessus de la boîte.

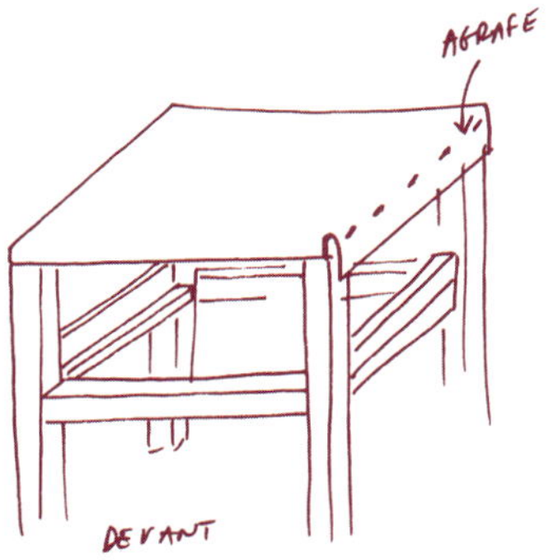

Recommencez cette opération pour le dessous. Procédez de la même façon sur le tasseau de l'échelle, rentrez le surplus de raphia autour d'une bande de carton à angléser que vous clouerez avec les clous sans tête. Habillez ainsi tout le coffrage. Pliez le surplus en haut et en bas puis cousez le dessus et les côtés.

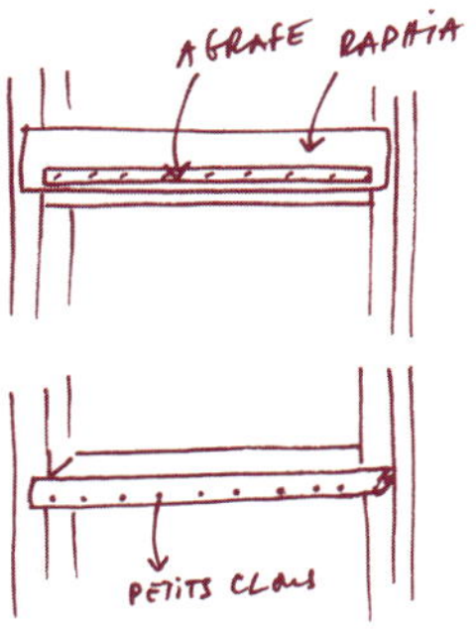

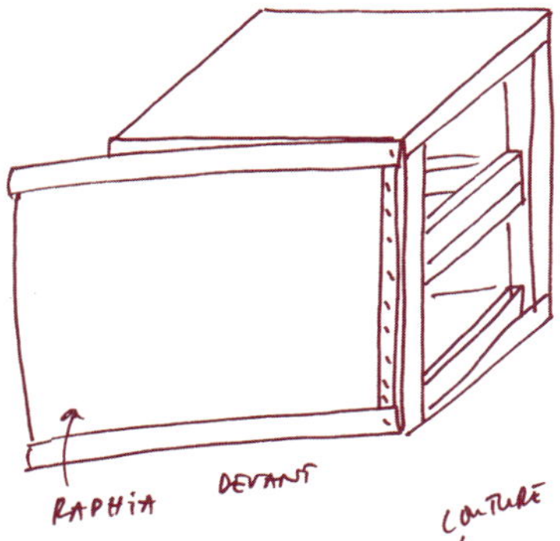

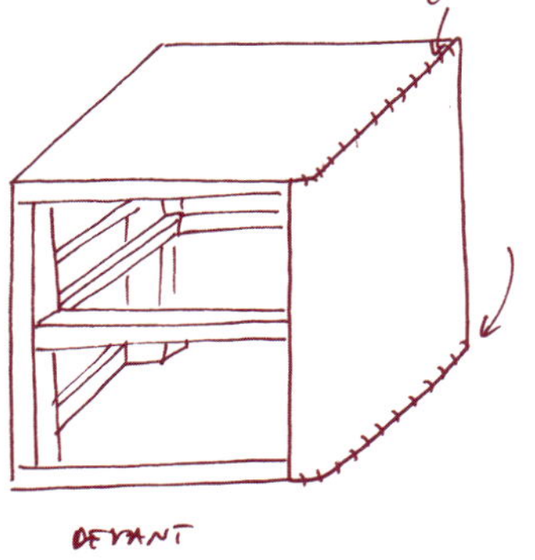

Agrafez-le au dos. Pour les finitions du dos, agrafez directement un morceau de rabane, en faisant un rentré de 3 cm tout au plus.

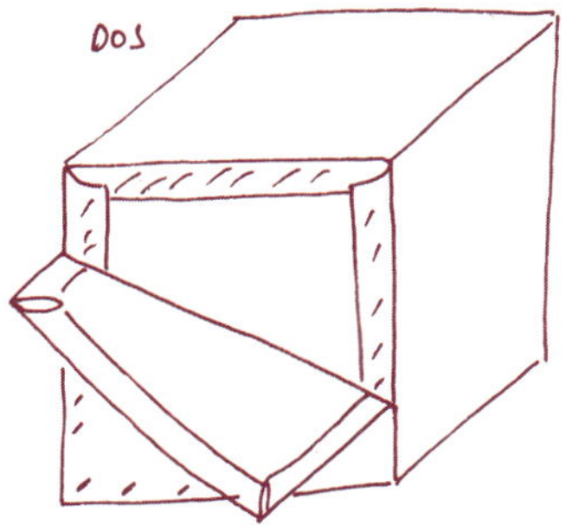

9. Posez les pieds

Vissez les bobines de fil destinées aux pieds, par l'intérieur de la boîte, ou collez-les.

Mon conseil

Pour donner un style sympa, vous pouvez enrouler du fil à broder sur les pieds, en prenant une couleur différente pour chaque pied.

Cinq vastes tiroirs pour ranger tous les objets qui encombrent si souvent l'entrée.

Le semainier

Construisez ce meuble pratique où les objets les plus quotidiens trouveront leur place.

Pour les tiroirs :
5 boîtes en bois, de la même taille,
utilisées pour transporter les bouteilles de vin.
Extérieur : largeur (l) : 33 cm ; profondeur (P) : 50 cm ;
hauteur (H) : 17,5 cm
Pour les côtés et le dessus du meuble :
récupérez au moins 6 boîtes avec des couvercles, de la même taille que les tiroirs, que vous démonterez complètement pour récupérer toutes les planches
4 supports de bouteille pour la frise du plateau
10 bouchons de champagne
Environ 30 étiquettes de vin.

Mon conseil : pour les tiroirs, il est plus amusant d'avoir des boîtes dont les marquages sont différents.

Matériel

1 rectangle de contreplaqué de 20 mm d'épaisseur pour le dessous (45,8 x 50 cm) • 4 tasseaux (5 x 5 cm) pour les montants (L : 1 m) • 2 tasseaux (5 x 5 cm) pour les pieds (L : 43 cm) • 10 tasseaux (5 x 2 cm) pour les échelles dos et devant (L : 33,8 cm) • 10 tasseaux (5 x 2 cm) pour les côtés (L : 40 cm) • 10 tasseaux (3 x 2 cm) pour guider les tiroirs (L : 40 cm) • 1 fond en « Iscrel » de 5 mm d'épaisseur (45,8 x 103 cm).

Accessoires

20 équerres métalliques (3 x 3 cm), avec 80 vis adaptées • 28 grosses vis à bois (L : 6 cm) • 20 clous (L : 5 cm) pour clouer les guides • 160 petits clous (L : 3 cm) pour clouer les côtés, le dessus, le fond, les frises autour du plateau et les plinthes • 30 clous fins • colle à papier peint • vernis acrylique mat • 1 pinceau • fil de fer moyennement souple.

Outillage

Marteau • tournevis • règle • crayon noir • perceuse et mèche à bois de 5 mm • scie sauteuse • étau • vrille à bois • tenaille • pince.

Mon conseil
Pour décoller les étiquettes de vin, plongez les bouteilles dans l'eau chaude et laissez tremper 20 minutes. Ensuite, faites-les sécher à plat.

1. Montez les échelles du devant et du dos

Sur les 4 tasseaux des montants, percez un 1er trou à 19 cm du bas, centré dans la largeur puis percez des trous tous les 20 cm. Vous obtiendrez 5 trous par côté. Percez aussi un trou central aux extrémités des montants et des 10 tasseaux « échelles ». Assemblez avec des vis (L : 6 cm). Montez les 2 échelles.

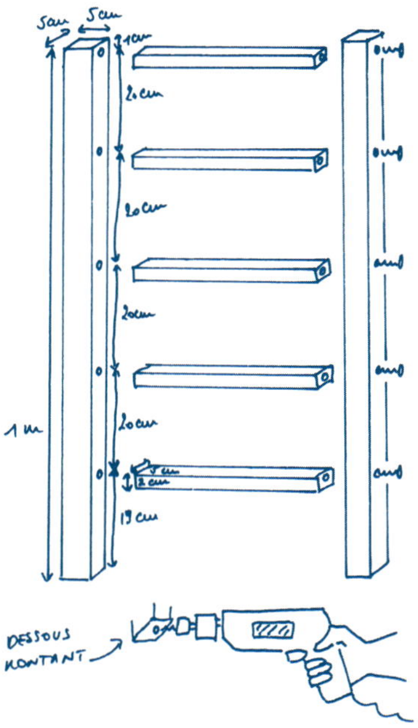

2. Posez les équerres

À l'intérieur de chaque échelle, posez les équerres à la base des tasseaux horizontaux. Fixez-les avec des vis.

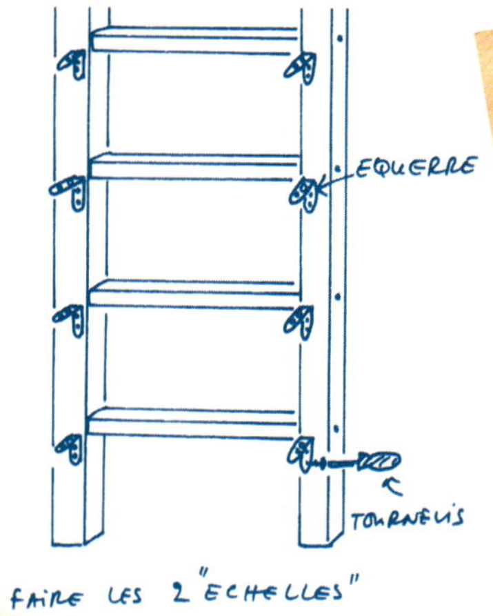

3. Préparez les tasseaux de côté

Clouez les tasseaux « guides » (3 x 2 x 40 cm) sur les tasseaux « coulisses » (5 x 2 x 40 cm) en alignant bien les bords. Préparez-en seulement 8, ceux du bas étant légèrement différents.

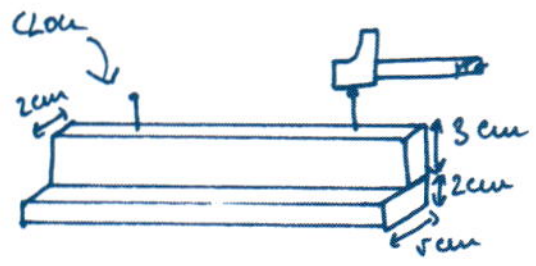

Alignez parfaitement le tasseau « guide » avec le bord intérieur du montant. Vissez ensuite les côtés sur les équerres.

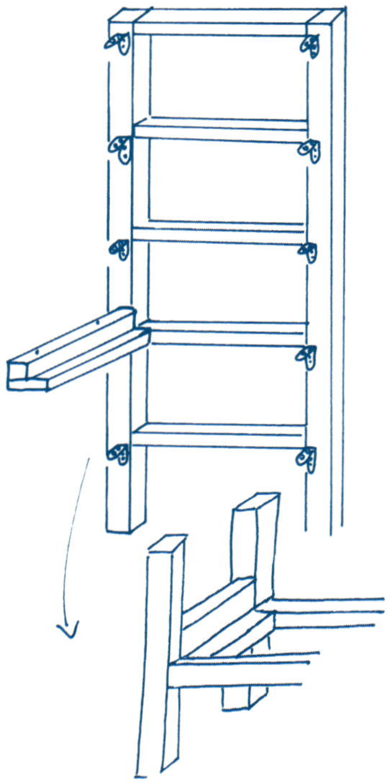

Mon conseil
Faites des avant-trous avec la vrille à bois sur chaque échelle, vous visserez plus facilement.

4. Préparez le dessous

Percez un trou à chaque angle du socle, à 2,5 cm des bords, puis 4 trous supplémentaires pour les pieds à 10 cm comme indiqué ci-dessous. Faites les trous correspondants sur les tasseaux des pieds.

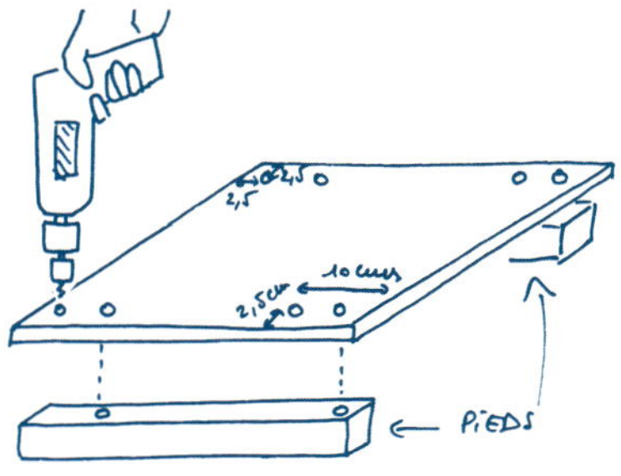

Avec les vis (L : 6 cm), assemblez le socle, les montants et les pieds. Clouez les tasseaux « guides » restants (3 x 2 x 40 cm) sur le socle.

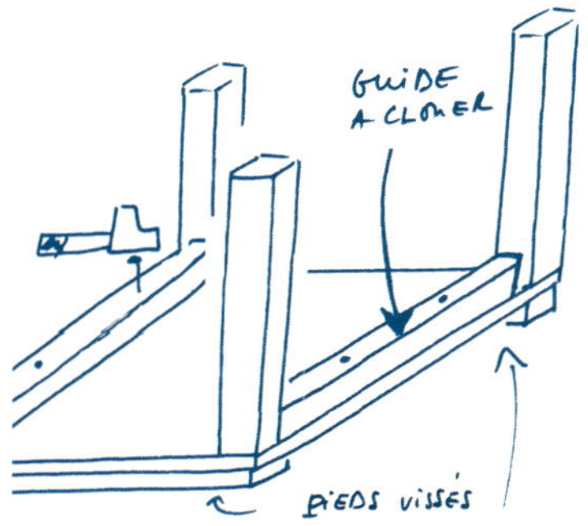

5. Réalisez le coffrage

Clouez des planches récupérées de caisses de vin sur le dessus. Recoupez la dernière si elle est trop grande.

Mon conseil
Commencez l'habillage par le devant. Recoupez la dernière planche si elle est trop grande.

Faites la même chose sur les côtés en commençant par le haut.

6. Posez le fond

Sur l'arrière du meuble, clouez le fond en « Isorel », tout autour.

7. Posez les plinthes

Découpez 3 planches de 5 cm de largeur, une pour le devant (L : 47,8 cm) et les 2 autres pour les côtés (L : 50 cm). Clouez-les à la base du meuble.

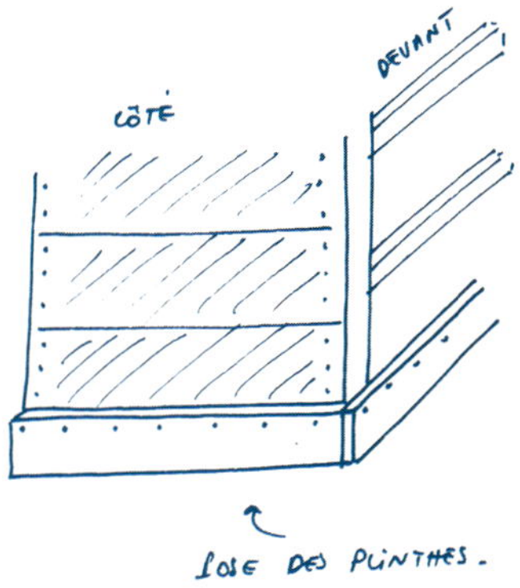

8. Décorez le plateau

Disposez les étiquettes de vin sur le dessus du meuble puis collez-les avec la colle à papier peint. Quand elles sont bien sèches, passez une couche de vernis pour les protéger. Prenez les supports de bouteille et recoupez-les aux dimensions des plinthes. Clouez-les tout autour.

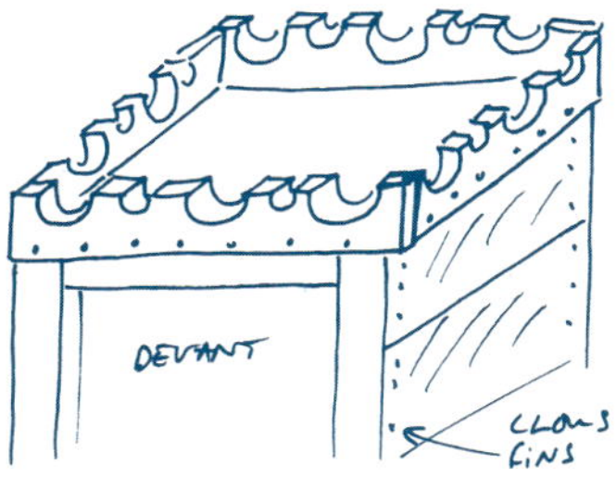

9. Préparez les tiroirs

Avec la perceuse, percez des trous sur les tiroirs, pour les poignées, à 2 cm du haut et à 2 cm des côtés. Le 2e trou est à 3 cm du 1er.

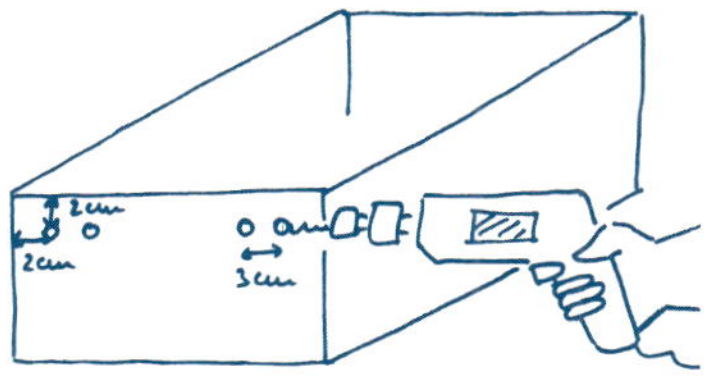

10. Posez les poignées

Avec la tenaille, découpez 20 morceaux de fil de fer (L : 20 cm).

Nouez ensemble 2 fils de fer, en les vrillant l'un avec l'autre à l'aide d'une pince. Serrez chaque bouchon entre les 2 fils de fer puis vrillez à nouveau les 2 fils de fer. Ensuite, passez les fils de fer par les trous des tiroirs et tordez-les ensemble à l'intérieur du tiroir.

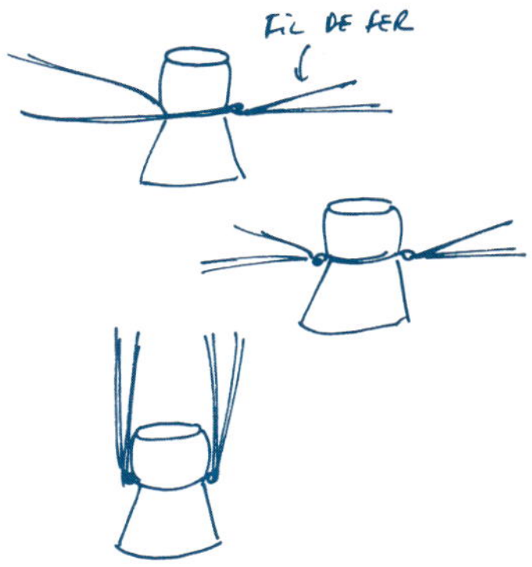

Recoupez le surplus de fil de fer avec la tenaille.

Mon conseil

Si vos tiroirs ne coulissent pas bien, rabotez-les ou passez du savon blanc sur le bois des coulisses et des tasseaux.

Le verre

sobre et élégant

Récupérer le verre

Comme le papier ou le carton, le verre fait partie de notre quotidien. Bouteilles, pots à confiture, à moutarde, nous manipulons chaque jour ce matériau... Récupérer du verre sera donc pour vous un jeu d'enfant : vous garderez toutes les bouteilles de vin et d'apéritif... Le verre offre une grande diversité de formes et de couleurs. Observez, admirez, piochez idées et objets. Vous ne le regretterez pas : la réussite de vos créations est à ce prix.

Le verre récupéré est rarement utilisable tel quel. La plupart du temps, il n'est pas impeccable : et peut être rayé ou taché. De plus, il est rare de le trouver vierge, sans étiquette plus ou moins tenace.
La première chose à faire avant d'entreprendre le travail de transformation, consiste à préparer, nettoyer, poncer la matière. Parfois fastidieuses mais toujours utiles, ces tâches seront simplifiées par les quelques conseils qui suivent.

Préparation du verre

Préparez soigneusement le verre, surtout si vous le récupérez au pied des containers verts réservés à sa collecte.

Nettoyage

Si une étiquette est collée sur une bouteille ou un pot, faites tremper l'objet dans de l'eau tiède, pendant 20 minutes. L'étiquette devrait se décoller toute seule.
Toutefois, certaines étiquettes s'enlèvent difficilement, notamment sur les bouteilles de grands vins, où une attention particulière est apportée au maintien du papier sur le verre.
Plutôt que de perdre temps et patience, réservez ces cas récalcitrants pour des objets dont le verre sera habillé, par exemple des bouteilles que vous recouvrirez de tissu, de papier, de plâtre...
Une fois que l'étiquette est décollée, enlevez la colle restante avec une éponge et de l'eau tiède.
Si ce n'est pas suffisant et qu'il reste encore quelques marques, frottez les traces de colle avec un coton imbibé d'acétone. Pour une finition impeccable, essuyez le verre avec une peau de chamois.

Nettoyage intérieur

Pour que l'intérieur de vos objets soit parfaitement propre, surtout s'il s'agit de bouteilles, nettoyez-les avec un peu de liquide vaisselle, à l'aide d'un goupillon (utilisé pour nettoyer les biberons).

Si le récipient présente des traces de calcaire, remplissez-le de vinaigre d'alcool et laissez ainsi plusieurs heures. Rincez ensuite à l'eau déminéralisée.
Faites toujours sécher les bouteilles le goulot tourné vers le bas.

Polissage

Lorsque le verre est abîmé par des rayures, ou que vous l'avez découpé, il devient un matériau dangereux, qui risquant de blesser.
Pour éviter les accidents, vous devez le polir avec un papier abrasif.
Le polissage s'effectue la plupart du temps à l'eau. Vous utiliserez un papier abrasif de type « waterproof » dont l'épaisseur du grain varie de 150 à 220. Pour du verre très abîmé, utilisez du 220.

Dégraissage

Avant de travailler le verre, il est préférable de le nettoyer.
Attention : les marques grasses ne sont pas toujours visibles. Un chiffon imbibé d'acétone ou d'alcool sera parfaitement adapté à cette opération. Passez-le sans trop appuyer sur toute la surface du verre, et les marques disparaîtront.

Outillage

Lorsque le verre est propre, nettoyé, poli et dégraissé, commencez le travail de transformation avec les outils adaptés.

Coupe

La découpe du verre nécessite un outillage spécifique. L'instrument dédié à cette opération s'appelle

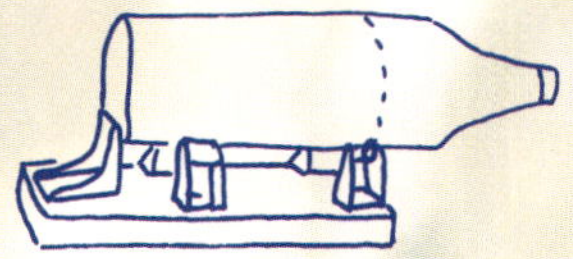

un « coupe-bouteilles ». Il est indispensable de s'en procurer un avant de d'entreprendre ce travail. Dans les créations qui figurent dans ce chapitre, il est utilisé à plusieurs reprises. Cet appareil permet de réaliser une coupe parfaite de tous les types de bouteilles, de la plus petite à la plus grande.
Grâce à une molette, vous inciserez nettement la bouteille, en lui faisant effectuer un tour complet sur elle même.
Pour que la coupe s'effectue et que le verre se casse, il faut provoquer un choc thermique au niveau de l'incision, en chauffant cette dernière avec une flamme, puis en la passant aussitôt sous l'eau froide. Cette opération est à renouveler plusieurs fois,

si nécessaire, jusqu'à la coupe définitive.
Le « coupe-bouteilles » n'est pas un outil difficile à utiliser, néanmoins, avant de commencer la création véritable des objets, faites quelques essais sur des bouteilles abîmées pour vous entraîner.

Voici un « truc » pour tracer un repère de coupe sur un objet cylindrique. Prenez une feuille de papier A4 (plus grande si vous devez découper un magnum) et enroulez-la autour du « corps » de la bouteille en faisant coïncider les bords. Fixez le rouleau ainsi obtenu avec un petit morceau de ruban adhésif.
Faites glisser le rouleau de papier jusqu'à l'endroit où vous souhaitez effectuer la coupe ; elle sera ainsi parfaitement droite.

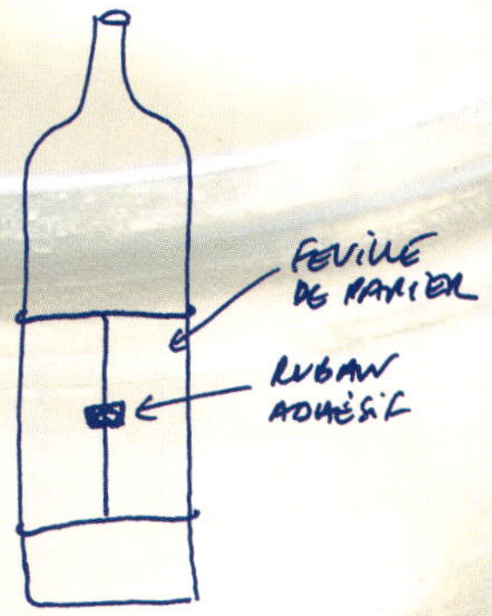

Collage
Il existe de nombreuses colles spéciales pour le verre. Nous avons utilisé l'« Araldite ».
Vous pouvez naturellement demander conseil à vos fournisseurs habituels et décider de choisir une autre marque… Demandez néanmoins une colle relativement forte.

Décoration du verre

La surface du verre peut se décorer de plusieurs façons, c'est ce que vous remarquerez dans les rayons des magasins ou dans les boutiques de décoration. D'autre part, d'innombrables accessoires décoratifs peuvent être collés sur le verre : morceaux de papier, tissus, perles, ficelles et rubans… Encore une fois, laissez parler votre imagination…

Peinture
Les peintures utilisées pour le verre sont spécifiques à ce support, elles permettent de le colorer tout en préservant sa transparence.
Il s'agit des peintures dites « Vitrail ». Elles s'appliquent sur du verre préalablement dégraissé avec un chiffon imbibé d'acétone. Attention : prenez le temps de laisser sécher entre deux applications de peinture de couleurs différentes. Munissez-vous d'un coton-tige et de « white spirit » pour rectifier les dérapages de peinture, ou pour effacer un coup de pinceau malheureux.

Collage
Pour coller des tissus, des galons, des ficelles sur du verre, vous pouvez utiliser un pistolet à colle chaude.

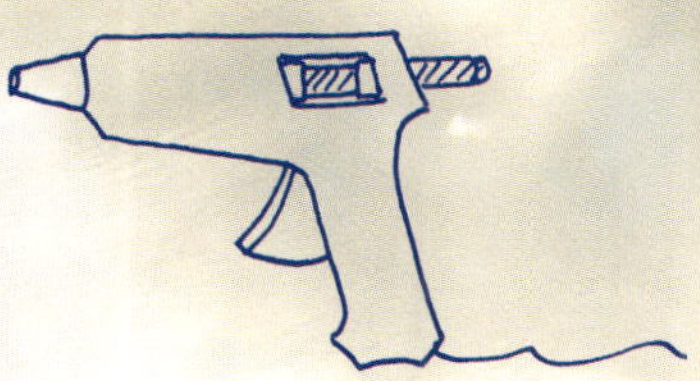

Il se branche sur l'électricité et s'utilise avec des bâtonnets de colle spécifiques.
Ne dépensez pas une fortune pour cet accessoire : les petits pistolets sont bon marché, ils sont simples à utiliser et très performants.
L'avantage du pistolet à colle réside dans son caractère d'immédiateté : à peine la colle est-elle posée qu'elle est déjà sèche. Cela vous évitera des moments d'attente. Seule précaution à prendre si vous utilisez de la colle à chaud : soyez vigilants pour ne pas vous brûler.
Si vous ne voulez pas utiliser un pistolet à colle, sachez que le ruban adhésif double face pour moquette est, lui aussi, parfaitement bien adapté au collage des galons et des ficelles. Sa résistance en fait un outil précieux pour le collage sur le verre.

Habillage
Une technique intéressante pour décorer le verre consiste à l'habiller de bandes de plâtre. Ce procédé offre en effet d'innombrables ressources : quand le plâtre est sec, on peut le teinter, le peindre, y dessiner des motifs colorés.
Installez-vous de préférence près d'un évier.
Retirez une première bande de plâtre de son emballage, sans la dérouler.
Plongez-la rapidement dans une bassine d'eau. Attendez que toutes les bulles d'air soient sorties, puis essorez la bande.

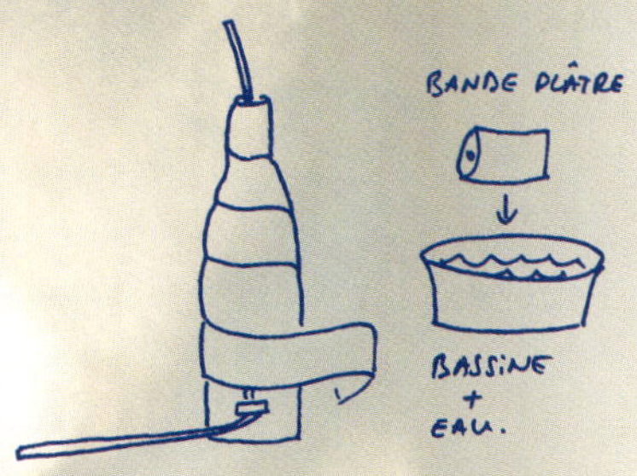

Déroulez-la autour du goulot de la bouteille, puis enroulez-la en spirale jusqu'en bas. Faites toujours légèrement chevaucher les bandes.

Étanchéité
Si l'objet que vous créez doit contenir de l'eau, comme c'est le cas des vases que vous fabriquerez à partir de bouteilles, prévoyez d'acheter du joint silicone. Enduisez les bouchons de liège qui ferment les bouteilles afin d'obtenir un résultat parfaitement étanche.

Mesures
Vous aurez souvent besoin de mesurer la circonférence d'un pot ou d'une bouteille. Opération très simple : il vous suffit de prendre un morceau de ficelle, d'en entourer le pot, et de reporter la mesure sur une règle.

Stabilité
Certaines bouteilles sont destinées à devenir des pieds de lampe. Dans ce cas, une fois l'abat-jour posé, l'équilibre doit être parfait. C'est pourquoi il est conseillé de lester la bouteille. Remplissez l'intérieur de sable ou de plâtre. Si le verre doit rester apparent, remplissez la bouteille de billes de verre ou de petits graviers.

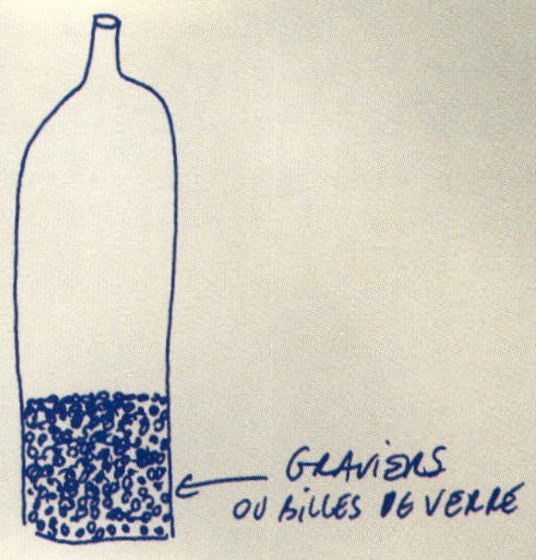

Les petites lanternes

Le tableau lumineux p 60
raisonnable ●● 5 h ●● compliqué ●●

Les photophores p 64
économique ● moins de 3 h ● facile ●

Le tableau lumineux

Un objet original, pour un jeu intimiste d'ombres et de lumières.

3 POTS DE YAOURT EN VERRE.
HAUTEUR (H) : 7,5 CM ;
DIAMÈTRE DE L'OUVERTURE (D) : 5,5 CM

Mon conseil : adaptez les couleurs à celles de votre intérieur.

Matériel

Contreplaqué d'une épaisseur de 16 mm (24 x 54 cm) pour le fond ● 3 rubans gros-grain (L : 1 m ; l : 1,5 cm) de couleurs différentes : vert, violet, turquoise ● feuilles de papier Canson 160 g dans les 3 couleurs des rubans et 1 pour le dos du tableau ● 20 cm de polyphane autocollant pour l'intérieur des abat-jour ● colle à papier peint et pinceau ● 2 attaches triangulaires, pour la fixation murale, et vis ● 3 petites bougies chauffe-plats ● colle à papier résistante ou adhésif double face pour moquette ● fil de fer souple (L : 2 m).

Outillage

Perceuse électrique avec 1 mèche de 6 mm et 1 mèche de 2 mm ● règle ● crayon noir ● ciseaux ● cutter ● tournevis ● emporte-pièce de 2 mm ● marteau ● tapis de découpe ● tenaille.

Mon conseil
Soyez très prudent, ne laissez jamais les bougies allumées sans surveillance.

Un trio très sympathique et plein de charme, pour donner du cachet à votre décor.

1. Préparez le panneau du fond du tableau

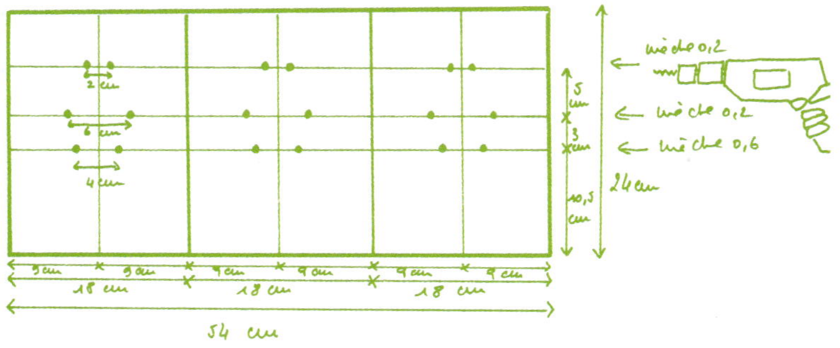

Marquez l'emplacement des trous sur le contre-plaqué, en vous reportant au dessin ci-dessous. Tracez d'abord les lignes verticales, puis les lignes horizontales. Percez les trous de la ligne du bas avec la mèche de 6 mm et les trous restants avec la mèche de 2 mm. Tracez au crayon des verticales tous les 18 cm pour marquer l'emplacement des papiers de couleur.

Découpez au cutter les morceaux de papier : celui du milieu, vert dans notre cas (32 x 18 cm), ceux des côtés (32 x 22 cm) et le papier du dos (24 x 54 cm).

Mon conseil

Protégez votre table avec une planche en bois avant de percer les trous. Pour tracer des lignes parfaitement d'aplomb, utilisez une équerre.

2. Collez les papiers sur la façade

Préparez la colle à papier peint, encollez le papier destiné au milieu et appliquez-le sur le contre-plaqué. Rabattez le surplus de papier sur l'envers. Recommencez cette opération pour les papiers des côtés. Collez les papiers bord à bord. Il est préférable de les superposer légèrement plutôt que de laisser un petit jour. Pour coller les angles, reportez-vous au dessin ci-dessous.

Mon conseil

Quand vous posez le papier, chassez l'air qui se trouve entre le papier et le contreplaqué avec la main, du centre vers l'extérieur.

Modèle à décalquer et à reporter 3 fois sur le polyphane.

Marquez l'emplacement des trous. Collez le dos et percez à nouveau les trous.

3. Préparez les abat-jour

Reportez 3 fois le modèle ci-joint, sur le polyphane (face inverse de l'autocollant). Découpez aux ciseaux tout autour. Retirez l'autocollant et collez le polyphane sur les papiers de couleur. Découpez le papier autour du polyphane. Sur l'abat-jour, côté papier, marquez l'emplacement des trous. Puis, avec un marteau et l'emporte-pièce, percez tous les trous. Formez les abat-jour en collant la sous-patte.

4. Posez les accessoires

Vissez les attaches triangulaires, au dos du tableau à chaque angle. Prenez le fil de fer et passez-le dans les trous des lignes supérieures. Passez les rubans dans les trous de la ligne du bas et laissez-les dépasser sur l'endroit.

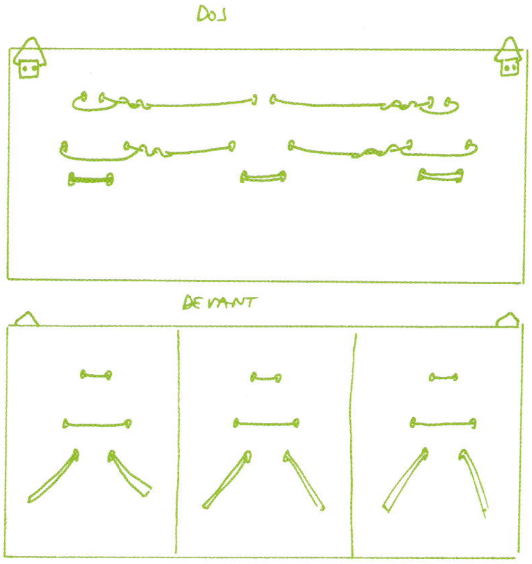

5. Fixez les abat-jour et les pots

Pliez la languette supérieure vers l'extérieur de l'abat-jour. Glissez les languettes des abat-jour sous le fil de fer. Attachez les pots avec les rubans et nouez-les solidement. Recoupez-les s'ils sont trop grands.

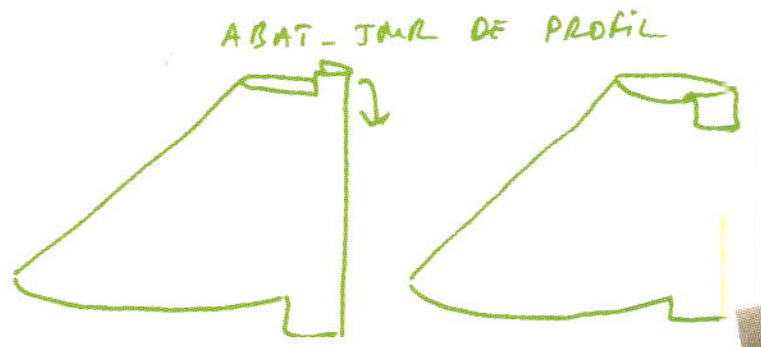

Mon conseil

Pour allumer les bougies, enlevez les abat-jour, puis replacez-les. Utilisez de préférence des allumettes très longues.

Les photophores

Adorables petits lutins, ils apportent aux soirées un brin de gaieté et de fantaisie.

1 POT DE YAOURT EN VERRE.
HAUTEUR (H) : 7,5 CM ; DIAMÈTRE (D) DU HAUT : 5,5 CM

Mon conseil : pour un meilleur éclairage, confectionnez plusieurs exemplaires.

1. Préparez la frise

Sur la toile thermocollante (côté non collant), reproduisez le modèle ci-joint sans le découper.

2. Montez la frise

Au fer à repasser, thermostat « coton », collez la toile sur l'envers de l'un des morceaux de soie. Ensuite, épinglez les 2 morceaux de soie l'un sur l'autre, la toile thermocollante étant placée au-dessus.

Cousez tout autour, en laissant une ouverture de 14 cm, à la base de la frise, pour pouvoir la retourner par la suite. Recoupez tout autour en laissant 5 mm de couture.

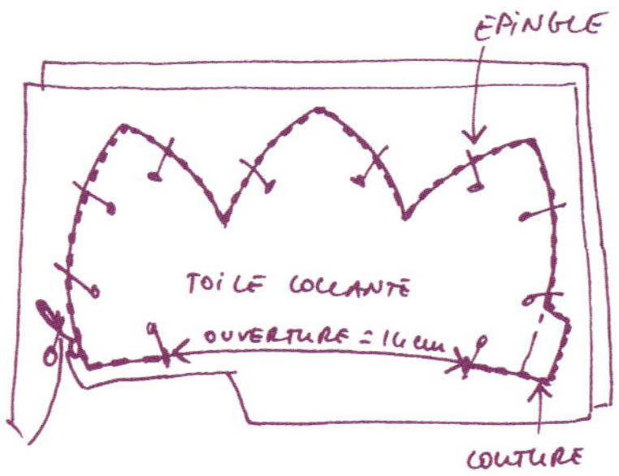

Matériel

2 morceaux (15 x 25 cm) de soie sauvage de couleurs différentes • 15 cm de toile thermocollante assez épaisse • ruban de velours (l : 1 cm) assorti à une des couleurs de soie (L : 60 cm) • fil à coudre assorti au ruban • 3 grelots • 1 petite bougie chauffe-plats.

Outillage

Machine à coudre • aiguille à coudre pour les grelots • épingles • ciseaux • fer et planche à repasser • crayon noir.

Mon conseil
Soyez très prudent, ne laissez jamais les bougies allumées sans surveillance.

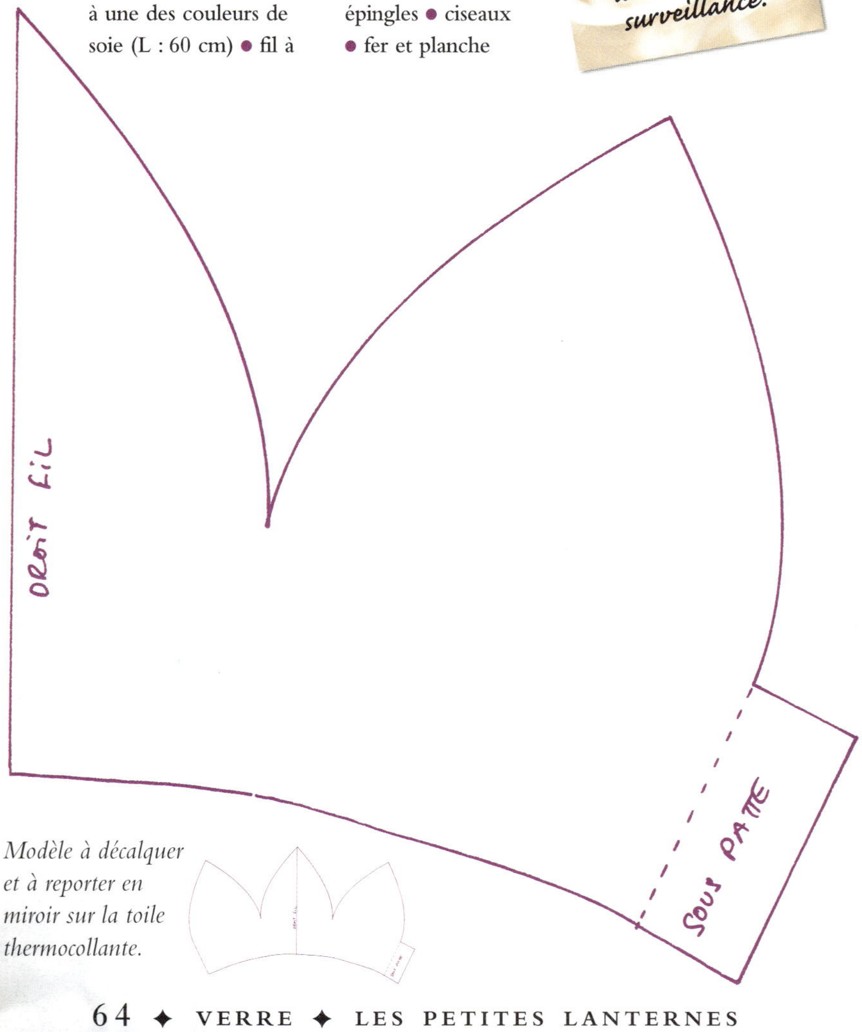

Modèle à décalquer et à reporter en miroir sur la toile thermocollante.

3. Cousez le ruban

Retournez la frise et repassez-la. Surfilez l'ouverture au point zigzag. Si vous n'avez pas de machine à coudre, rentrez l'ouverture vers l'intérieur et fermez-la avec une couture.

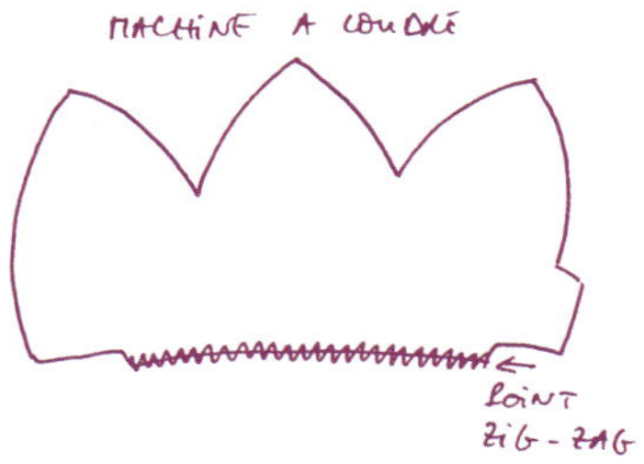

Cousez le ruban au bord de la frise et arrêtez la couture à la hauteur de la sous-patte.

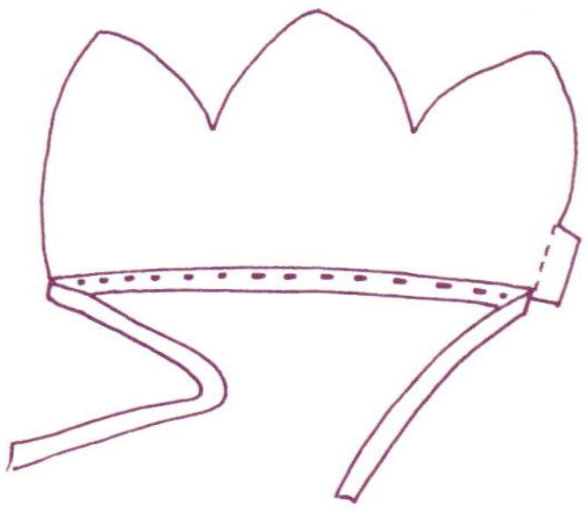

4. Posez les grelots

Aux extrémités de chaque pointe, cousez un grelot. Installez la frise autour du pot de yaourt et fixez-la en nouant le ruban.

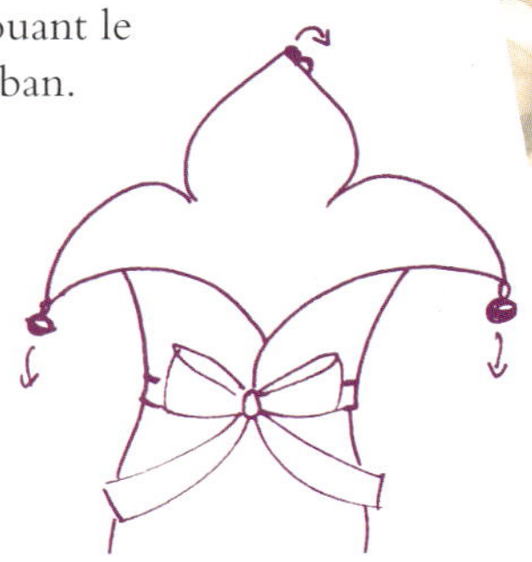

Mon conseil
Quand la frise est installée, pliez légèrement les « pétales » vers l'extérieur.

Des petites bougies « tempête » dont les grelots tintent agréablement à chaque souffle de vent.

Les vases

Les vases « Médicis »

Des vases à la ligne élégante, qui feront la paire à chaque angle de cheminée.

BOUTEILLES DE VIN EN VERRE, AVEC LEUR BOUCHON DE LIÈGE. HAUTEUR (H) : 29 CM ; DIAMÈTRE DU GOULOT (D) : 3 CM ; DIAMÈTRE DE LA BASE (D) : 7 CM

Mon conseil : si vous n'avez jamais découpé une bouteille, entraînez-vous sur d'autres bouteilles.

Matériel pour 2 vases

Contreplaqué de 20 mm d'épaisseur : 2 carrés de 13 cm et 2 carrés de 12 cm ● contreplaqué de 15 mm d'épaisseur : 2 carrés de 10 cm 2 carrés de 9 cm et 4 carrés de 7 cm ● 4 petits pots de peinture à l'eau de différentes couleurs : vert olive, vert lichen, vert mousse, gris coquillage ● 1 pinceau ● papier de verre spécial verre, grains fins ● colle à bois ● joint silicone.

Outillage

Perceuse avec 1 mèche de 30 mm ● Coupe-bouteille (outil spécial).

1. Percez les trous centraux

Prenez la perceuse avec une mèche de 30 mm et posez-la dans un axe de perçage, de façon à faire un trou bien vertical. Percez un trou au centre de chaque carré de contreplaqué.

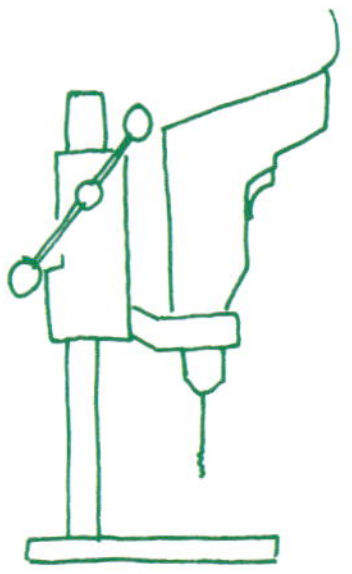

2. Peignez les socles

Chaque pied est composé de carrés superposés. Empilez-les comme ci-dessous ou, si vous le souhaitez, dans un ordre différent.

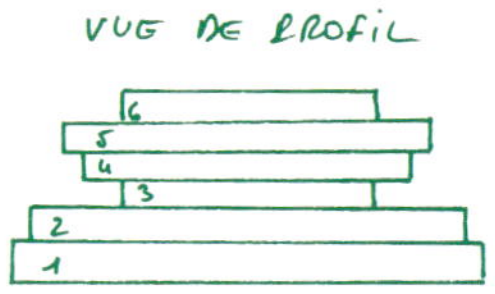

Peignez en gris coquillage les carrés n° 1 et n° 4, en vert olive les carrés n° 2 et n° 5, en vert mousse le carré n° 3 et en vert lichen le n° 6. À vous de jouer avec les couleurs. Peignez tous les carrés, recto et verso.

Mon conseil
Les deux vases peuvent être rigoureusement identiques, ou simplement assortis en alternant les couleurs dans un ordre différent.

3. Assemblez les carrés des socles

Collez les carrés ensemble avec la colle à bois. Pour un collage plus solide, faites sécher en mettant des poids sur le dessus de la pyramide.

Mon conseil
Au moment du collage, assurez-vous que les trous centraux correspondent parfaitement entre eux.

4. Préparez les bouteilles

Coupez l'extrémité des bouteilles à 25 cm du goulot. Suivez bien les instructions indiquées sur la boîte de l'outil de coupe.

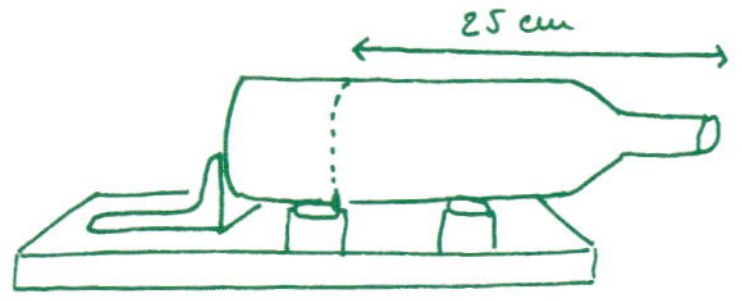

Poncez légèrement au papier de verre le pourtour de la bouteille au niveau de la coupe. Bouchez l'extrémité de la bouteille avec un bouchon de liège, puis posez-la sur son pied en bois.

Mon conseil
Pour que les vases soient totalement étanches, ajoutez un peu de joint silicone au moment où vous bouchez la bouteille.

Petit clin d'œil moderne dans un intérieur très classique, jouez l'harmonie ou le contraste.

Les mini-vases à suspendre

En confectionnant ces petits vases, créez l'effet de surprise et accrochez des fleurs aux endroits inattendus.

3 PETITES BOUTEILLES EN VERRE.
HAUTEUR (H) : 14 CM ;
DIAMÈTRE DU GOULOT (D) : 2 CM ;
DIAMÈTRE DE LA BASE (D) : 3,5 CM

Mon conseil : vous obtiendrez un meilleur effet en habillant vos bouteilles de plusieurs épaisseurs de raphia.

Matériel

Raphia naturel : prévoir environ 15 longs brins par bouteille et 30 brins pour les pompons et la suspension murale
- fil de fer malléable, mais résistant (L : 2 m)
- 2 petits clous pour le mur.

Outillage

Tenaille • règle • ciseaux • petite pince.

1. Fabriquez les crochets de suspension

Coupez à la tenaille 3 morceaux de fil de fer (L : 20 cm). Avec une pince, pliez une extrémité du fil de fer en enfermant un brin de raphia.
Entourez le fil de fer avec le raphia sur toute sa longueur. Finissez en repliant l'autre extrémité du fil de fer avec une pince, pour coincer le raphia. Coupez le raphia qui dépasse. Renouvelez cette opération pour les 2 autres fils de fer. À la main, formez un « S » avec le fil de fer.

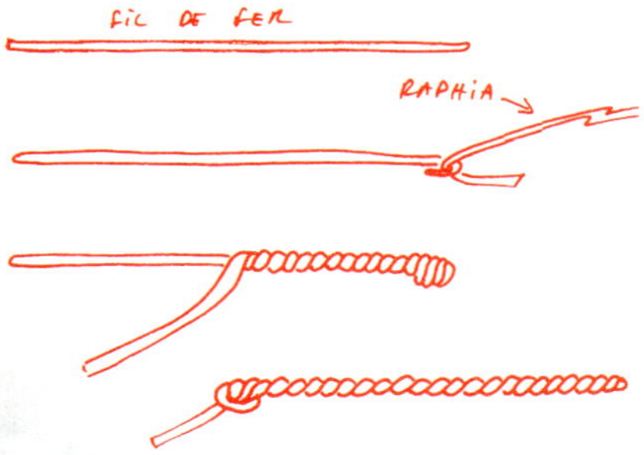

2. Préparez les suspensions des bouteilles

Coupez 3 morceaux de fil de fer de 15 cm de longueur et recouvrez-les de raphia comme vous l'avez déjà fait pour les crochets de suspension.
Pliez le fil de fer en son milieu en l'entourant autour d'un axe rond, par exemple un axe de tournevis, un crayon. Avec une pince, vrillez-le 2 fois sur lui-même.

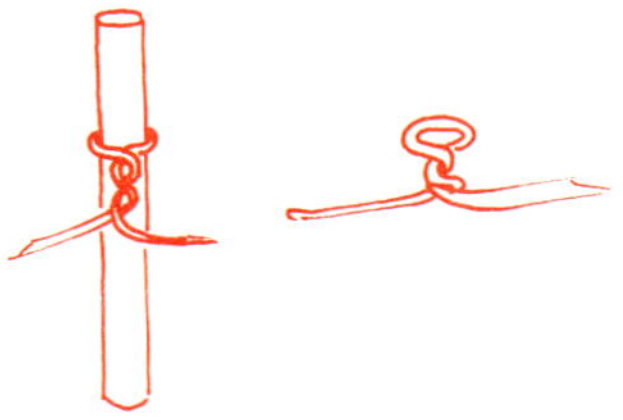

3. Habillez les bouteilles de raphia

Commencez par le haut et faites courir une hauteur de raphia tout du long de la bouteille. Commencez par emmailloter le goulot, puis descendez en prenant soin de bien couvrir le premier brin vertical, il doit être parfaitement maintenu. Dès que vous arrivez à la fin du premier brin, nouez le second brin autour du brin vertical pour repartir. Arrêtez d'enrouler le raphia à 3 mm du bas de la bouteille, et nouez ensemble les 2 brins de raphia restants.

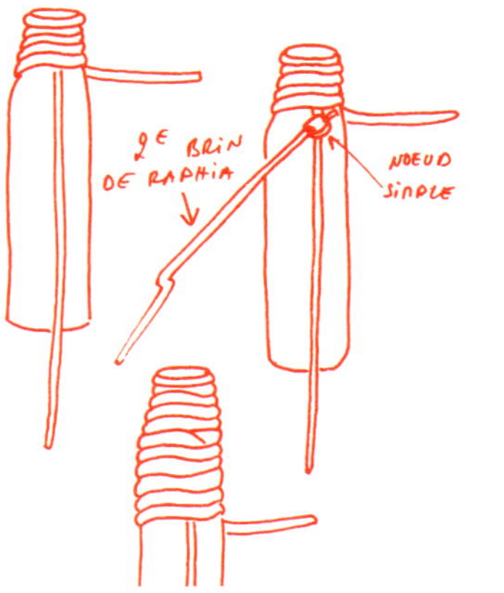

4. Posez les suspensions des bouteilles

Prenez une des boucles préparées pour les suspensions et appliquez-la autour du goulot. Avec une pince, vrillez les 2 extrémités jusqu'à ce que le fil de fer serre le haut de la bouteille.
Coupez les fils de fer qui dépassent à la tenaille. Faites la même opération pour les autres bouteilles.

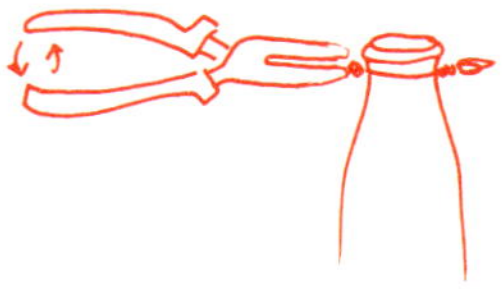

5. Finissez les bouteilles

Pour dissimuler les fils de fer coupés en haut de la bouteille, recouvrez-les d'un brin de raphia.

6. Confectionnez les pompons

Prenez un brin de raphia et faites une boucle au milieu.

Mon conseil
Prenez une bouteille d'eau ou de vin, elle vous servira de support pour enrouler les brins de raphia.

Ensuite, prenez environ 12 brins de raphia et enroulez-les autour de la bouteille en emprisonnant le brin de raphia qui forme la boucle. Nouez ensuite ce brin autour des spirales de raphia. La boucle se trouve à l'intérieur des spirales.

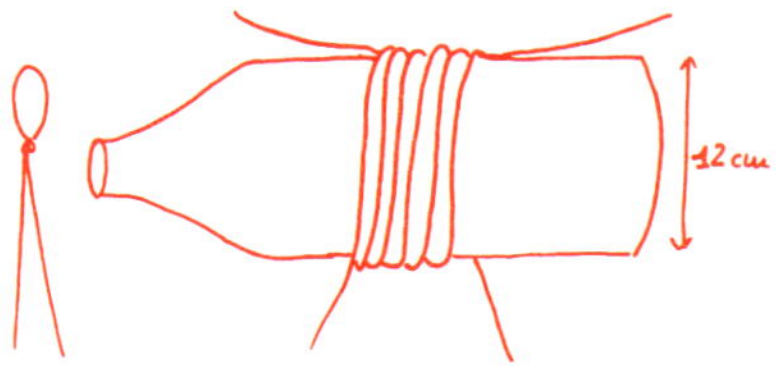

Coupez les spirales à l'opposé de la boucle, puis retournez le pompon sur lui-même. Formez la tête en enroulant un autre brin de raphia. Égalisez la base de votre pompon. Renouvelez cette opération pour le 2e pompon.

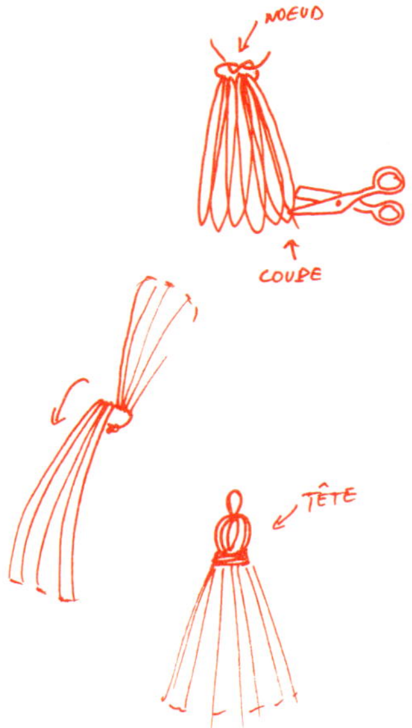

7. Préparez la suspension murale

Prenez environ 5 brins de raphia (L : 70 cm). À l'une des extrémités, passez un pompon, puis faites une boucle de 5 cm, en enfermant le pompon. Répétez l'opération pour l'autre extrémité. Fixez la suspension au mur avec 2 clous.

Idéale décoration éphémère pour des intérieurs rustiques, les petits vases trouveront aussi leur place dans des pièces plus design.

Les vases floraux

Ambiance champêtre garantie, avec cette famille de vases, très simple à réaliser.

1 GRAND POT À CONFITURE EN VERRE.
H = 16,5 CM ; D (DIAMÈTRE) DU HAUT = 7,5 CM
POUR INFORMATION :
LES HAUTEURS DES AUTRES POTS SONT
12,5 CM ; 7 CM ; 5 CM.

Mon conseil : n'hésitez pas à prendre des pots de tailles franchement différentes.

Matériel

20 cm de papier « Vénilia » adhésif dans 2 couleurs différentes : blanc et orange
● 1 feuille de papier calque.

Outillage

Ciseaux ● ciseaux cranteurs ● perforeuse ● crayon noir ● règle ● cutter et tapis de découpe.

Mon conseil
Dégraissez bien les pots avec un chiffon imbibé d'acétone ou d'alcool.

1. Découpez les fleurs

Avec un crayon noir, décalquez la fleur ci-dessous. Reproduisez la fleur 10 fois sur l'envers du papier « Vénilia » blanc. Faites 10 pastilles avec la perforeuse dans le papier « Vénilia » orange. Collez une pastille orange, au centre de chaque fleur.

Modèle à décalquer et à reporter sur le « Vénilia ».

2. Découpez les pastilles du fond

Faites 10 pastilles supplémentaires avec la perforeuse dans le papier « Vénilia » orange.

3. Découpez la frise du haut

Pour obtenir la hauteur de la frise, ajoutez 5 mm à la hauteur du pas de vis et 5 mm à la circonférence pour obtenir la longueur. Découpez une bande de « Vénilia » blanc (aux dimensions de votre pot) au cutter ou avec des ciseaux, puis la longueur restante avec des ciseaux cranteurs.

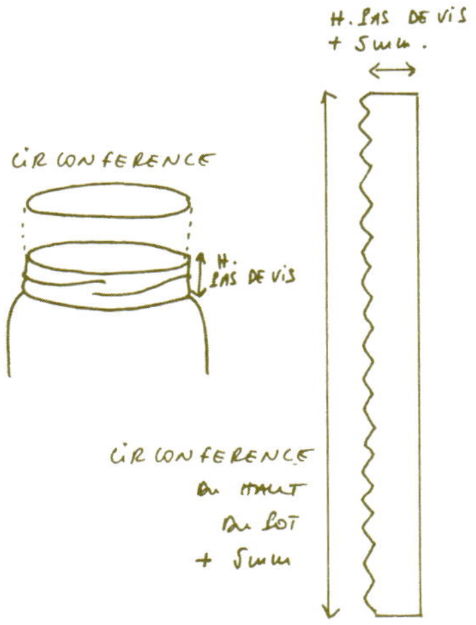

Mon conseil
Pour mesurer la circonférence du pot, utilisez un mètre-ruban de couturière ou prenez du fil ou de la ficelle, entourez-le autour du pot puis mesurez-le sur une règle.

4. Collez sur le pot

Commencez par coller les fleurs, espacées de 4 cm environ.

Mon conseil
Si vous souhaitez un placement rigoureux, reportez-vous au dessin ci-dessous. Sinon, placez les fleurs au gré de votre fantaisie.

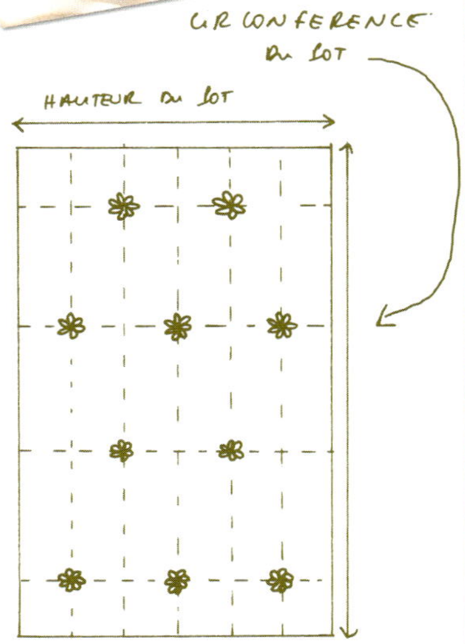

Collez ensuite les pastilles orange entre les fleurs. Terminez le vase en collant la frise en haut du pot. Pour qu'elle épouse bien le pot, tendez-la assez fort, au moment du collage.

Avec un bon « coup de crayon », on peut varier à l'infini les motifs.

La fleur rétro

29 juillet Champigny

SPECIAL BROCANTE

À la salle des ventes de mon quartier, j'ai trouvé cet abat-jour en verre. Sa découpe évoquait pour moi une fleur. Je l'ai transformé en plante décorative, qui ne demande aucun arrosage.

Un pied avec les moyens du bord

J'ai découpé un morceau de manche à balai de 3 cm de diamètre. Dans une chute de contreplaqué d'environ 1 cm d'épaisseur, j'ai découpé une rondelle à la scie sauteuse.

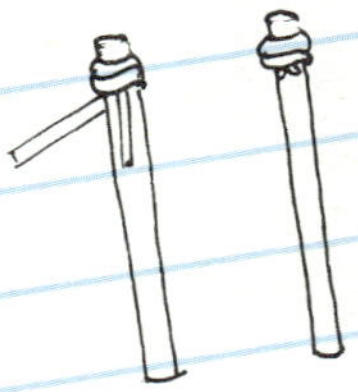

J'ai entortillé de la ficelle en haut du manche, à 1 cm du bord, pour que la corolle soit bien fixée, puis j'ai fait un nœud.

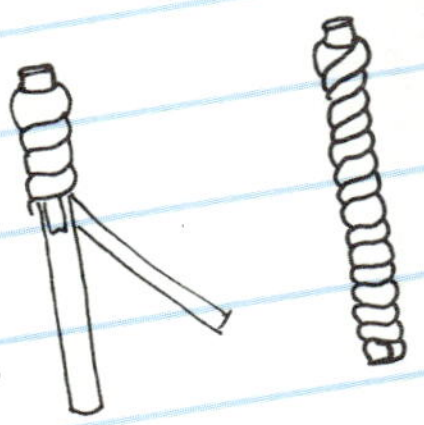

Ensuite j'ai habillé tout le manche (y compris la ficelle), de galon gros-grain que j'ai collé en bas.

Lester le pot pour qu'il reste stable

J'ai coulé du plâtre dans un pot de fleur en terre cuite jusqu'à environ 3 cm du bord et j'ai maintenu le manche bien verticalement au centre le temps que le plâtre durcisse. J'ai laissé sécher une nuit.

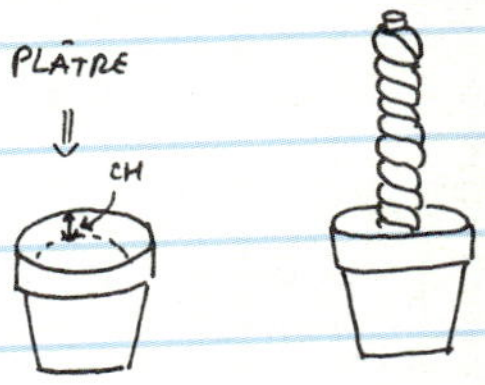

J'ai peint l'extérieur du calice en rose pourpre, avec de la peinture pour verre et en jaune la rondelle de contreplaqué pour le cœur.

Peindre la corolle en pourpre

Dernières finitions

Pour qu'on ne voit pas le plâtre j'ai fait sécher de la mousse naturelle que j'ai collée à l'intérieur du pot. Pour fixer la corolle, j'ai cloué le cœur de ma fleur sur le manche et j'ai dissimulé le clou avec une touche de peinture jaune.

Les lampes

La lampe plâtre

Où la beauté des matériaux bruts s'accorde à la sobriété des formes.

1 MAGNUM DE VIN.
DIMENSIONS : HAUTEUR (H) : 36 CM ;
DIAMÈTRE DE LA BASE (D) : 10 CM ;
DIAMÈTRE INTÉRIEUR DU GOULOT (d) : 1,8 CM

Mon conseil : pour choisir l'adaptateur, apportez votre bouteille.

Matériel

Pour le pied de la lampe, 2 bandes de plâtre (l : 7 cm) en vente en pharmacie
- interrupteur blanc
- prise blanche
- fil électrique blanc (L : 2 m)
- douille avec un accès extérieur pour le fil électrique
- ampoule de 60 W
- adaptateur pour le goulot de la bouteille

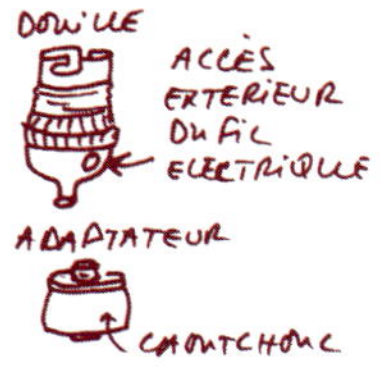

- carcasse d'abat-jour aux mesures ci-dessous

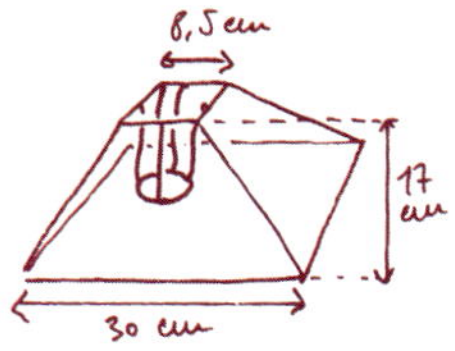

- bague pour adapter l'abat-jour à la douille
- feuille de carton contrecollé de papier couleur (60 x 80 cm), épaisseur : 1,5 mm
- ruban de velours (L : 6 m ; l : 1 cm) assorti au carton.

Outillage

Cutter ● emporte-pièce, d'un diamètre de 2 mm ● marteau ● tapis de découpe ● tournevis pour électricité ● règle ● crayon noir ● ciseaux ● ruban adhésif ● bassine d'eau ● épingle ● 4 ou 5 pinces à linge

Mon conseil
Pour la confection de l'abat-jour, reportez-vous au modèle, page 81.

Assurez-vous d'abord que le pied de lampe est bien propre et sec, à l'intérieur et à l'extérieur.

1. Posez le fil électrique

Prenez 66 cm de fil électrique. Laissez dépasser environ 7 cm de fil au-dessus de la bouteille, puis fixez-le sur la bouteille avec des morceaux de ruban adhésif.

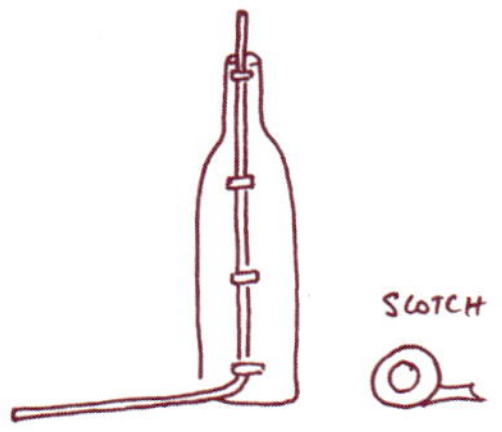

2. Posez les bandes de plâtre

Installez-vous dans la cuisine, près de l'évier. Retirez une première bande de plâtre de son emballage, sans la dérouler. Plongez-la dans la bassine d'eau. Attendez que toutes les petites bulles d'air soient sorties, puis sortez la bande de l'eau et pressez-la légèrement avec vos mains pour l'essorer. Déroulez la bande autour du goulot de la bouteille, puis enroulez en spirale jusqu'au bas de la bouteille. Faites chevaucher la 2e bande sur la 1re. Terminez sous la bouteille sans faire de pli qui pourrait déséquilibrer la lampe.

Mon conseil
Humidifiez régulièrement le plâtre et lissez-le au fur et à mesure. Si vous avez des difficultés à enrouler la bande horizontalement, vous pouvez changer de sens et passer sous la bouteille.

Posez la bouteille dans un endroit sec, sur une assiette par exemple. Laissez sécher environ 24 heures, jusqu'à ce qu'elle devienne très blanche.

3. Tracez l'abat-jour

Avec un crayon noir, reportez 4 fois le patron page 81 sur l'envers du carton. Marquez bien les points, ils correspondent aux trous qui fixeront l'abat-jour. Découpez les 4 morceaux au cutter.

4. Percez les trous

Avec l'épingle, trouez tous les points pour qu'ils apparaissent sur l'endroit du carton. Ensuite, avec l'emporte-pièce, le marteau et le tapis de découpe, percez tous les trous sur l'endroit du carton.

5. Formez l'abat-jour

Fixez provisoirement un premier pan de l'abat-jour sur la carcasse, avec des pinces à linge. Assemblez le haut et le bas avec la carcasse en passant le ruban par les trous.

Mon conseil
Pour faciliter le passage du ruban dans les trous, entourez une de ses extrémités avec du ruban adhésif pour le rigidifier.

Pour le 2e pan, assemblez d'abord le côté et le 1er pan, puis le haut et le bas. Renouvelez l'opération pour les pans restants.

6. Montez le système électrique

Vissez l'adaptateur dans le goulot de la bouteille. Ensuite, dévissez la douille et vissez sa partie inférieure sur l'adaptateur. Faites passer le fil électrique par l'entrée de la douille. Recoupez le fil pour qu'il arrive exactement aux entrées des pôles. Dénudez les extrémités du fil et glissez-les à l'intérieur des pôles. Vissez les pôles. Refermez la douille.

Dénudez les extrémités du fil de la bouteille et fixez l'interrupteur. Prenez le reste du fil électrique, dénudez les extrémités, puis fixez-les d'un côté à l'interrupteur et de l'autre à la prise.

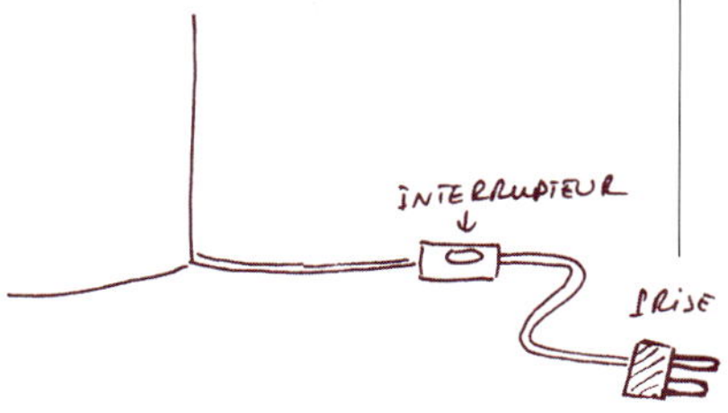

Les lignes simples et nettes de l'abat-jour contrastent avec la forme plus douce du pied de lampe, que l'on pourra bien sûr colorer.

Les lampes passementerie

Longilignes et colorées, elles apportent du rythme à la monotonie.

PETIT MODÈLE
BOUTEILLE DE VIN CLASSIQUE EN VERRE.
DIMENSIONS : HAUTEUR (H) : 31 CM ;
DIAMÈTRE INTÉRIEUR DU GOULOT (D) : 1,8 CM ;
CIRCONFÉRENCE DE LA BASE : 27 CM

GRAND MODÈLE
MAGNUM DE CHAMPAGNE EN VERRE.
DIMENSIONS : HAUTEUR (H) : 39 CM ; DIAMÈTRE INTÉRIEUR DU GOULOT (D) : 2 CM ; CIRCONFÉRENCE DE LA BASE : 38,5 CM

Mon conseil : pour choisir le bon adaptateur, apportez la bouteille.

Lumière rose, lumière jaune, adaptez la couleur des abat-jour à la couleur de vos envies pour tamiser votre intérieur en harmonie.

Matériel

Pieds de lampe : galon tubulaire, diamètre 5 mm ; petit modèle (L : 20 m), grand modèle (L : 30 m) • interrupteur

Mon conseil
Il s'agit de la longueur de galon nécessaire pour une lampe. Divisez-la par le nombre de couleurs utilisées.

• prise • fil électrique (L : 2 m) • 1 douille qui se visse sur l'adaptateur • ampoule de 60 W • adaptateur pour le goulot de la bouteille • rouleau d'adhésif double face pour moquette • ruban adhésif • 20 cm de feutrine assortie à un des galons • carcasses d'abat-jour aux mesures suivantes :

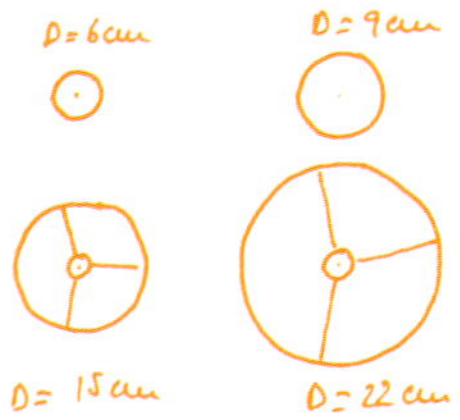

• galon tubulaire fin, de 2 mm de diamètre pour l'abat-jour ; petit modèle (L : 3 m), grand modèle (L : 4 m) • tissu (coton, soie sauvage), petit modèle (35 x 50 cm) ; grand modèle (50 x 75 cm) • polyphane : même quantité que le tissu • colle forte pour tissu • fil à coudre assorti au tissu • aiguille.

Outillage

Cutter • emporte-pièce de 2 mm de diamètre • marteau • tapis de découpe • tournevis pour électricité • règle • crayon noir • ciseaux • 1 dizaine de pinces à linge • fer et planche à repasser • épingles.

Mon conseil
Pour la confection de l'abat-jour, reportez-vous au modèle, page 81.

Mon conseil
Détressez un peu l'extrémité du galon et fixez un morceau d'adhésif double face dans le goulot pour bien le maintenir.

1. Préparez la bouteille

Prenez d'adhésif double face et collez-le verticalement sur l'extérieur de la bouteille. N'hésitez pas à le superposer au niveau du goulot.

2. Montez la douille

Insérez le galon dans le goulot et fixez-le en vissant l'adaptateur dedans.

Vissez la partie inférieure de la douille sur l'adaptateur. Prenez une longueur de fil électrique égale à la hauteur de la bouteille plus 30 cm, et faites-le passer par l'entrée de la douille. Dénudez les extrémités et glissez-les à l'intérieur des pôles. Vissez et refermez l'ensemble de la douille. Maintenez le fil électrique sur toute la hauteur de la bouteille avec des petits morceaux de double face.

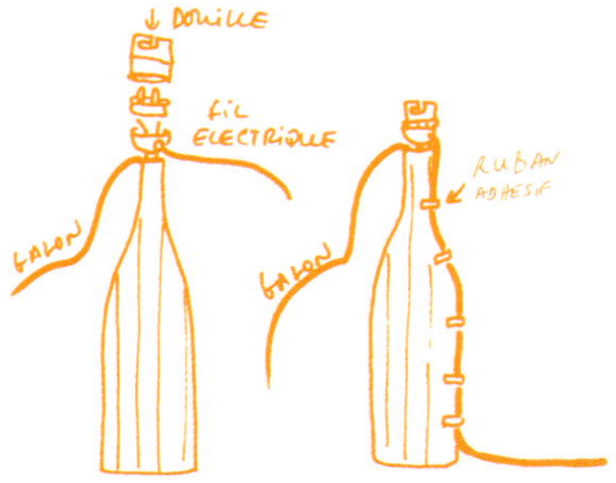

Les jonctions se font au niveau du fil électrique. Faites autant de changements de couleur que vous le souhaitez. À 1,5 cm du bas de la bouteille, faites ressortir le fil électrique.
Finissez d'enrouler le galon jusqu'en bas, passez le galon sous la bouteille et collez-le avec de l'adhésif double face.

5. Posez la feutrine

Posez la bouteille sur la feutrine et marquez le contour au crayon. Découpez et fixez la feutrine sur le fond de la bouteille avec du double-face.

6. Montez le système électrique

Dénudez les extrémités du fil de la bouteille et fixez l'interrupteur. Raccordez le reste du fil électrique à l'interrupteur et à la prise.

7. Tracez l'abat-jour

Au crayon noir, reportez le patron de l'abat-jour page 81 sur le polyphane (face non adhésive).
Marquez bien tous les points.
Repassez soigneusement le tissu.
Collez le polyphane sur l'envers du tissu et découpez en laissant 5 mm de couture.
Collez les 5 mm de débord de tissu avec de la colle à tissu sur l'envers du polyphane.

8. Percez les trous

Marquez l'emplacement des trous avec une épingle, pour qu'ils apparaissent sur l'endroit du tissu. Percez-les avec l'emporte-pièce et le marteau.

9. Formez l'abat-jour

Vérifiez que la taille de l'abat-jour est parfaitement adaptée à la carcasse. Fixez-le provisoirement à la carcasse avec des pinces à linge. Marquez ensuite la nouvelle mesure si elle diffère du tracé initial. Avec de la colle, fermez l'abat-jour.

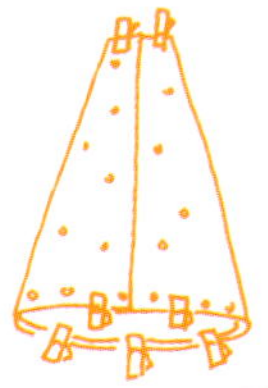

Mon conseil
Maintenez avec des pinces à linge les 2 surfaces serrées jusqu'à ce que la colle soit bien sèche. Si la jonction ne tient pas très bien, faites une couture à la main.

10. Assemblez l'abat-jour et la carcasse

Démarrez à la jonction, par la partie inférieure de l'abat-jour avec le galon de 2 mm. Passez le galon dans un premier sens puis recommencez dans le sens inverse. Quand le tour est terminé, nouez le galon sur l'envers. Répétez l'opération pour le cercle supérieur.

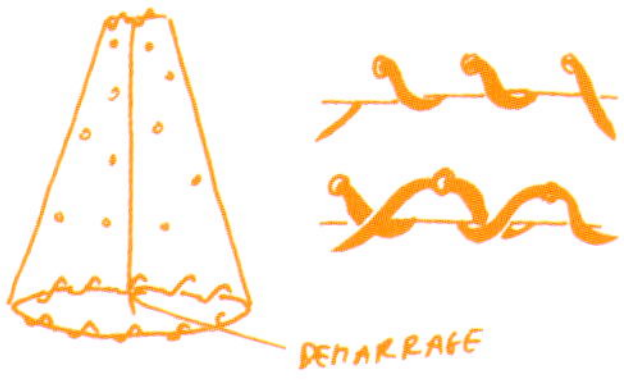

3. Enroulez le galon

Enroulez le galon autour de la bouteille, en enfermant le fil électrique sous les spirales du galon.

4. Joignez 2 galons de couleurs différentes

Coupez un morceau de galon d'environ 15 cm dans chaque couleur, dénudez-le pour récupérer le fil, qui servira aux raccords. Avec de l'adhésif, raboutez 2 galons en emprisonnant aussi l'écheveau de fil sous l'adhésif. Gardez un petit nombre de fils de côté et amenez tout le reste à l'autre extrémité de l'adhésif ; commencez à enrouler par ce côté. Quand les 2 écheveaux de fils se rejoignent, nouez-les ensemble. Il faudra cacher le nœud en le collant sur la bouteille.

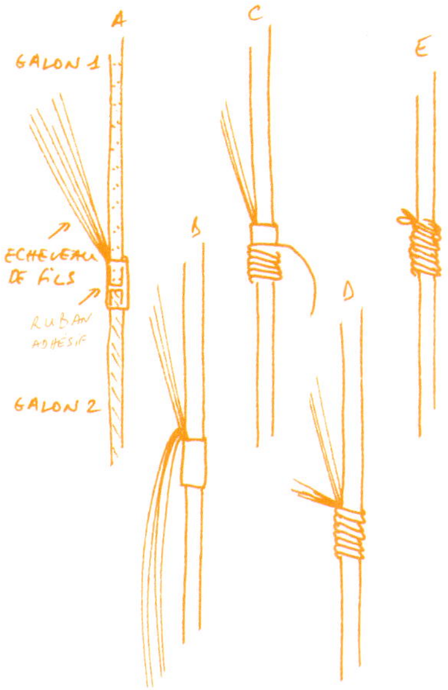

La lampe personnage

Une lampe comme un petit soldat amusant, qui monte la garde dans la chambre des enfants.

1 BOUTEILLE DE CHAMPAGNE EN VERRE.
DIMENSIONS : HAUTEUR (H) : 33 CM ;
DIAMÈTRE INTÉRIEUR DU GOULOT (D) : 1,6 CM ;
CIRCONFÉRENCE DE LA BASE : 29 CM

Mon conseil : si le tissu est un peu transparent prévoyez une doublure.

Matériel

Pour le pied de la lampe, 40 cm de tissu rayé rouge et blanc • 10 cm de tissu bleu marine • 20 cm de tissu rouge à pois blancs • 40 cm de ruban de satin rouge (l : 8 mm) • ruban de satin bleu marine (L : 1 m) • 5 cm de tissu couleur chair pour les mains • 1 chaussette mi-bas couleur chair pour le visage • 2 perles noires et une rouge pour les yeux et la bouche • 2 boutons bleu marine de 18 mm de diamètre • pelote de laine jaune pour les cheveux • 1 boule en polystyrène, blanche, de 8 cm de diamètre • kapok pour remplir le corps et les bras • fil à coudre bleu marine et blanc et aiguille • 25 cm de polyphane autocollant pour l'abat-jour • colle à tissu • colle « Super Glue » • interrupteur, prise et fil électrique blancs (L : 2 m) • 1 douille avec accès extérieur pour le fil • ampoule de 40 W • 12 cm de tige filetée • raccord pour tige filetée • adaptateur pour le goulot de la bouteille.

Outillage

Machine à coudre • épingles • tournevis pour électricité • règle • crayon noir • fer et planche à repasser • ciseaux • compas • épingle à nourrice • adhésif • mèche de perceuse de 10 mm.

Mon conseil
Pour la confection de l'abat-jour, reportez-vous au modèle, page 81.

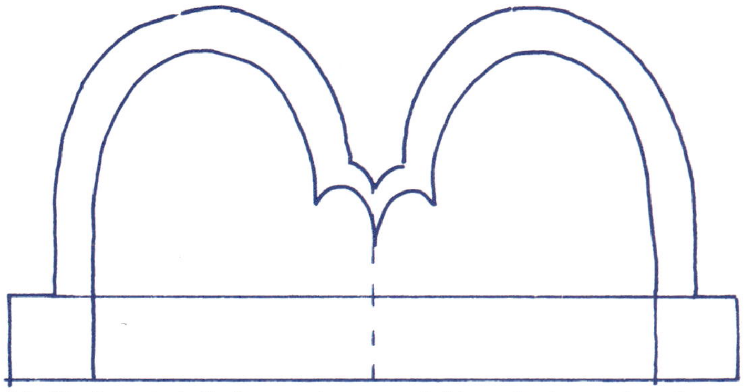

Modèle de main à décalquer et à reporter 2 fois sur le tissu couleur chair.

Assurez-vous que le pied de lampe est propre et sec, à l'intérieur et à l'extérieur.

1. Préparez la bouteille

Vissez l'adaptateur dans le goulot de la bouteille. Ensuite, fixez les 12 cm de tige filetée sur l'adaptateur avec le raccord.

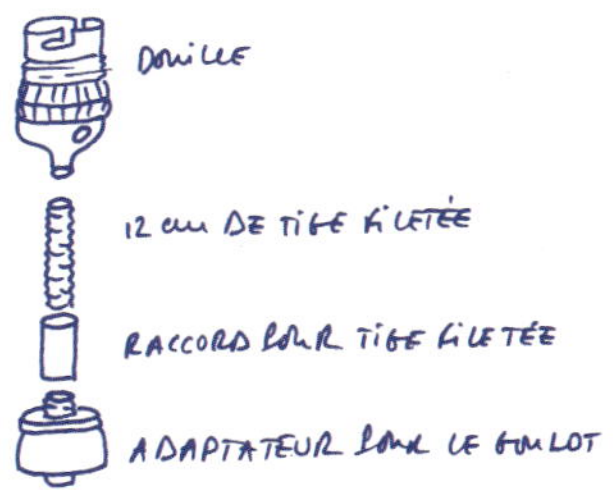

Fixez le fil électrique avec de l'adhésif le long de la bouteille en laissant une marge de 20 cm en haut et de 22 cm en bas.

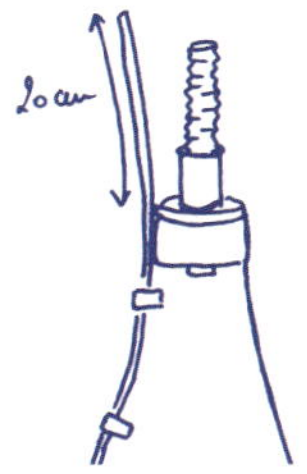

2. Découpez le vêtement

Tracez un rectangle pour la robe, sur l'envers du tissu rayé (33 x 30 cm). Découpez en laissant 1 cm de couture en bas et sur les côtés et 3 cm de couture en haut.
Tracez 2 rectangles (7 x 13 cm) pour les bras. Découpez en laissant 1 cm de couture en bas et sur les côtés et 3 cm de couture en haut. Tracez un cercle de 4,7 cm de rayon pour le fond de la robe. Découpez en laissant 1 cm de couture tout autour.

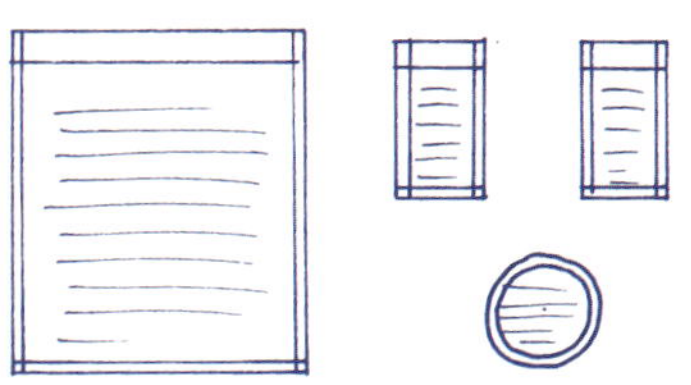

Sur l'envers du tissu bleu, tracez 1 rectangle (7 x 40 cm) pour la collerette.
Découpez en laissant 2 cm de couture en bas, 3 cm en haut et 1 cm sur les côtés.
Tracez 2 rectangles (4 x 7 cm) pour le bas des manches.
Découpez en laissant 1 cm de couture tout autour.

Décalquez le modèle de main reproduit en bas de la page et reportez-le 2 fois sur l'envers du tissu couleur chair.
Découpez tout autour.

3. Confectionnez les bras

Assemblez le bras, les manchettes et la main, en piquant sur l'envers du tissu. Pliez en deux, dans le sens de la hauteur et cousez tout, sauf le haut. Retournez les bras ainsi réalisés et remplissez-les de kapok. Arrêtez le remplissage à 5 cm du haut.

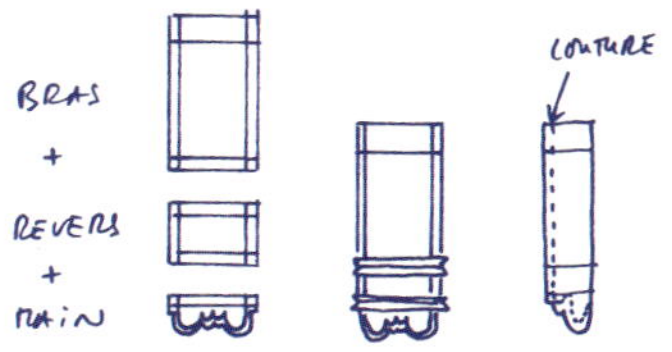

4. Préparez la robe

Cousez les boutons du devant de la robe, le 1er à 13 cm du haut et le 2e, 5 cm plus bas. Pliez le tissu en deux, endroit contre endroit, puis cousez toute la hauteur.

Mon conseil
Laissez une petite ouverture de 1 cm dans le bas de la couture pour passer le fil électrique. Si le tissu est très léger, doublez-le avant de faire votre couture.

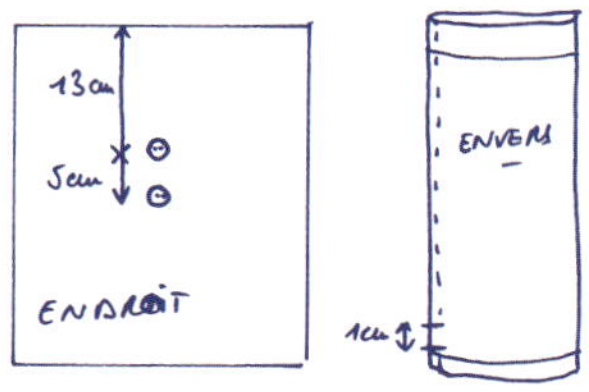

Épinglez le haut des bras sur l'endroit de la robe, comme indiqué ci-dessous. Au fer à repasser, rabattez vers l'envers 1,5 cm de tissu du haut de la robe, puis rabattez une 2e fois de 1,5 cm, toujours vers l'envers. Piquez en laissant une ouverture de 2 cm.
Passez le ruban bleu à l'intérieur de la couture avec une épingle de nourrice, ceci permettra de froncer la robe autour du goulot. Cousez le cercle de fond sur l'envers, et surfilez les bord au point zigzag. Puis, retournez la robe sur l'endroit.

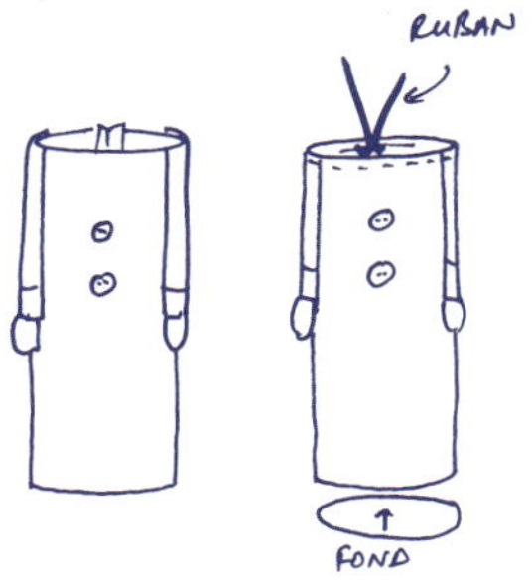

5. Confectionnez la collerette

Pliez la collerette en deux, endroit contre endroit, et cousez la hauteur. Surfilez la couture au point zigzag. Pour l'ourlet du bas, rabattez vers l'envers au fer à repasser, 1 cm et à nouveau 1 cm, puis piquez. Pour le haut, procédez de la même façon mais avec 1 rabat de 1,5 cm et en laissant une ouverture de 2 cm pour passer le ruban bleu dans la couture.

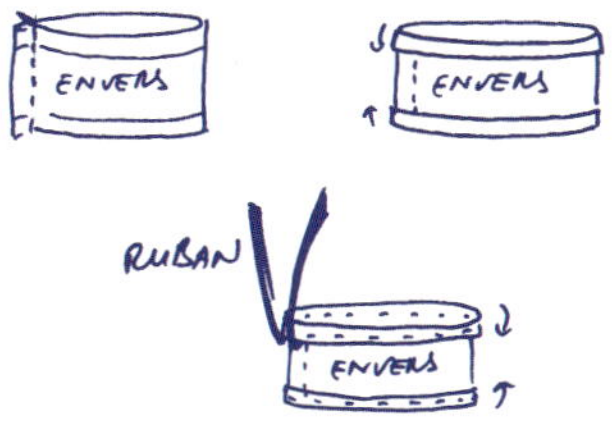

Éteinte,
c'est une vraie
petite poupée ;
allumée,
elle reste un jouet.
Cette lampe
amusera vos enfants.

6. Préparez la tête

Percez à la main le centre de la boule de polystyrène en vrillant la mèche de perceuse à travers la boule. Enfilez la chaussette mi-bas sur la boule.
Avec des ciseaux, trouez-la dans l'alignement du trou de la boule.
Passez la tige filetée et le fil électrique dans la tête.
Avec un morceau de fil, fixez le mi-bas à la tige. Coupez le surplus.

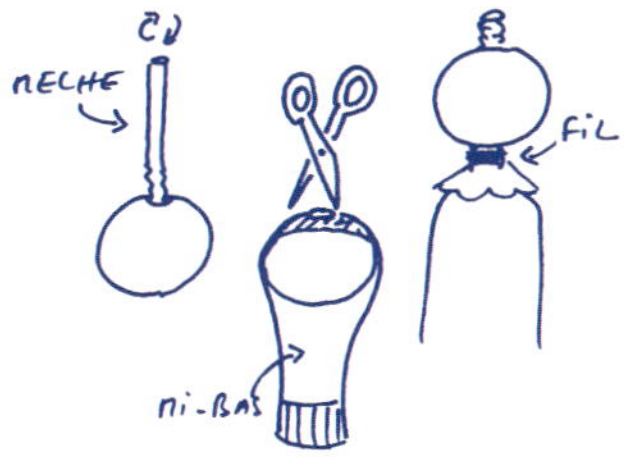

7. Habillez la bouteille

Habillez la bouteille avec la robe, et passez le fil électrique en bas de la bouteille. Remplissez le haut de la robe avec du kapok puis froncez autour du goulot, grâce au ruban. Fermez-le avec un nœud.
Passez la collerette autour du goulot, froncez-la avec le ruban, puis fixez-la avec un nœud.

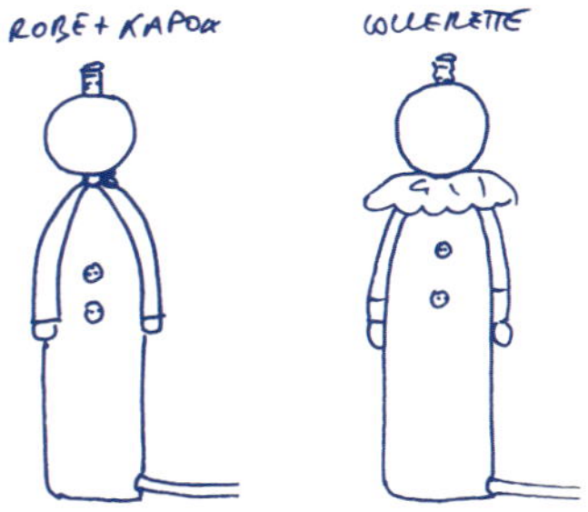

8. Montez le système électrique

Vissez la partie inférieure de la douille sur la tige filetée. Faites passer le fil par l'entrée de la douille, et recoupez-le pour qu'il arrive juste aux entrées des pôles. Puis dénudez les extrémités et vissez.
Refermez la douille.
Procédez de la même façon pour l'interrupteur et la prise.

9. Préparez l'abat-jour

Reproduisez le patron d'abat-jour, page 81, sur l'envers du polyphane et découpez tout autour. Collez le polyphane sur l'envers du tissu rouge à pois blancs et découpez tout autour en laissant 5 mm de couture.
Avec la colle à tissu, collez le surplus de tissu sur l'envers du polyphane.

10. Posez les cheveux

Dans la pelote de laine jaune, coupez environ 120 brins de 10 cm de longueur.

Mon conseil
Pour couper rapidement ces 120 brins, entourez votre main de laine, puis coupez en haut et en bas.

Collez ensuite les brins à l'intérieur de l'abat-jour en laissant un espace sans cheveux de 7 cm sur le devant.

Fermez l'abat-jour avec de la colle. À la base de l'abat-jour, collez le ruban de satin rouge.
Préparez un nœud de 5 cm de longueur dans le ruban et collez-le sur le devant de l'abat-jour.
Posez l'abat-jour sur la tête et fixez-le avec des épingles plantées dans le polystyrène.
Puis recoupez les cheveux à la hauteur que vous souhaitez.

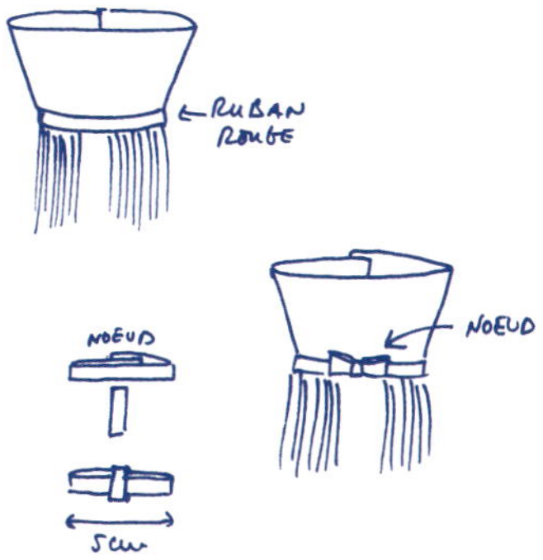

11. Finissez le visage

Avec la colle « Super Glue », collez les 2 perles noires prévues pour les yeux, espacées de 5 cm environ.
Ensuite, collez la perle rouge pour la bouche.

Mon conseil
Avant de coller les perles, simulez leur emplacement avec des punaises de couleur.

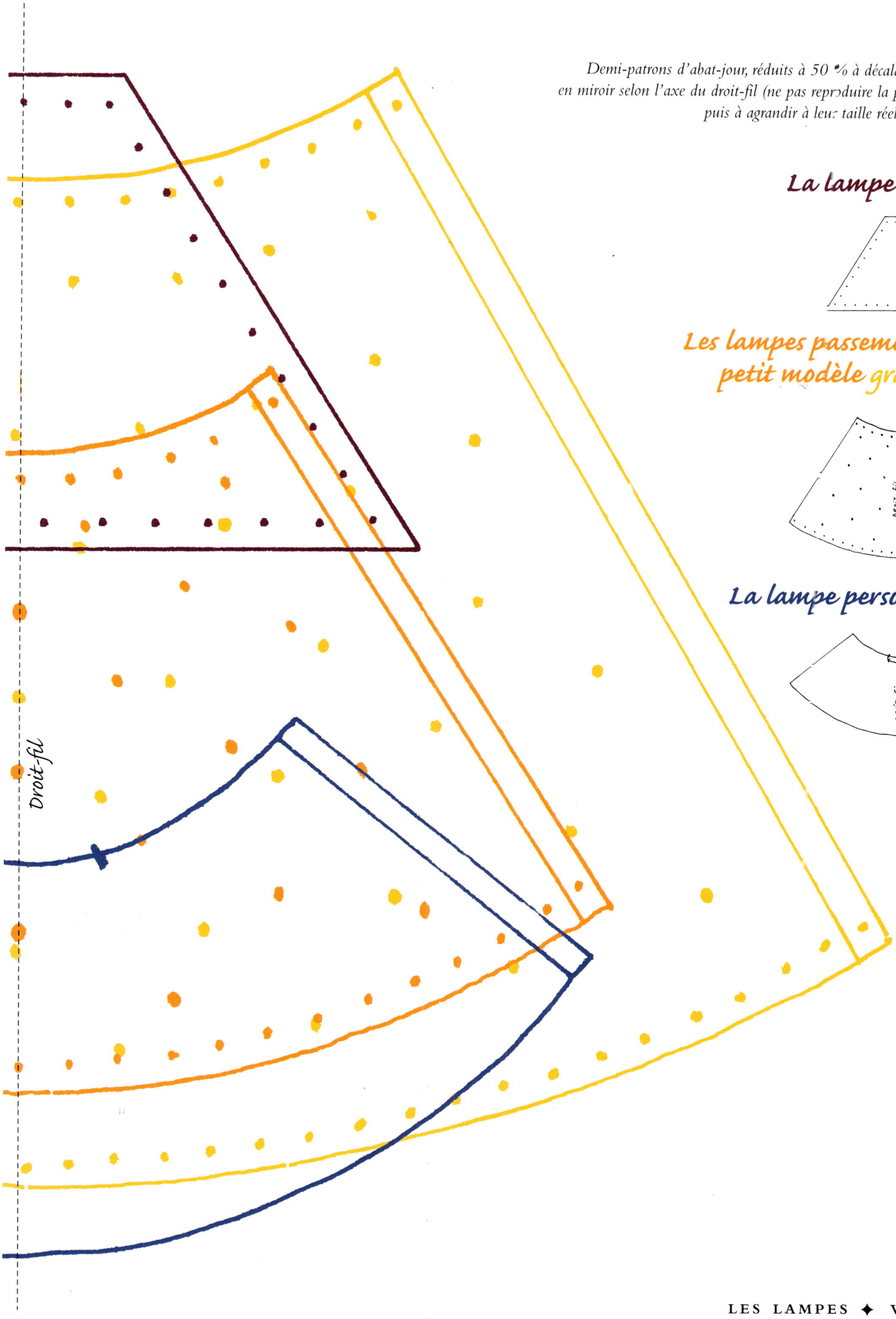

Demi-patrons d'abat-jour, réduits à 50 % à décalquer puis à reproduire en miroir selon l'axe du droit-fil (ne pas reproduire la patte sur l'autre côté), puis à agrandir à leur taille réelle à la photocopieuse.

La lampe plâtre p 74

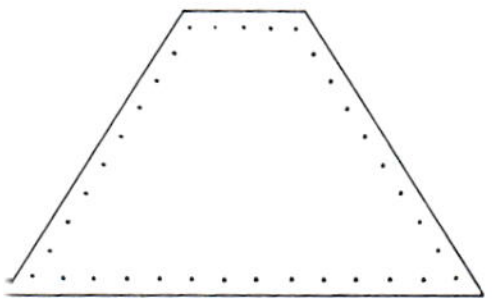

Les lampes passementerie p 76
petit modèle grand modèle

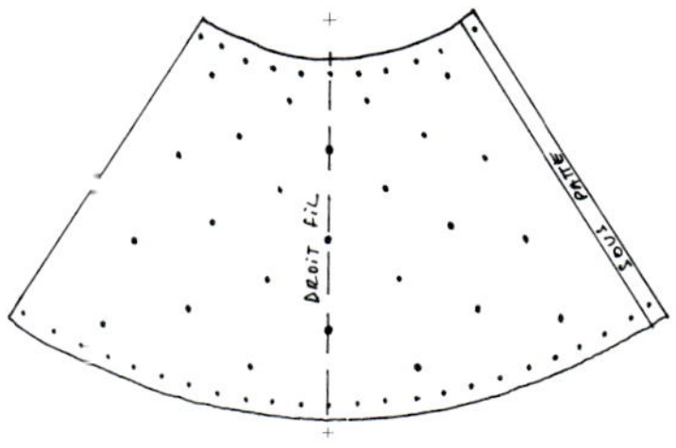

La lampe personnage p 78

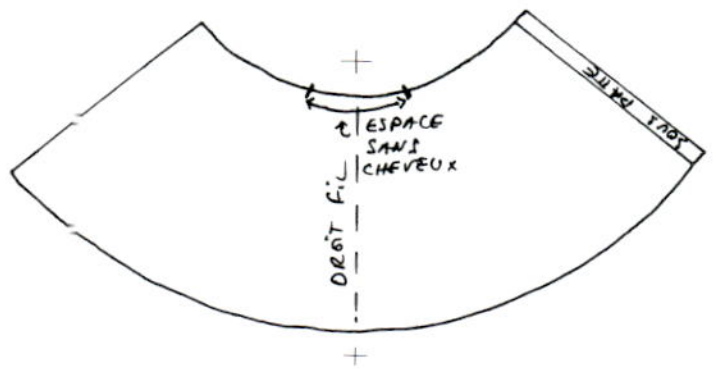

Les bougeoirs

Le bougeoir photophore *p 82*

raisonnable ●● 4 h ●● compliqué ●●

Le bougeoir confiture *p 84*

raisonnable ●● 4 h ●● compliqué ●●

Le bougeoir photophore

Les soirs d'été, un bougeoir à la flamme bien abritée diffuse une lumière chaleureuse.

1 BOUTEILLE DE VIN EN VERRE.
DIMENSIONS : HAUTEUR (H) : 29 CM ;
DIAMÈTRE DE LA BASE (D) : 7 CM ;
DIAMÈTRE DU GOULOT (D) : 3 CM

***Mon conseil** : faites découper les cercles de contreplaqué dans votre magasin ou découpez-les à la scie sauteuse, en lisant au préalable les conseils de coupe en introduction du thème bois.*

Matériel

3 cercles de contreplaqué, épaisseur 18 mm (D : 8 cm ; D : 11 cm ; D : 14 cm) ● 1 feuille de papier de couleur, assez épaisse (40 x 65 cm) ● 1 pot de colle forte blanche, à séchage rapide ● 1 pinceau pour la colle ● 1 bougie ● graines de lavande pour décorer l'intérieur du bougeoir ● papier de verre spécial verre, grains fins.

Outillage

Perceuse électrique avec 1 mèche de 30 mm ● Coupe-bouteille (outil spécialisé pour la coupe des bouteilles) ● cutter.

Mon conseil
Ne laissez jamais la bougie allumée sans surveillance, et arrêtez la flamme avant qu'elle ne touche les graines.

1. Percez les trous centraux

Fixez de préférence la perceuse sur un support de perçage, avec une mèche de 30 mm, de façon à faire un trou bien vertical. Percez un trou au centre de chaque cercle.

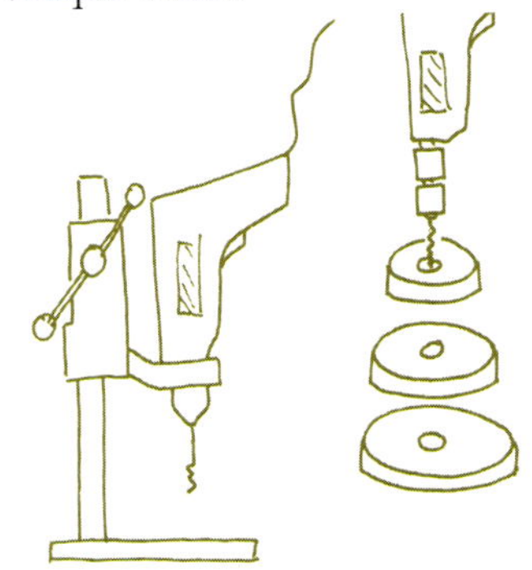

2. Collez le papier

Enduisez de colle une surface du cercle et collez-y le papier. Recoupez le surplus de papier en laissant 1 cm tout autour. Enduisez-le de colle ; avec des ciseaux, faites des crans dans le papier tous les centimètres et collez-le sur le chant du cercle. Recommencez pour l'autre côté. Coupez une bande de papier de l'épaisseur des cercles et de longueur égale à leur circonférence, plus 1 cm. Encollez cette bande et collez-la tout autour des cercles.

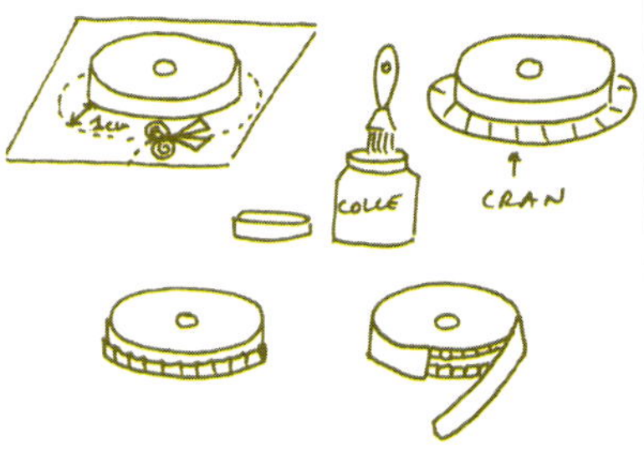

3. Montez le pied

Sur le dessus de la 1re rondelle, avec le cutter, crantez le papier au niveau du trou central, évidez complètement le trou de l'autre côté. Encollez l'intérieur du trou et rabattez les crans. Évidez les 2 côtés de la rondelle centrale. Sur la dernière rondelle, évidez un côté et ne touchez pas à l'autre. Collez les 3 éléments en vérifiant que les trous centraux sont bien superposés.

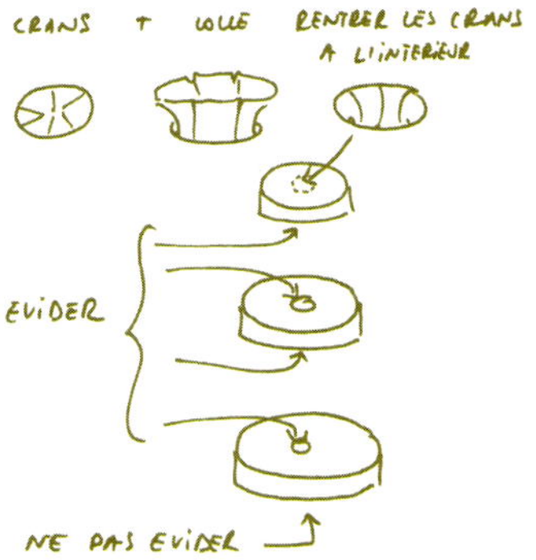

4. Préparez la bouteille

Coupez l'extrémité de la bouteille, à 4 cm de la base. Suivez bien les instructions indiquées sur la boîte de l'outil de coupe. Avec le papier de verre spécial verre, poncez légèrement la bouteille au niveau de la coupe.

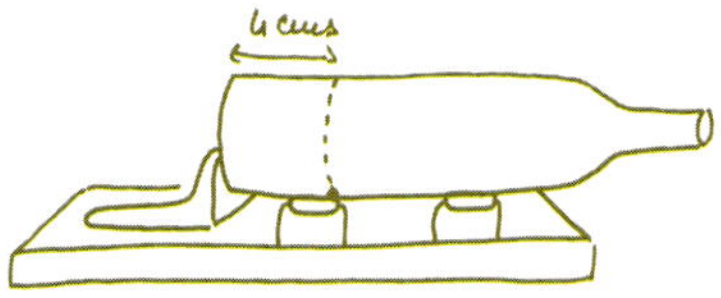

Mon conseil
Si vous n'avez jamais découpé une bouteille, entraînez-vous une ou deux fois avant de couper les bouteilles définitives.

5. Finissez le bougeoir

Posez la bouteille à l'intérieur du pied. Puis mettez des graines de lavande à l'intérieur du bougeoir pour le décorer. Ne remplissez pas trop la bouteille. Si l'extrémité de la bougie est trop grosse, taillez-la avec un couteau.
Utilisez de préférence une bougie qui ne coule pas.

Au calme
dans le jardin,
pour un dîner
en tête à tête,
lumière tamisée.

Le bougeoir confiture

Un petit bougeoir de dépannage pour les nuits d'orage ou d'agrément pour l'instant croissant.

2 POTS À CONFITURE EN VERRE.
DIMENSIONS : HAUTEUR (H) : 10 CM ;
DIAMÈTRE DE L'OUVERTURE (D) : 8 CM
1 BOUCHON À VIS, POUR BOUTEILLE OU AUTRE,
POUR FIXER LA BOUGIE.
NOUS AVONS UTILISÉ UN BOUCHON D'EMBALLAGE
MÉTALLIQUE POUR CIGARE.

Mon conseil : installez-vous plutôt à l'extérieur ou dans une pièce bien ventilée.

Matériel

1 pot de résine polyester, type GTS ● 2 compte-gouttes ● 1 petit pot de peinture pour le verre, couleur fraise ● 10 fraises artificielles ● 20 cm de tissu vichy rouge et blanc ● 20 cm de tissu en coton blanc pour la doublure ● fil à coudre, blanc ● 60 cm de serpentine rouge (l : 2 cm) ● 60 cm de ruban rouge (l : 1 cm) ● 1 bougie rouge, qui ne coule pas, de préférence ● 1 bougie ordinaire pour l'empreinte dans la résine ● 1 étiquette d'écolier, bordée rouge (5 x 7 cm) ● transparent pour photocopieur, format A4 ● masque de protection pour le nez et la bouche ou un foulard ● gants de protection.

Outillage

Machine à coudre ● aiguille ● épingles ● ciseaux ● fer et planche à repasser ● crayon ● balance ou peson ● compas ● machine à calculer.

Mon conseil
Soyez très prudent, ne laissez jamais les bougies allumées sans surveillance.

Mon conseil
Vous pouvez remplacer les fraises par d'autres fruits artificiels. Dans ce cas, assortissez la couleur du tissu, de la peinture, de la bougie et de l'étiquette à celle des fruits.

1. Préparez la résine

La résine n'est pas difficile à utiliser mais inhaler le produit peut être dangereux. Protégez-vous avec un masque ou un foulard et des gants. Si vous n'avez pas la possibilité de travailler à l'extérieur, aérez la pièce. Respectez très précisément les dosages de résine et de durcisseur (20 gouttes de durcisseur = 1 gramme). Suivez attentivement les consignes d'utilisation sur le pot.

Mon conseil
Exemple pour 100 g d'eau, quantité de résine : 115 g, quantité de durcisseur : 2,3 g (46 gouttes).

2. Créez le bougeoir

Préparez la 1re couche

Prenez un des 2 pots à confiture pour effectuer les dosages. Pesez le pot vide, puis remplissez-le d'eau jusqu'au tiers et pesez la quantité d'eau.

Mon conseil
Retranchez le poids du pot vide pour obtenir le poids de l'eau. Ajoutez 15 % au poids de l'eau pour connaître le poids de la résine.

Versez la quantité de résine nécessaire dans le 2e pot. Au compte-gouttes, versez sur la résine quelques gouttes de peinture couleur fraise afin de la teinter, remuez pour rendre la couleur homogène. Avec l'autre compte-gouttes, versez une dose de durcisseur correspondant à 2 % de la dose de résine. Vérifiez que ces dosages correspondent bien à ceux qui sont indiqués sur le pot.

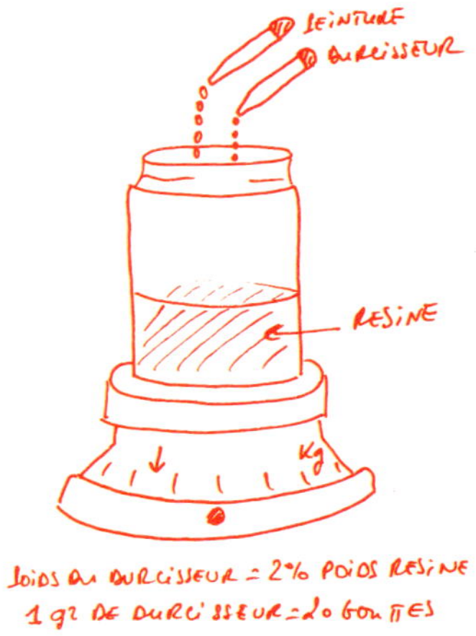

Quand le mélange commence à prendre (environ 20 minutes), ajoutez les fraises artificielles dans le pot.

Posez la 2e couche de résine

Quand la 1re couche est un peu poisseuse, commencez la couche suivante. Prévoyez un volume de résine plus important pour que cette couche arrive à 2,5 cm du haut du pot.

Coulez la dernière couche de résine

Dosez les quantités pour que cette couche arrive presque en haut du pot. Dès que le mélange commence à prendre, placez au centre de la résine la bougie (entourée de plastique pour la protéger) et la capsule. Maintenez-les verticales jusqu'à ce que la résine ait un peu durci. Laissez sécher le tout pendant 24 heures.

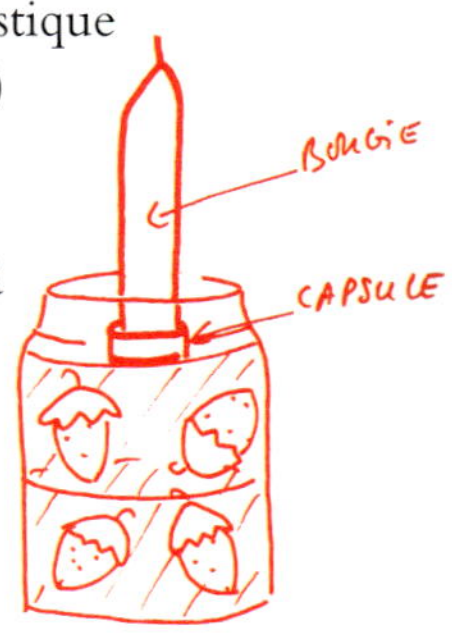

3. Tracez le couvercle

Sur l'envers des tissus (coton blanc et vichy rouge et blanc), tracez un 1er cercle au compas (D : 18 cm). Tracez un 2e cercle, centré à l'intérieur du 1er, du diamètre de la bougie (D : 2,5 cm). Découpez tout autour. Découpez aussi 2 carrés (6 x 6 cm), dans le tissu blanc.

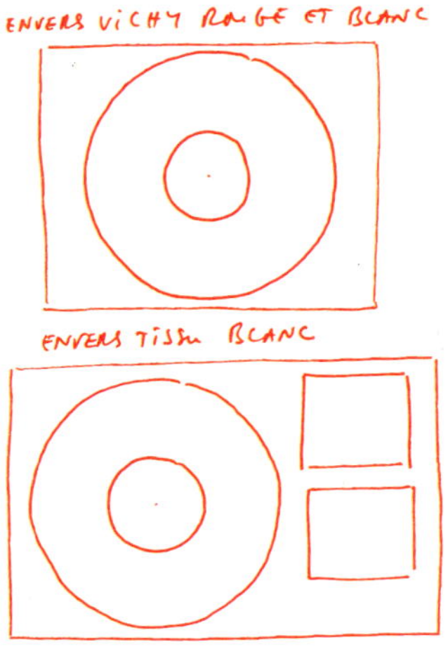

4. Cousez le centre du couvercle

Sur l'endroit des tissus, épinglez les carrés de tissu blanc à l'emplacement des cercles centraux. Puis piquez tout autour des cercles. Crantez l'intérieur des cercles, recoupez le surplus de tissu à 5 mm de la couture et retournez les carrés sur l'envers. Avec le fer à repasser, marquez l'ouverture centrale. Recoupez ensuite le surplus de tissu à 1 cm de la couture.

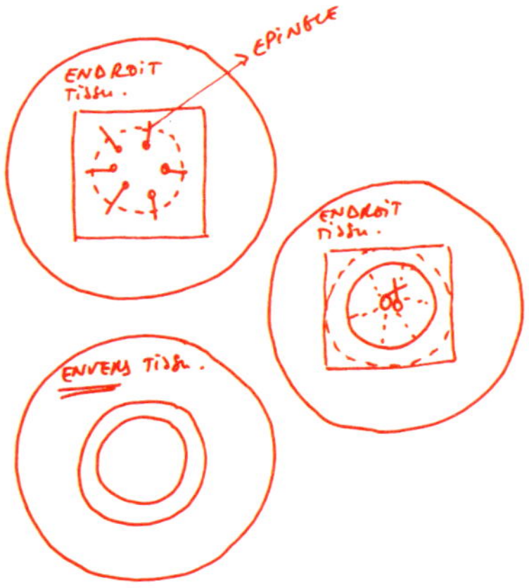

5. Posez la serpentine

Posez la serpentine au bord du cercle en vichy, sur l'endroit du tissu. Piquez la serpentine en son milieu.

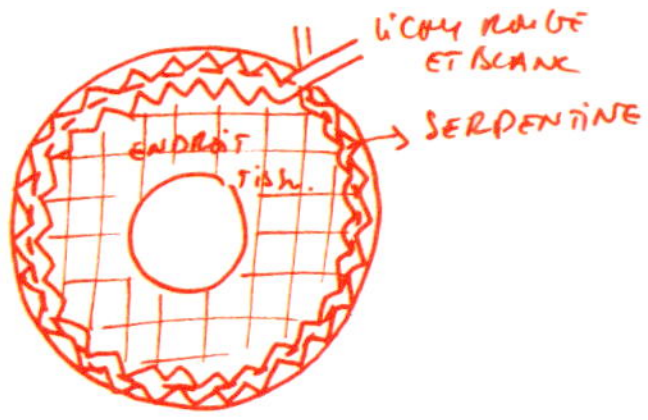

6. Cousez le couvercle

Épinglez les 2 tissus l'un sur l'autre, endroit sur endroit, le vichy face à vous. Cousez le tour sur la couture de la serpentine. Retournez les 2 tissus sur l'endroit en passant par l'ouverture centrale. Repassez les tissus au fer. Avec un fil et une aiguille, assemblez les 2 cercles centraux.

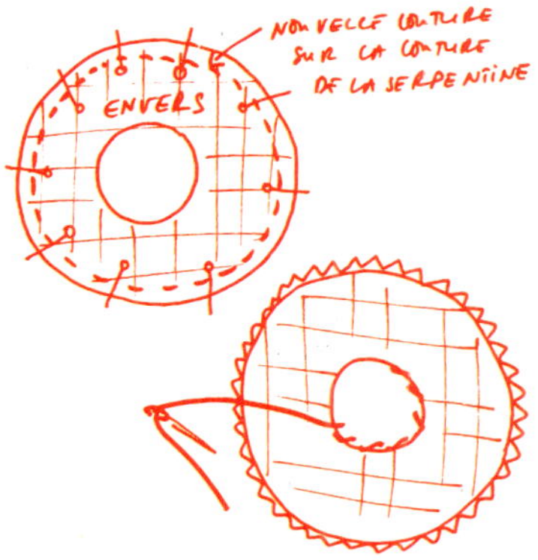

7. Finissez le bougeoir

Écrivez le nom de la confiture sur l'étiquette puis collez-la sur le pot. Enlevez la bougie que vous avez utilisée pour le moulage. Attachez le couvercle en tissu, sur le pot et nouez-le avec le ruban rouge. Installez la nouvelle bougie. Si vous souhaitez protéger le couvercle en tissu de la cire de bougie, vous pouvez acheter une bobèche en verre que vous poserez à la base de la bougie ou utiliser une bougie qui ne coule pas.

Bougeoir trompe-l'œil à poser sur la table du petit déjeuner : étonnez vos amis !

Les bouteilles

La bouteille paille

À l'heure des récoltes, une bouteille à eau-de-vie peut s'avérer très utile.

1 BOUTEILLE DE VIN EN VERRE ET SON BOUCHON EN LIÈGE.
DIMENSIONS : HAUTEUR (H) : 29,5 CM ;
DIAMÈTRE DE LA BASE (D) : 7 CM ;
DIAMÈTRE DU GOULOT (D) : 2,5 CM

Mon conseil : remplacez les pommes par d'autres fruits, ou même par des feuilles d'arbres fruitiers.

Matériel

15 m de paille torsadée (D : 5 mm) ● 15 cm de toile écrue ● 3 tranches de pomme séchée ● film étirable à usage alimentaire (L : 20 cm) ● pistolet à colle chaude avec plusieurs bâtonnets de colle.

Outillage

Crayon noir ● règle ● ciseaux ● fer et planche à repasser.

Mon conseil
Vous pouvez aussi choisir une toile de couleur vive, pour mettre en valeur les fruits séchés.

1. Préparez le tissu

Sur l'envers de la toile, tracez puis découpez un rectangle (15 x 24 cm). Ajoutez 2 cm à la circonférence de la bouteille pour obtenir la largeur du rectangle.
Au fer à repasser, pliez 1 cm sur l'envers, sur une des hauteurs.

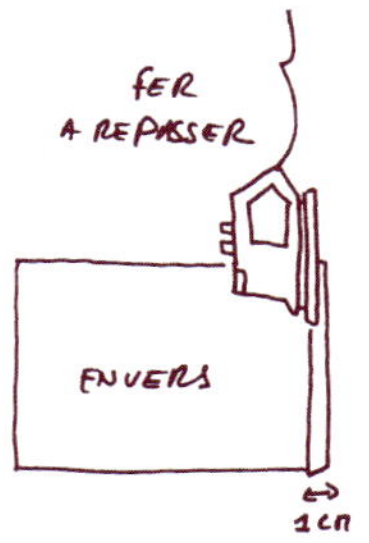

2. Collez la partie centrale de la bouteille

Collez l'intérieur du centimètre plié au fer à repasser. Ensuite, collez le tissu sur la bouteille à 3 cm du bas. Appliquez bien la toile. Collez ensuite les 3 tranches de pomme à 11,5 cm du bas à partir de leur centre. Collez le film étirable à la jonction du tissu, puis étirez-le, en faisant le tour complet de la bouteille. Collez à nouveau la jonction. Recoupez ce qui dépasse, en laissant 1 cm en haut et en bas de façon à bien recouvrir le tissu.

Mon conseil
Tendez le film pour qu'il épouse bien les formes des tranches de pomme, sans faire de plis. Attendez que la colle refroidisse légèrement avant d'appliquer le film.

3. Habillez la bouteille de paille

Commencez par le bord du goulot, au niveau de la jonction du tissu. Laissez pendre 5 cm de paille, et fixez-la avec de la colle à chaud.
Commencez à enrouler la paille en recouvrant le brin de 5 cm qui dépasse. Collez la première spirale avec la colle à chaud.

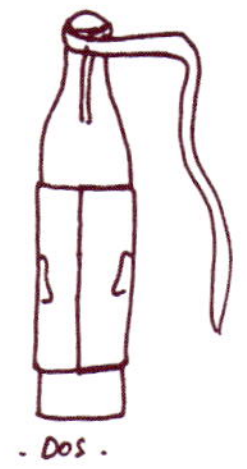

Lorsque vous arrivez à 16 cm du bas de la bouteille, coupez la paille au niveau de la jonction du tissu et collez la dernière spirale.

Mon conseil
Faites légèrement rentrer l'extrémité de la paille sous la spirale du dessus, pour une meilleure finition.

Recommencez cette opération en partant à 7 cm du bas de la bouteille. Collez les 3 dernières spirales. Pour que la bouteille soit bien stable, rentrez le surplus sous la spirale du dessus.

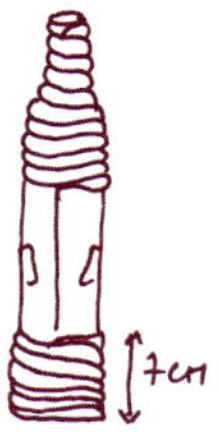

Mariez le contenu de la bouteille avec son décor : pomme et calva, poire et eau-de-vie.

La bouteille ruban

Rien de tel qu'une table garnie de jolies bouteilles colorées pour ouvrir l'appétit.

1 BOUTEILLE DE CHAMPAGNE, DE VIN OU AUTRE BOISSON, EN VERRE, AVEC SON BOUCHON DE LIÈGE.
DIMENSIONS : HAUTEUR (H) : 26,5 CM ;
DIAMÈTRE DE LA BASE (D) : 7 CM ;
DIAMÈTRE DU GOULOT (d) : 2,5 CM

Mon conseil : choisissez une bouteille aux lignes douces, plutôt qu'une bouteille aux contours très accentués.

Matériel

3 galons gros-grain de couleurs différentes (L : 1,30 m ; l : 1,5 cm) ● Pistolet à colle chaude avec plusieurs bâtonnets de colle ● adhésif ● 1 tube de gouache de couleur assortie à celle d'un galon, pour peindre le bouchon, et pinceau ● 1 pot de vernis marin, incolore, pour imperméabiliser les galons, et pinceau.

Outillage

Ciseaux ● épingles ● règle.

Mon conseil
Le vernis fonce un peu la couleur des galons. Tenez-en compte quand vous les choisirez.

1. Peignez le bouchon

Si vous avez des difficultés à remettre le bouchon dans le goulot de la bouteille, taillez-le en biais avec un cutter. Ensuite, peignez le bouchon et laissez bien sécher.

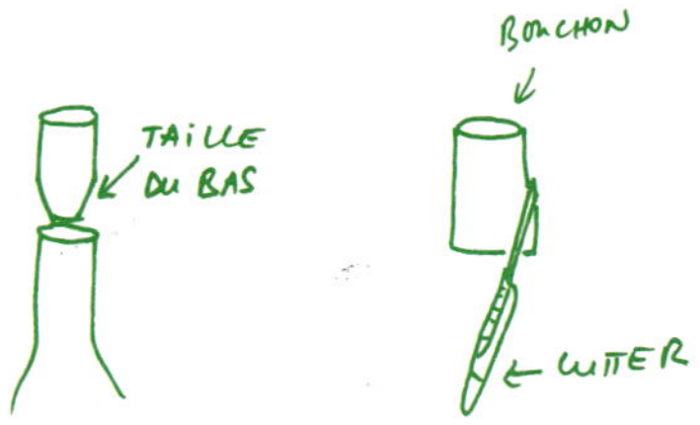

2. Découpez les rubans

Coupez 6 galons verticaux, 2 par couleur (L : 28,5 cm). Coupez 6 galons horizontaux, 2 par couleur, en ajoutant 2 cm à la circonférence de la base (L : 24 cm).

3. Vernissez

Pour imperméabiliser les galons, passez une couche de vernis marin. Laissez-les bien sécher avant de les utiliser. Vernissez aussi le bouchon.

4. Fixez le galon sur le goulot

Collez tous les galons verticaux, les uns à côté des autres, sur un des galons horizontaux. Enchaînez toujours les couleurs dans le même sens, pour donner plus de rythme à la bouteille. Collez le galon horizontal au bord du goulot. Tendez-le bien au moment du collage. Recoupez le surplus de galon à 1 cm de la jonction.

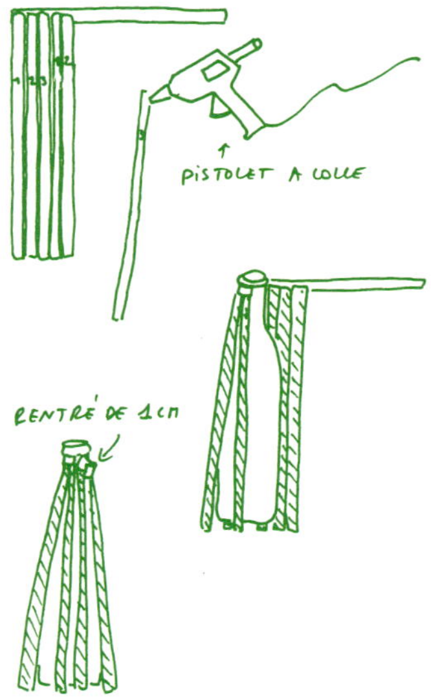

Mon conseil
Pour une belle finition, au niveau de la jonction du galon horizontal, rentrez 1 cm de galon sur l'envers.

5. Fixez les galons verticaux

Tendez le galon en ligne droite, jusqu'au bas de la bouteille. Au bas de la bouteille, posez un morceau de ruban adhésif de chaque côté du galon pour marquer sa position. Encollez le 1er tiers du galon, tendez-le jusqu'au bas de la bouteille, puis collez la partie encollée. Renouvelez l'opération jusqu'en bas et coupez le surplus.

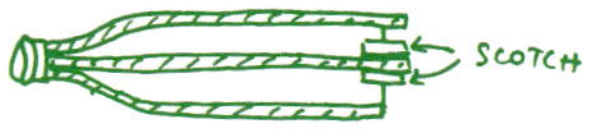

6. Fixez les galons horizontaux

Une fois que tous les galons verticaux sont collés, collez un galon horizontal à la base de la bouteille, d'une couleur différente de celui utilisé pour le goulot. Mesurez la distance qui sépare les 2 galons horizontaux et divisez par 5 pour obtenir la position des autres galons (tous les 6 cm).
Reportez cette mesure avec des épingles, sur les galons verticaux, et collez tous les galons

horizontaux, en les tendant bien au moment du collage.

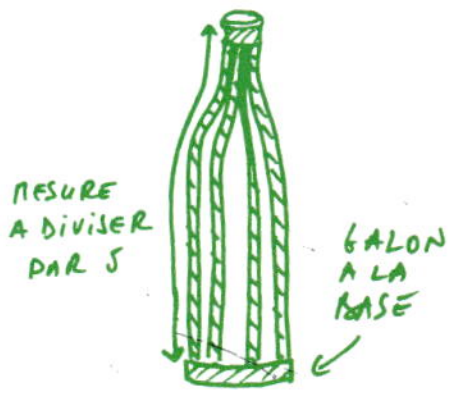

Mon conseil
Enchaînez les couleurs dans le même ordre que celui des galons verticaux.

Osez la couleur pour organiser des pique-niques pleins de gaieté ou des repas qui sortent de l'ordinaire.

La bouteille insectes

la bouteille « goûter d'enfants » par excellence, parfaitement adaptée à un décor naturel.

1 BOUTEILLE EN VERRE, AVEC UN BOUCHON DE LIÈGE.
DIMENSIONS : HAUTEUR (H) : 14 CM ;
DIAMÈTRE DE LA BASE (D) : 3,5 CM ;
DIAMÈTRE DU GOULOT (d) : 2 CM

Mon conseil : évitez de trop aligner les motifs, votre bouteille perdrait de son charme.

Matériel

Peinture spéciale pour le verre « Vitrail » : rouge, jaune, noir, bleu profond, vert mousse • diluant white spirit • peinture à bois jaune et noire pour le bouchon • pinceaux • 12 petites perles noires pour les yeux des insectes • fil de fer souple, noir, pour les antennes • pâte à modeler blanche ou jaune, durcissant au four • pistolet à colle chaude avec un bâtonnet de colle • 1 transparent format A4, pour photocopieur • un peu de ruban adhésif, pour délimiter la peinture • ruban adhésif • vernis pour protéger le bouchon.

Outillage

Tenaille • cutter • crayon noir.

Motifs d'insectes à décalquer sur le transparent pour le pochoir.

Modèles de fleurs à reproduire à main levée sur la bouteille.

1. Préparez le pochoir

Décalquez le corps des insectes sur le transparent pour photocopieur. Évidez les formes au cutter.

2. Peignez le décor de la bouteille

Fixez un ruban de protection adhésif, spécial peinture, à 1,5 cm de la base puis un autre à 1 cm du goulot. Peignez ensuite le haut en bleu et le bas en vert. Laissez bien sécher.
En partant du bas de la bouteille, peignez les 6 tiges des fleurs à main levée. Quand elles sont bien sèches, peignez des petites fleurs en rouge et bleu à toutes les extrémités des tiges puis laissez bien sécher.

3. Peignez les insectes

Fixez un premier pochoir sur la bouteille et peignez l'intérieur en jaune pour les abeilles, rouge pour les coccinelles, bleu pour les libellules.
Peignez le corps des insectes, les uns après les autres, en respectant bien les temps de séchage. L'effet sera plus réussi si vous ne les alignez pas.

Mon conseil
Si la peinture bave, imbibez un coton-tige de white spirit et enlevez la peinture qui dépasse du pochoir.

Quand les corps sont secs, peignez les rayures en noir ainsi que la tête des coccinelles.

4. Posez les ailes et les antennes

Prenez le fil de fer et la tenaille et coupez pour chaque insecte 8 cm par antenne ; pour les libellules et les abeilles, 3 cm pour chaque aile. Sur les antennes, enfilez 2 perles noires au centre du fil de fer puis maintenez-les en le vrillant 2 fois de suite.
Faites des spirales aux extrémités des antennes, puis collez-les sur la bouteille avec la colle à chaud.

Pour les ailes, faites une boucle avec les 3 cm de fil de fer et tordez les 2 extrémités ensemble. Collez-les ensuite sur la bouteille.

5. Préparez le bouchon

Découpez une rondelle de bouchon de 1,5 cm. Percez 2 trous au travers avec un morceau de fil de fer.

Formez une boule de pâte à modeler de 3,5 cm de diamètre puis aplatissez-la légèrement sur deux faces.
Avec du fil de fer, percez 2 trous au travers de la boule dans le même axe que ceux du bouchon. Marquez l'emplacement des antennes et des ailes par des trous de 5 mm de profondeur. Faites cuire la boule dans un four traditionnel.

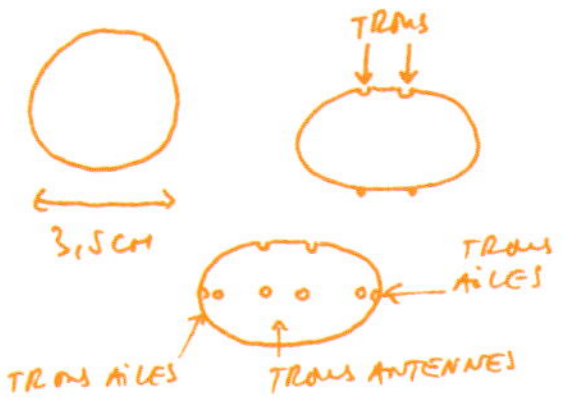

6. Peignez le bouchon

Quand la boule est cuite, passez un morceau de fil de fer de 14 cm sur le dessus. Passez-le ensuite par les trous du bouchon. Tordez les 2 fils ensemble (2 ou 3 tours) et recoupez le surplus à la tenaille.

Peignez tout le bouchon en jaune. Quand la peinture est sèche, peignez des lignes horizontales en noir.

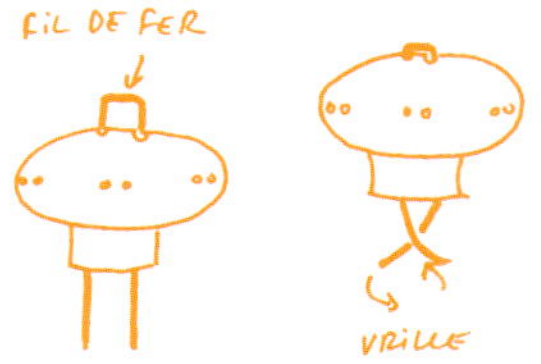

7. Posez les antennes et les ailes

Coupez 2 morceaux de fil de fer (L : 3,5 cm) pour les ailes, et 2 fils (L : 5,5 cm) pour les antennes.

Arrondissez les fils des ailes et collez-les à l'intérieur des trous correspondants. Faites des spirales à l'une des extrémités des antennes. Glissez ensuite les perles et collez les antennes dans les trous correspondants. Si vous souhaitez protéger le bouchon, vous pouvez le vernir.

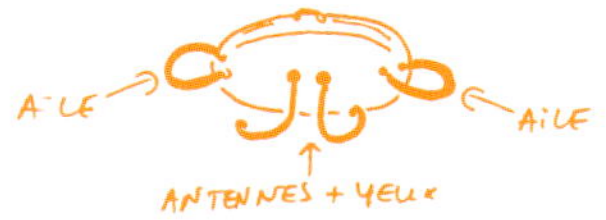

Une abeille, une coccinelle, une libellule, voilà une bouteille qui ne se prend pas au sérieux.

Le papier et le carton

doux et naturels

Récupérer le papier et le carton

Rien n'est plus facile que de récupérer du papier et du carton : nous en sommes envahis. Impossible de faire une course sans rapporter du carton, impossible de passer une journée sans manipuler du papier. Les occasions de vous approvisionner sont donc quotidiennes. Si vous avez la place de stocker vos trouvailles, n'ayez aucune hésitation et récupérez le maximum de matières de tailles et de couleurs différentes. Vous verrez que, dans bien des cas, la réussite et l'originalité de l'objet créé dépendent du choix des matériaux dont on dispose.

Récupération du papier

Les occasions de récupérer du papier sont innombrables, tant ce matériel fait partie de notre consommation courante : journaux, magazines, emballages, papier cadeau, vous n'aurez aucun mal à vous approvisionner. Pensez, lorsque vous faites le marché, à conserver les emballages des fruits, ils sont souvent originaux et très colorés. Si vous achetez des vêtements, des accessoires, des parfums, gardez les sacs en papier. De formes et de tailles innombrables, de couleurs et de décors différents, ils vous garantiront une variété dont vous aurez besoin pour la création d'objets. De même, pensez à conserver les étiquettes de vin les plus originales, vous les utiliserez à des fins décoratives en de nombreuses occasions. Pour les décoller, plongez la bouteille dans de l'eau chaude et laissez-la tremper environ 20 minutes. En général, les étiquettes se décollent toutes seules. Faites-les sécher bien à plat.

Récupération du carton

Tout magasin de chaussures est une île aux trésors : en fin de journée, les boîtes dont les clients n'ont pas voulu sont laissées à disposition. N'hésitez pas à en récupérer de tailles différentes : bottes, chaussures pour enfant, tennis.
De la même manière, dans les magasins de bijoux fantaisie ou d'accessoires, vous trouverez des petites boîtes en carton utilisées comme emballage.
Ne les jetez surtout pas, elles vous seront précieuses.
Enfin, pensez aux boîtes d'allumettes. Elles existent dans différentes tailles ; elles enrichiront votre éventail de cartons.

Outillage

Coupe

Comme pour le bois ou pour les objets récupérés dans la nature, les outils de découpe du papier et du carton varient selon la résistance des matériaux. Choisissez l'instrument adéquat.

Mes conseils

- ***Lorsque vous voulez découper en ligne droite, appuyez votre cutter sur une règle métallique antidérapante. Un morceau de mousse fixé sous la règle servira d'anti-dérapant. Ainsi, aucun risque de dérapage du cutter. De plus, votre découpe sera nette… et vos doigts seront protégés.***
- ***Pour découper avec un cutter, passez une première fois la lame sur le tracé à découper sans appuyer trop fort, afin de marquer la découpe. Repassez ensuite sur ce tracé jusqu'à la découpe définitive. Si vous souhaitez ne marquer qu'une pliure, passez une fois la lame du cutter sur le tracé, côté non coupant, afin de « casser » le papier ou le carton et de marquer ainsi le pli.***

« X – Acto »

Ce cutter sert aux découpes très délicates et de grande précision. En effet, sa pointe fine permet de faire toutes les formes de découpes, rondes ou arrondies.
En revanche, il n'est pas adapté à des découpes droites dans des matériaux très épais. Il existe plusieurs types de lames, toutes adaptables sur le même manche. Achetez-en plusieurs, et n'hésitez pas à en changer régulièrement : une lame usée déchirera le papier au lieu de le couper nettement. Manipulez le « X-Acto » avec un soin extrême, et interdisez fermement aux enfants de l'utiliser. Sa lame est aussi tranchante que celle d'un rasoir.

Cutter

Il en existe différentes tailles, adaptées à l'épaisseur des matériaux et aux styles de découpes. Utilisez-le pour la découpe des matériaux plus résistants que ceux que vous auriez travaillé avec le « X-Acto ». Choisissez-en deux de tailles différentes. Un de taille

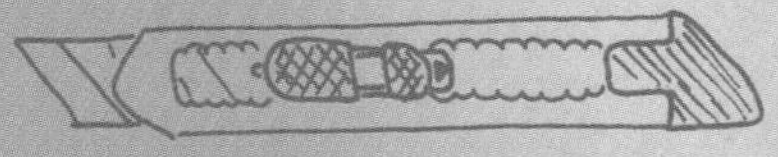

moyenne pour les découpes classiques et un autre plus gros, dont la lame plus résistante vous permettra de découper des cartons épais. Manipulez cet instrument avec grand soin, car il est dangereux pour les doigts. Par précaution, après utilisation, rentrez la lame dans le corps du cutter.

Ciseaux

Il est toujours utile d'avoir une paire de ciseaux en plus des cutters. Il faut qu'ils soient bien affûtés. Si ce n'est pas le cas, faites-les aiguiser.

Perçage

Pour percer du carton, nous avons utilisé trois méthodes.

Emporte-pièce

Il s'agit d'un petit outil métallique dont l'extrémité coupante est percée.
La taille de cette extrémité peut varier, permettant ainsi de faire des trous de grosseurs différentes.
Ceux que nous avons choisis ont un diamètre compris entre 2 et 4 mm.
Cet outil est adapté aussi bien au carton qu'au papier.
Pour utiliser un emporte-pièce, il faut vous munir d'un marteau et d'une planche à découper ou autre qui protégera la table.

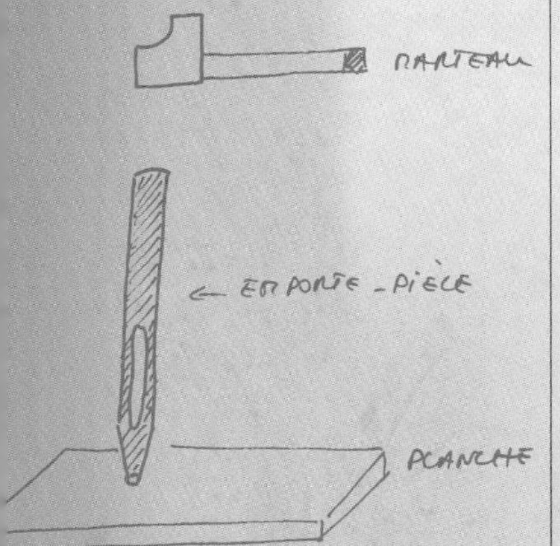

Perforeuse

On l'utilise uniquement pour perforer le papier. Les trous réalisés avec cet instrument ont une taille fixe. Il n'est pas possible de faire des trous à plus de 1 cm du bord.

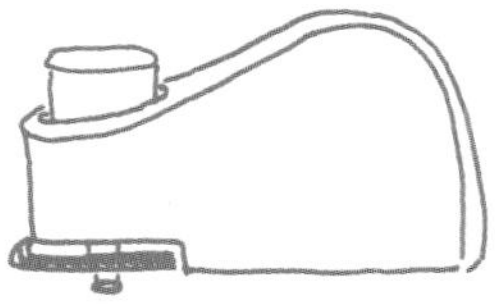

Clou

Pour faire des trous très fins dans du carton, utilisez un clou et un marteau. Protégez votre table avec une planche à découper ou une planche en bois. Vous pouvez aussi faire des trous avec une pointe de compas. Si les trous doivent être très fins, vous pouvez vous servir d'une épingle.

Assemblage

Là aussi, plusieurs ustensiles existent. Vous les utiliserez selon les types de matériaux que vous voulez assembler.

Colle

La colle blanche forte est adaptée au collage du papier et du carton.
Elle s'applique avec un pinceau plat d'environ 2,5 cm de largeur. Il est préférable de l'étaler en couche fine.
Choisissez un pinceau que vous réserverez à cet usage.
Munissez-vous également d'un chiffon propre pour essuyer les éventuels débords de colle.

Ruban adhésif double face

Le ruban adhésif double face utilisé pour les moquettes convient parfaitement au collage des surfaces étroites car il se coupe facilement avec une règle et un cutter, en longueur et en largeur. Vous pouvez ainsi couper précisément des formes adaptées à ce que vous voulez assembler.
Il est important de prendre du ruban très résistant.
Pour coller des papiers très fins vous devez préférer la colle blanche au ruban adhésif, dont l'épaisseur serait visible.

Rouleau de papier kraft gommé

Davantage que sur le papier, le rouleau de papier kraft gommé s'utilise sur le carton.
Il permet d'assembler solidement et durablement 2 épaisseurs de carton fort.
Préencollé sur l'une des 2 faces, il mesure environ 3,5 cm de largeur.
Au moment du collage, vous devez humidifier la partie préencollée à l'aide d'une éponge mouillée, puis l'appliquer sur le carton.
Lorsque les deux parties sont ainsi assemblées, il est difficile de les décoller. Pensez-y avant de coller et agissez dans le calme et la concentration !

Pliage

Vous pouvez naturellement plier du papier à la main, mais l'opération devient plus délicate lorsqu'il s'agit de carton. Aussi, pour travailler correctement, procurez-vous un plioir. Cet outil de coût modique vous rendra de grands services pour plusieurs opérations.

Tout d'abord, quand vous réalisez un collage, le plioir vous permet de chasser l'air entre deux épaisseurs à coller. Il vous suffit de le passer uniformément, du centre vers l'extérieur, sur toute la surface du collage. Vous écrasez ainsi les bulles d'air qui formeraient des défauts gênants entre les deux épaisseurs.
Ensuite, le plioir est, comme son nom l'indique, dédié au pliage. Pour réussir cette opération, passez une première fois la lame du cutter (côté non coupant) sur le tracé afin de rainer le papier ou le carton.
Lorsque la rainure est dessinée, appuyez la pliure avec le plioir.
Vous économiserez vos forces et gagnerez en précision.

Décoration

Papier et carton peuvent se décorer de plusieurs façons relativement simples.

Peinture

Utilisez une peinture acrylique (à l'eau) ou de la gouache.
Certains cartons ont un fort pouvoir d'absorption, prévoyez alors une plus grande quantité de peinture.
Si vous souhaitez créer vos propres motifs et les répéter, n'hésitez pas à confectionner des pochoirs.

Collage

Vous pouvez découper des pois, des rayures, des motifs dans des journaux et les coller sur du papier ou du carton.
Associez des papiers unis de couleurs différentes afin de créer vos propres harmonies. Laissez parler vos envies et votre imagination, gages de votre réussite.

Les boîtes

La boîte-souris

Le coffret où chaque enfant peut conserver ce qu'il possède de plus précieux.

1 PETITE BOÎTE EN CARTON — LA NÔTRE EMBALLAIT UN COLLIER FANTAISIE.
DIMENSIONS : HAUTEUR (H) : 3 CM ; LONGUEUR (L) : 9,5 CM ; LARGEUR (l) : 7 CM ; HAUTEUR DU COUVERCLE (h) : 2 CM

Mon conseil : avec un papier un peu épais mais souple, vous recouvrirez la boîte plus facilement.

Matériel

3 feuilles de papier rouge, format A4 ● 10 cm de feutrine blanche, autocollante de préférence ● 5 cm de tissu vichy rouge ● 5 cm de toile thermo-collante plutôt fine ● 2 petites perles noires pour les yeux ● 1 perle rouge, un peu plus grosse, pour le nez ● 20 cm de ficelle en chanvre naturel ● 1 bombe de colle « pour assemblages définitifs » ● fil à coudre blanc ● aiguille.

Outillage

Ciseaux ● fer et planche à repasser ● crayon noir ● cutter.

1. Découpez le papier pour le couvercle

Sur le papier rouge, tracez et découpez 1 rectangle (19,5 x 17 cm). Tracez toutes les lignes indiquées sur le dessin ci-dessous. Recoupez le papier à 1 cm à l'intérieur des angles, puis crantez les angles. Tracez et découpez un autre rectangle pour le fond intérieur du couvercle (9,3 x 6,4 cm).

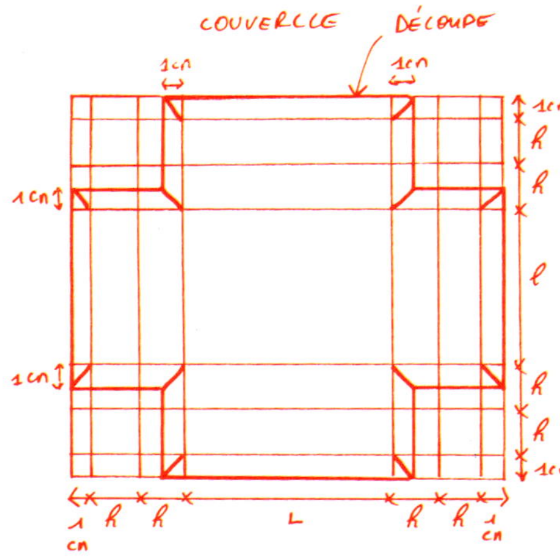

2. Découpez le papier pour la boîte

Sur le papier rouge, tracez et découpez 1 rectangle (23,5 x 21 cm). Tracez toutes les lignes indiquées sur le dessin ci-dessous. Recoupez le papier à 1 cm à l'intérieur des angles, puis crantez les angles. Tracez et découpez un autre rectangle pour le fond intérieur (9 x 6 cm).

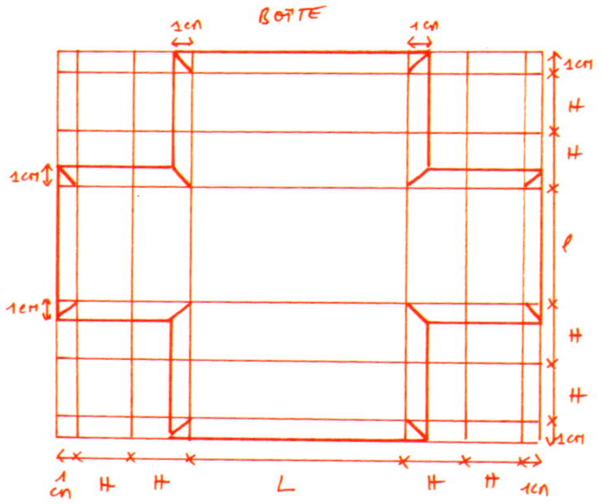

3. Habillez la boîte et le couvercle

Encollez le dessous de la boîte et les 2 côtés opposés. Collez le papier et rabattez le surplus à l'intérieur. Encollez ensuite les 2 côtés restants et rabattez le surplus vers l'intérieur. Finissez par coller le fond intérieur.

Mon conseil
Procédez de façon rigoureusement identique pour le couvercle, à l'exception du fond, que vous collerez au tout dernier moment.

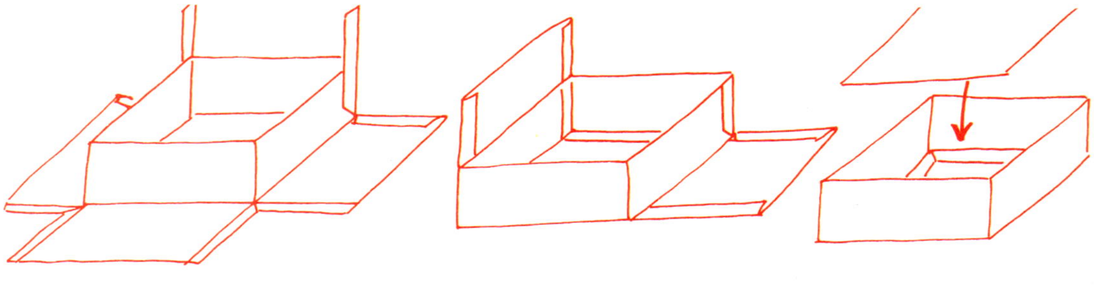

Pour tous les objets-souvenirs qu'il ne faut absolument pas perdre.

4. Préparez la souris

Décalquez le dessin du corps de la souris ci-dessous et reportez-le sur l'envers de la feutrine. Découpez tout autour. Avec le fer à repasser, collez la toile thermocollante sur l'envers du tissu vichy rouge. Ensuite, décalquez et reportez 4 fois le patron de l'oreille sur la toile thermocollante. Découpez tout en laissant 0,5 cm de couture. Cousez tout autour, sauf à l'endroit indiqué sur le patron. Retournez les oreilles sur l'endroit. Coupez 2 brins de ficelle de 6 cm de longueur pour les moustaches et 1 brin de 8 cm pour la queue.

5. Installez la souris

Sur le corps de la souris, commencez par coudre les yeux, puis les moustaches et enfin le nez. Collez le tout au centre de la boîte, en ayant soin de glisser la queue entre la boîte et le corps. Entaillez au cutter l'emplacement des oreilles assez profondément pour fendre aussi le couvercle. Ensuite, glissez les oreilles par les fentes et collez-les à l'intérieur du couvercle. Collez enfin le fond intérieur du couvercle.

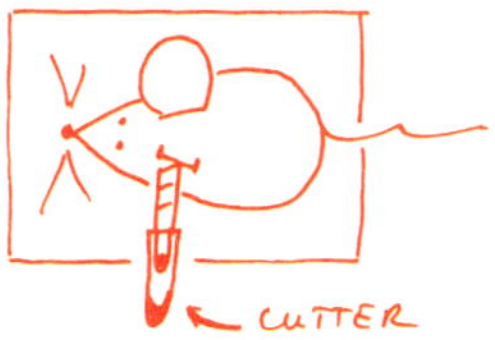

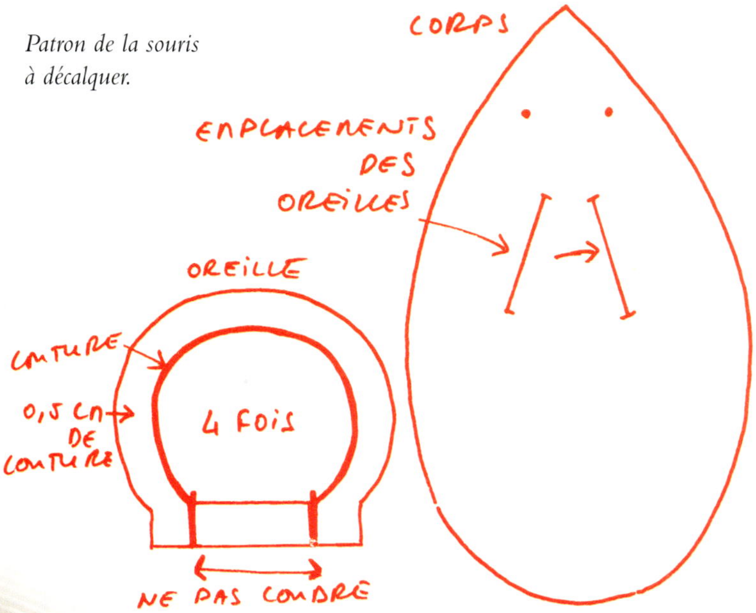

Patron de la souris à décalquer.

*Une boîte
jolie à regarder,
qui ne mérite plus
de rester dans
le fond
d'un placard.*

La boîte à collants

On s'habille beaucoup plus vite, le matin, quand on sait où sont rangées les chaussettes.

1 BOÎTE À CHAUSSURES POUR ENFANTS.
DIMENSIONS : HAUTEUR (H) : 9 CM ;
LONGUEUR (L) : 24 CM ; LARGEUR (l) : 19,5 CM ;
HAUTEUR DU COUVERCLE (h) : 3 CM

Mon conseil : assortissez les teintes de la boîte aux couleurs de la chambre.

Matériel

● 60 cm de tissu vichy jaune et blanc, à petits carreaux (3 x 3 mm) ● 1 m de galon gros-grain jaune (l : 1,5 cm) ● 60 cm de toile thermocollante fine ● 1 écheveau de fil à broder de couleur bleue ● 1 aiguille à coudre ● 1 pot de colle blanche pour tissu ● 1 pinceau.

Outillage

Ciseaux ● fer et planche à repasser ● crayon noir.

Mon conseil
Choisissez un tissu assez fin pour que son épaisseur ne gêne pas la fermeture de la boîte.

1. Découpez le tissu

Sur le tissu, tracez et découpez 1 rectangle (36 x 31,5 cm) pour le couvercle et 1 rectangle (48 x 43,5 cm) pour la boîte. Doublez chaque rectangle, sur l'envers, de toile thermocollante avec un fer à repasser chaud thermostat « coton ». Recoupez la toile qui dépasse.

2. Tracez les patrons

Pour le couvercle, tracez toutes les lignes indiquées sur le dessin ci-contre, recoupez le tissu à 1 cm à l'intérieur des angles, puis crantez les angles. N'oubliez pas de marquer le point central de la broderie.

Pour la boîte, tracez toutes les lignes indiquées sur le dessin ci-dessous.

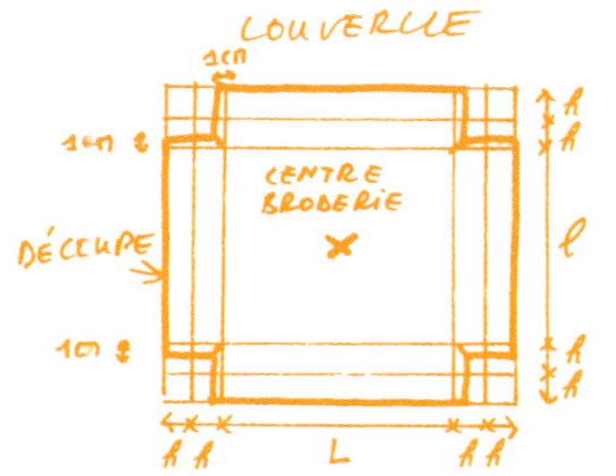

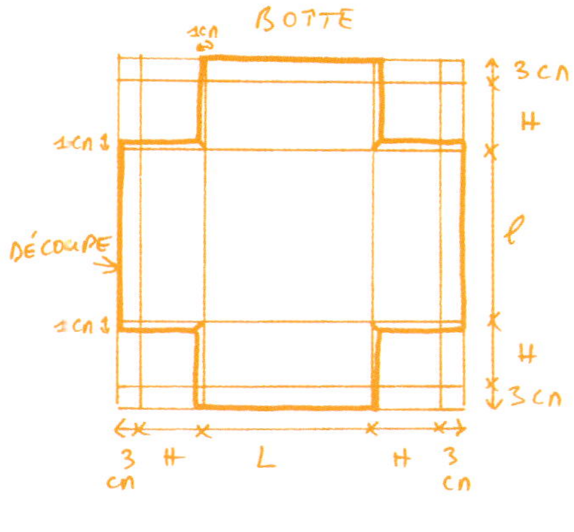

3. Brodez au point de croix

En suivant la grille ci-dessous, brodez toutes les lettres sur le couvercle de la boîte. Le centre de la broderie correspond au centre du couvercle, il est indiqué par un point sur la broderie. Pour broder, utilisez 2 fils sur les 6 qui composent un écheveau de fil à broder.

4. Habillez de tissu la boîte et le couvercle

Encollez le dessous de la boîte et 2 côtés opposés. Collez le tissu et rabattez le surplus à l'intérieur. Encollez ensuite les 2 côtés restants à l'extérieur et à l'intérieur. Rabattez le surplus vers l'intérieur.

Mon conseil

Procédez de façon rigoureusement identique pour le couvercle.

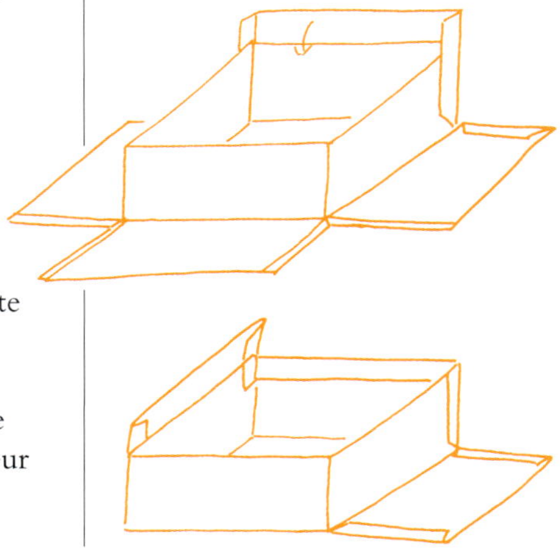

5. Posez le galon sur le couvercle

Commencez à poser le galon par un angle inférieur, pour que le raccord soit discret. Encollez l'envers du galon et collez-le à 5 mm des bords extérieurs.

Pour le collage des angles, reportez-vous au dessin ci-dessous.

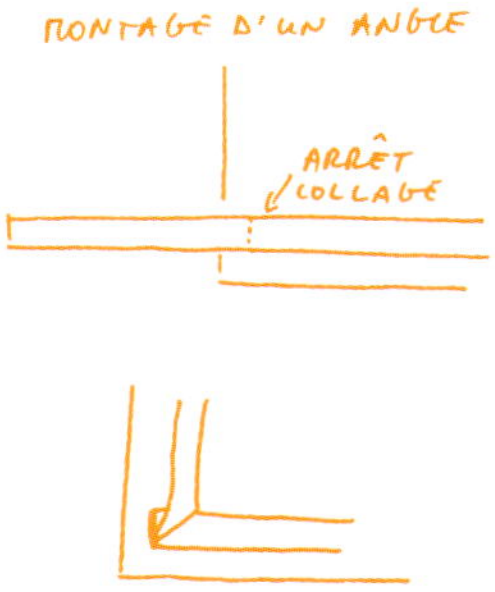

Si vous possédez beaucoup de photos, confectionnez des boîtes thématiques : famille, amis, vacances.

Modèle à broder.

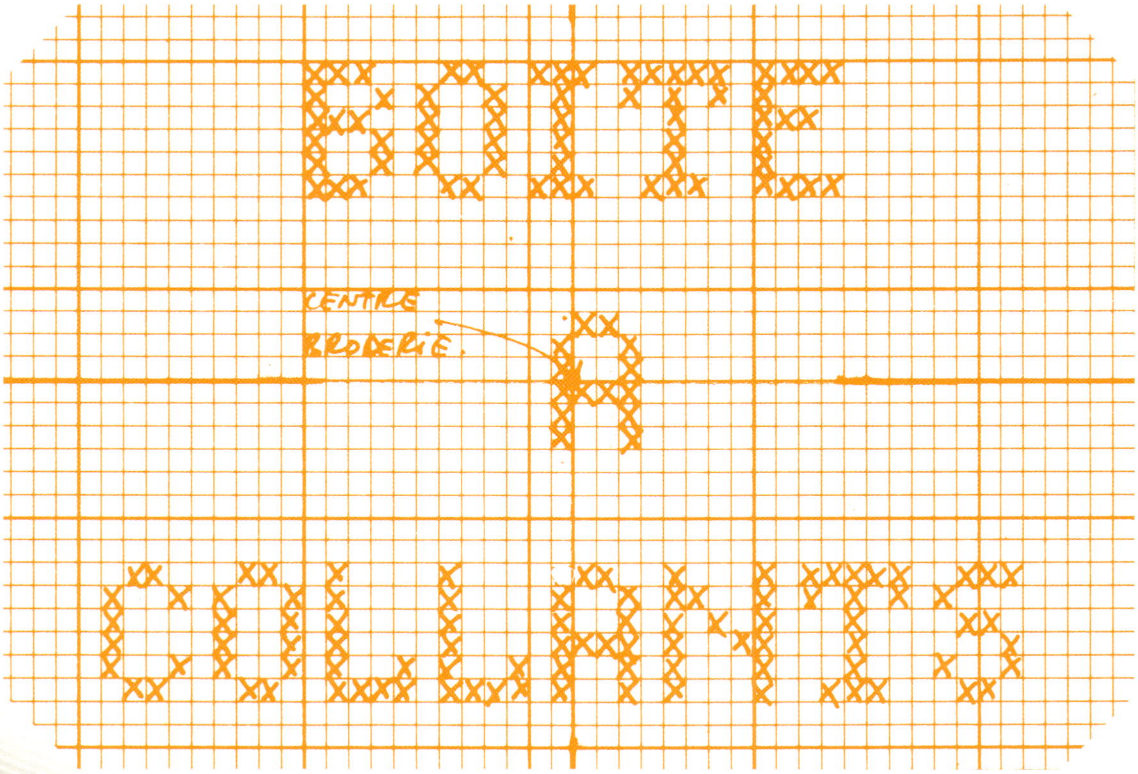

La boîte à photos

Un classement des photos plus souple qu'à l'intérieur d'un album de photos.

1 BOÎTE À CHAUSSURES.
DIMENSIONS : HAUTEUR (H) : 12 CM ; LONGUEUR (L) : 32,5 CM ; LARGEUR (l) : 25 CM ; HAUTEUR DU COUVERCLE (h) : 3 CM
6 ÉTIQUETTES DE BOUTEILLES DE VIN, AVEC UN CADRE AMUSANT (FORMES, COULEURS, INSCRIPTIONS...).

Mon conseil : pour décoller l'étiquette d'une bouteille, faites-la tremper dans l'eau chaude 20 minutes, et laissez-la sécher à plat.

Matériel

1 rouleau de papier kraft • 1 bombe de colle « pour assemblages définitifs » • 1 feuille de papier calque, format A4 • 1 morceau de carton fin blanc cassé, de la taille du couvercle • 2 m de ficelle • fil à coudre de la couleur du papier kraft et 1 aiguille • 1 feuille de papier format A4 blanc cassé.

Outillage

Un cutter « X-Acto » • règle • crayon noir • tapis de découpe • emporte-pièce (D : 2 mm) et marteau.

Mon conseil
Le cutter « X-Acto » est un outil très précis, mais aussi très tranchant. Faites attention à ne pas vous couper.

1. Découpez les étiquettes

Disposez les étiquettes sur le dessus du couvercle, en laissant toujours au moins 1 cm entre elles. Avec un crayon noir, repérez leurs emplacements, puis retirez-les.

Avec le cutter, évidez le centre des étiquettes en ne gardant que les bordures.

2. Préparez le couvercle

Posez le dessus du couvercle sur la table, l'intérieur face à vous. Disposez les étiquettes l'envers face à vous, à l'inverse de ce que vous avez fait dans l'étape précédente. Avec un crayon noir, marquez l'intérieur des étiquettes sur le couvercle. Avec le cutter, évidez les « fenêtres ».

3. Préparez l'intérieur du couvercle

Sur le carton fin, tracez l'intérieur du couvercle. Puis découpez tout autour. Avec l'emporte-pièce ou la pointe de compas, percez 16 trous à 1 cm des bords extérieurs, dans les angles et au centre des longueurs et des largeurs, comme indiqué sur le dessin ci-dessous. Posez le carton fin dans le couvercle et marquez à nouveau l'emplacement de ces trous avec un crayon noir. Retirez ensuite le carton fin. Découpez 8 brins de ficelle (L : 25 cm). Fixez-les par le milieu avec 2 petits points de couture au niveau des trous.

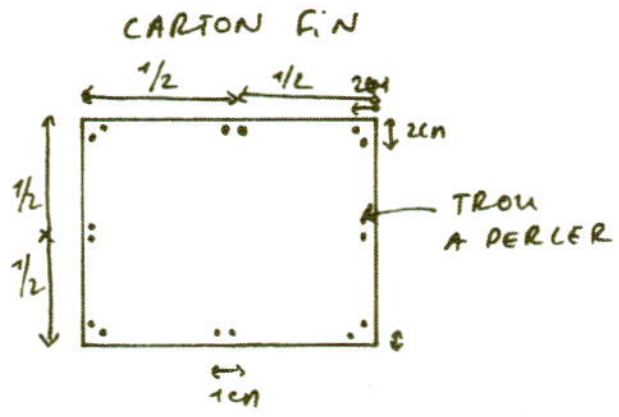

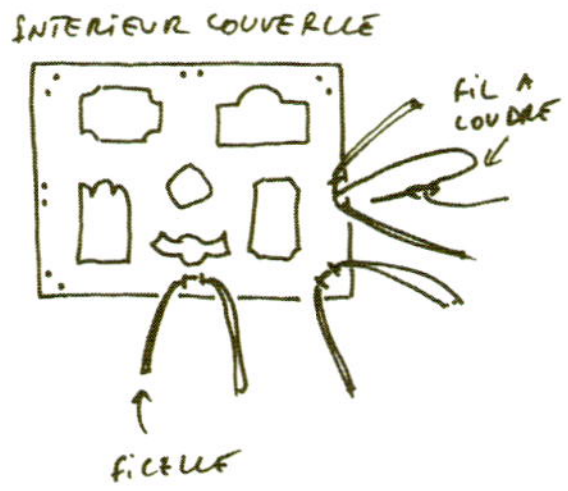

4. Recouvrez le couvercle de papier kraft

Sur le papier kraft, tracez et découpez 1 rectangle (44,5 x 37 cm). Tracez toutes les lignes indiquées sur le dessin ci-dessous. Recoupez le papier kraft à 1 cm

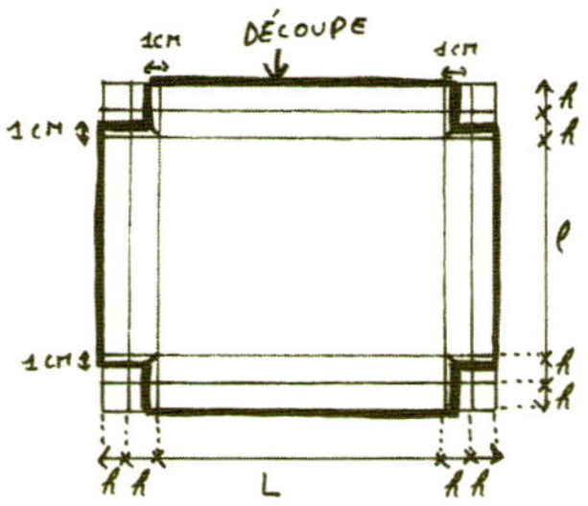

à l'intérieur des angles, puis crantez les angles. Encollez le dessus du couvercle et collez-le au centre du papier kraft. Pour coller les bords du couvercle, commencez par encoller les côtés les plus longs à l'extérieur, puis à l'intérieur du couvercle. Encollez ensuite les côtés restants.

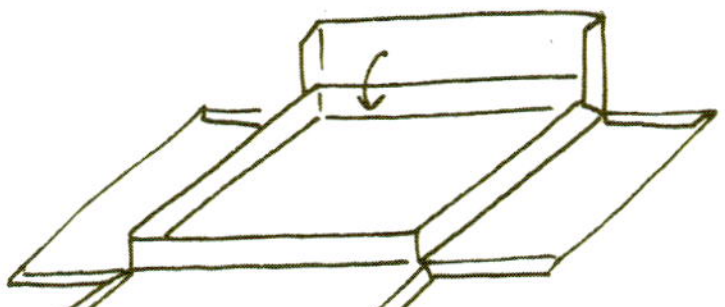

Mon conseil
Avant d'utiliser la bombe de colle, protégez bien votre table et aérez la pièce, car cette colle est très volatile et nocive.

5. Finissez les fenêtres du couvercle

Avec le cutter, découpez l'intérieur des fenêtres à 1 cm des bords. Crantez tous les angles et les lignes arrondies tous les 5 mm. Rabattez le surplus de papier et collez-le à l'intérieur du couvercle. Sur le dessus du couvercle, collez les bordures des étiquettes bien en face des fenêtres.

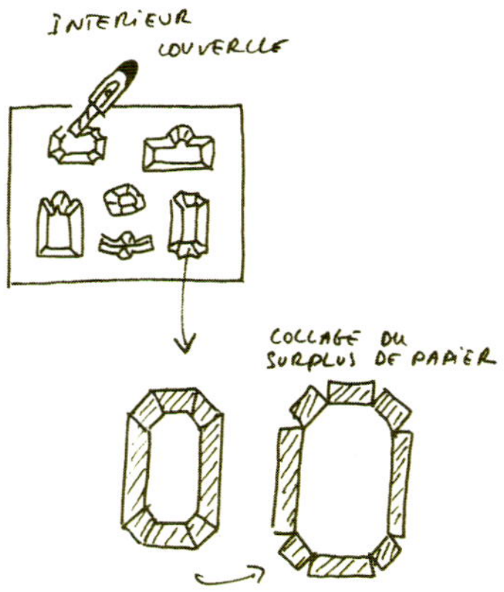

6. Découpez le papier kraft pour la base de la boîte

Sur le papier kraft, tracez et découpez un rectangle (62,5 x 55 cm). Tracez toutes les lignes indiquées sur le dessin ci-dessous. Recoupez le papier kraft à 1 cm à l'intérieur des angles, puis crantez les angles.

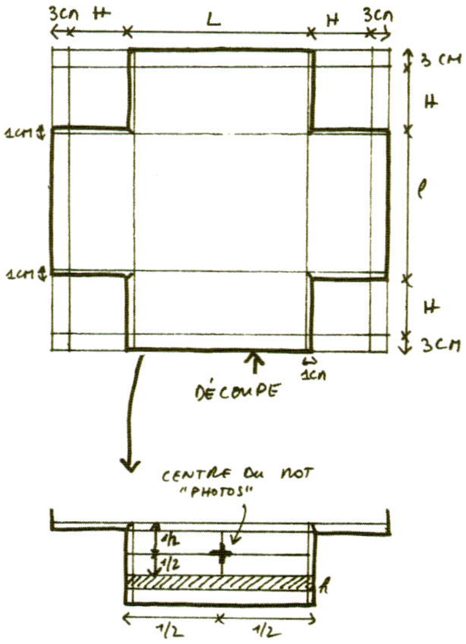

7. Découpez le mot « photos »

Avec le papier calque, décalquez le mot « photos », p. 103. Ensuite, retournez-le sur l'envers du papier kraft et appuyez tous les contours avec un crayon noir. Évidez les lettres à la règle et au cutter.

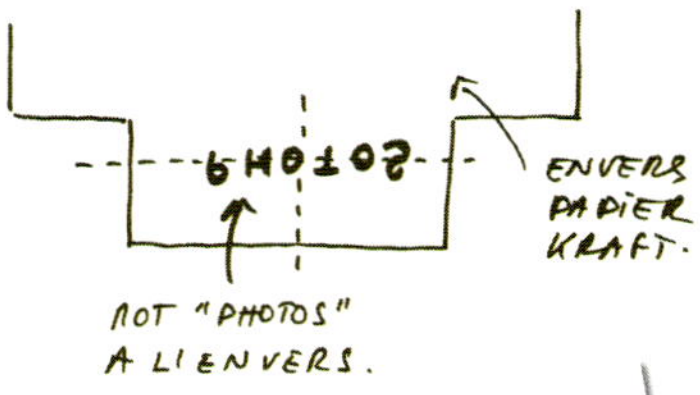

Mon conseil
Cette étape demande un peu d'habileté. Si vous ne parvenez pas à évider les lettres proprement, procurez-vous des lettres adhésives.

8. Habillez la base de la boîte

La première opération consiste à coller la feuille de papier blanc cassé sur l'un des côtés les plus longs de la boîte.
Collez la feuille en la centrant bien, puis coupez le surplus de papier. Encollez l'envers du papier kraft sur le côté où se trouve le mot « photos », puis appliquez-le sur le côté de la boîte habillé de papier blanc

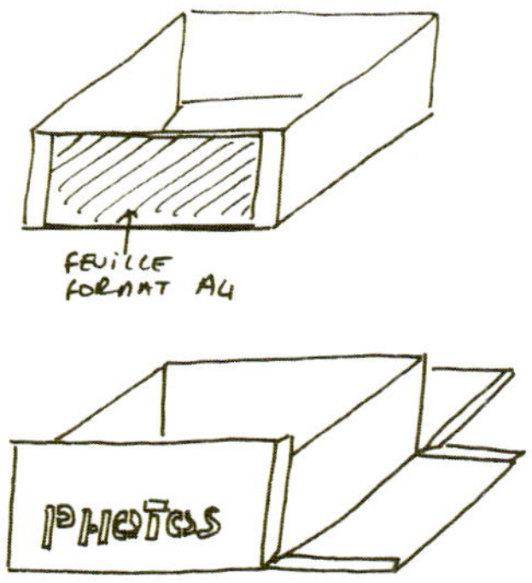

cassé. Collez ensuite le dessous de la boîte ainsi que l'autre côté. Coupez les angles et collez les autres bords en appliquant la même méthode que celle qui a été utilisée pour le couvercle.
La boîte est maintenant terminée, il ne reste qu'à placer les photos que vous avez choisies pour décorer le couvercle sur le carton qui est à l'intérieur du couvercle. Fixez ensuite le tout à l'intérieur du couvercle avec les brins de ficelle.

Modèle à décalquer et à reproduire sur le kraft.

Les fourre-tout

Le vide-poches

Enfin rentrés !
Déposez les clefs, les lunettes et le courrier dans ce petit panier, avant un moment de détente bien mérité.

1 BOÎTE À CHAUSSURES SANS LE COUVERCLE.
DIMENSIONS :
HAUTEUR (H) : 9 CM ; LONGUEUR (L) : 25 CM ;
LARGEUR (l) : 16 CM

Mon conseil : choisissez des coloris de tissu dans les tons de votre pièce.

Matériel

50 cm de lin naturel ● 50 cm de lainage gris anthracite ● 1 bobine de fil gris anthracite ● 1 aiguille à coudre ● 2 m de ruban de velours gris clair (l : 1 cm).

Outillage

Ciseaux ● fer et planche à repasser ● crayon noir ● cutter ● règle ● épingles ● machine à coudre.

Mon conseil
Si vous préférez des nœuds de couleur vive, n'hésitez pas à prendre des initiatives !

1. Découpez la boîte

Avec le cutter, découpez les angles de la boîte. Vous pouvez ainsi mettre votre carton complètement à plat.

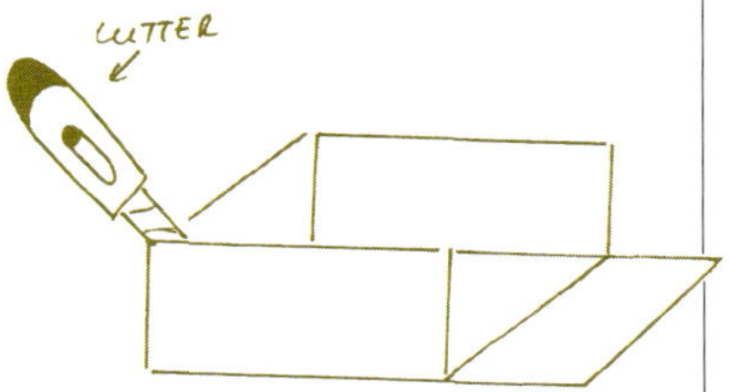

2. Découpez le tissu

Sur l'envers des 2 tissus, tracez 1 rectangle (43 x 34 cm). Reportez la forme du carton à l'intérieur de ces rectangles. Découpez autour des rectangles, en laissant 1 cm de couture.

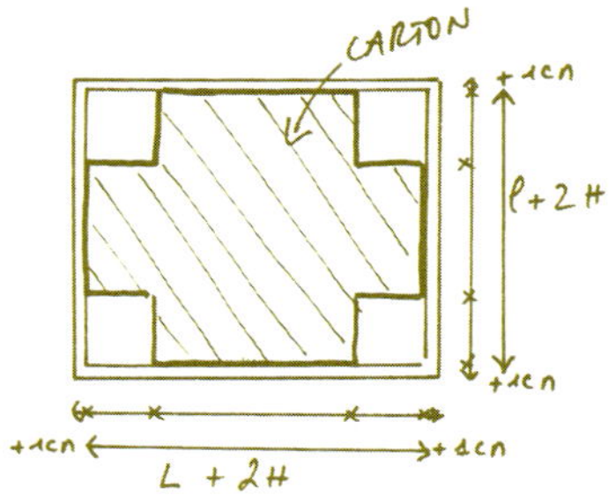

3. Posez les galons

Découpez 8 morceaux de ruban de 25 cm de longueur. Épinglez-les sur l'endroit du tissu en lin, au niveau des angles supérieurs du carton, le côté velours face à vous. Maintenez-les avec une petite couture.

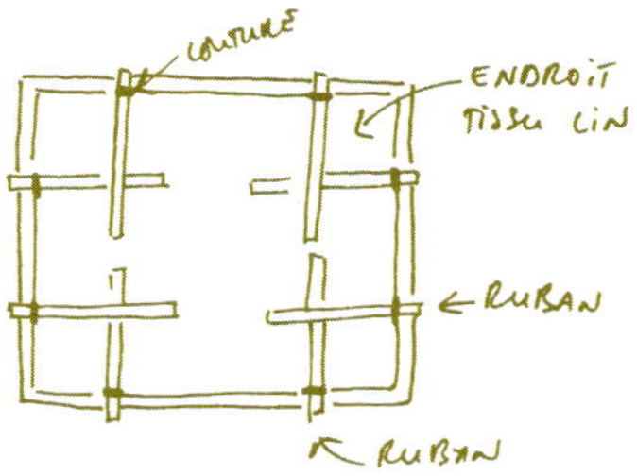

4. Assemblez les tissus

Épinglez ensemble les 2 tissus, endroit contre endroit. Cousez 3 des côtés. Retournez-les sur

Utilisez les poches formées par les angles pour vos stylos, lime à ongle et autre objet de forme allongée.

l'endroit et repassez-les. Ensuite, glissez le carton entre les 2 tissus et fermez le dernier côté avec une couture à la main.

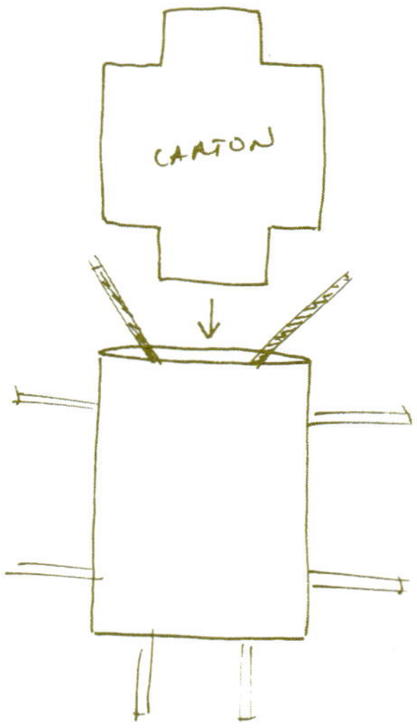

5. Montez le vide-poches

Avec du fil et une aiguille, surpiquez les 2 tissus ensemble, pour marquer la forme du carton. Nouez les rubans pour reformer la boîte. Le vide-poches est terminé. Si les rubans sont trop longs, recoupez-les.

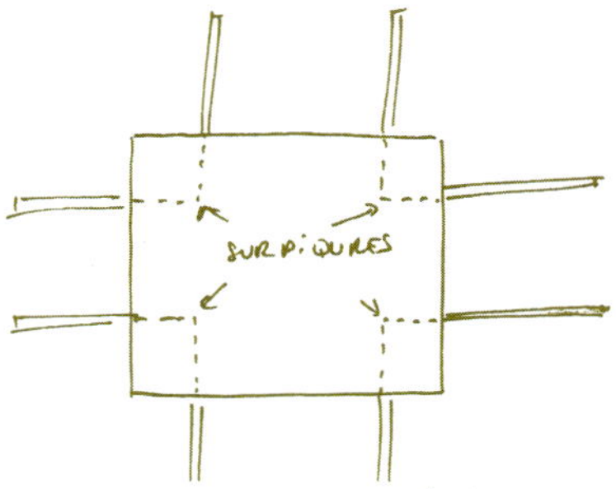

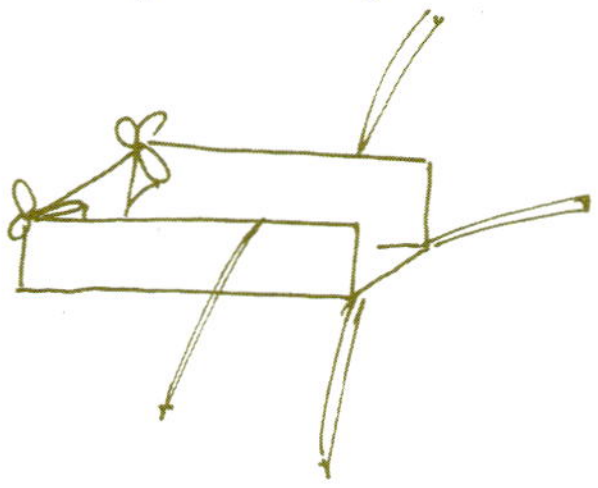

Les mini-sacs

Un joyeux camaïeu de sacs, pour regrouper bijoux et babioles par couleur ou par style.

DES SACS EN PAPIER DE COULEUR, DES EMBALLAGES CADEAUX... POUR RÉALISER UN MINI-SAC VOUS POUVEZ AUSSI UTILISER DU PAPIER CANSON DE COULEUR.

***Mon conseil** : prévoyez une feuille A4 pour réaliser un mini-sac.*

Matériel

1 feuille de carton, épaisseur 2 mm (50 x 50 cm) • 1 feuille de papier gris foncé (50 x 50 cm) pour le fond • 5 m de ficelle de chanvre naturel • adhésif double face pour moquette • 6 allumettes (L : 5 cm) • 2 attaches triangulaires pour le dos du cadre • 1 bombe de colle « pour assemblages définitifs ».

Outillage

Ciseaux • crayon noir cutter • règle • emporte-pièce (D : 2 mm) • marteau • tapis de découpe.

Mon conseil
Récupérez du papier pour le fond, si vous trouvez la couleur et la taille appropriées.

1. Tracez un mini-sac

Reportez le dessin ci-dessous sur l'envers du papier. Faites un tracé précis et marquez les emplacements des anses.

Mon conseil
Si les papiers que vous utilisez sont un peu chiffonnés, repassez-les avec un fer tiède, thermostat « soie ».

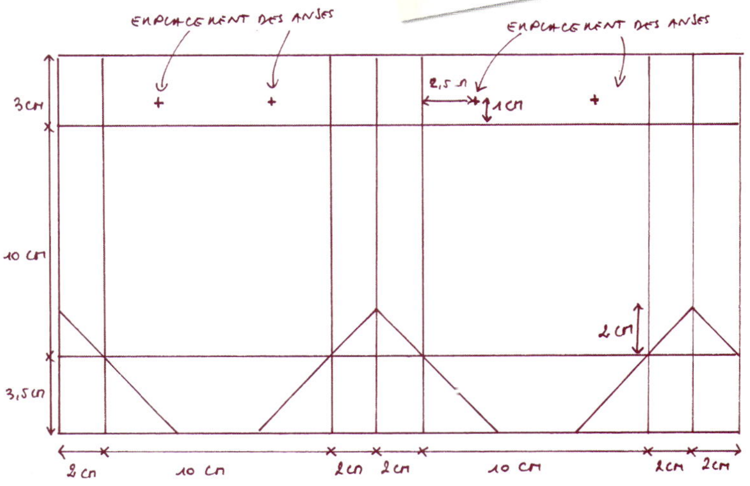

2. Préparez et coupez les anses des sacs

Avec l'emporte-pièce et le marteau, percez les 4 trous indiqués pour les anses.

Mon conseil
Protégez votre table avec un tapis de découpe avant de percer les 4 trous des anses.

Découpez 2 brins de ficelle par sac, soit 12 brins au total pour les 6 mini-sacs. Prévoyez une longueur de 22 cm par anse.

Mon conseil
Pour un style plus raffiné, vous pouvez remplacer la ficelle par un ruban de satin, assorti à la couleur de chaque sac.

3. Découpez les fonds de carton des sacs

Dans le carton, découpez au cutter 6 rectangles (10 x 4 cm), qui serviront à consolider le fond des sacs.

Mon conseil
N'appuyez pas trop avec la lame de cutter, sinon vous risquez de couper le papier au lieu de le rainer.

4. Rainez les tracés qui formeront les plis

Pour que le montage du mini-sac se fasse facilement, il est très important de réaliser tous ces pliages.
Pour plier facilement le papier, il faut d'abord le « casser ». Cette opération consiste à passer la lame du cutter, côté non coupant, sur les lignes de pliure. Commencez par passer la lame du cutter sur les lignes transversales situées au bas du sac. Ensuite, passez la lame sur les lignes horizontales, puis repliez le papier vers l'intérieur. Gardez les pliages précédents et passez la lame sur les lignes verticales. Formez les pliures.

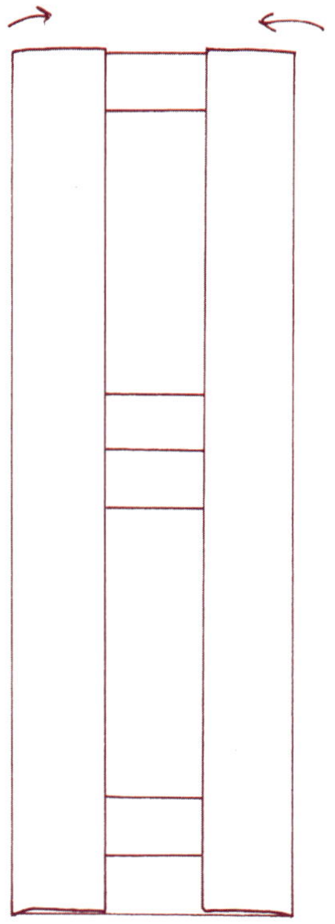

5. Montez le mini-sac, fixez les anses et posez les fonds

Collez une bande d'adhésif double-face sur toute la longueur du haut, au niveau de la pliure. Si la largeur que vous utilisez dépasse 3 cm, recoupez-la à cette taille. Pliez la bande du haut sur l'adhésif en insérant les anses dans les trous. Appuyez sur le papier suffisamment longtemps pour que le collage soit solide.

Collez ensuite le côté du sac, avec le même double-face. Formez le fond grâce aux plis que vous avez marqués précédemment, puis assemblez les 4 pans avec de petits morceaux d'adhésif que vous dissimulerez dans les angles.
Glissez à l'intérieur du mini-sac le rectangle de carton préparé à la 3e étape.

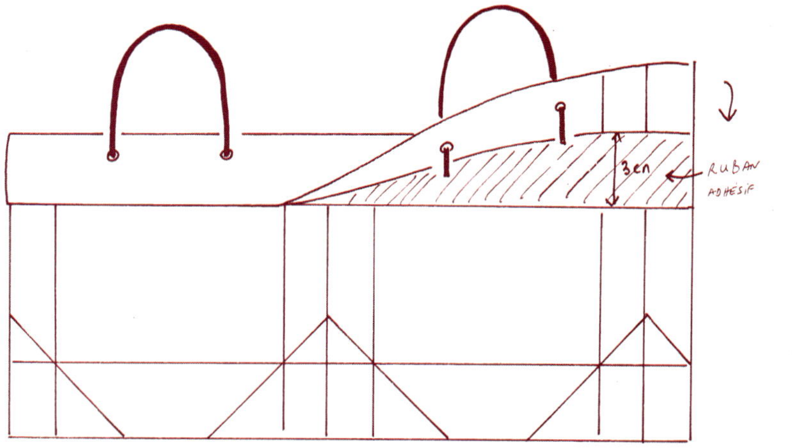

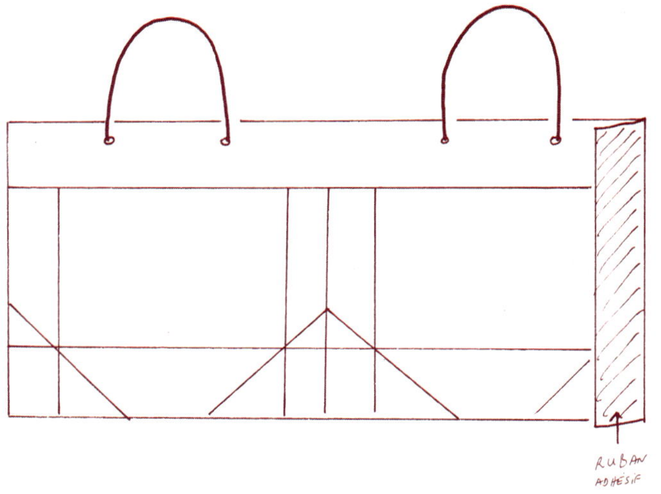

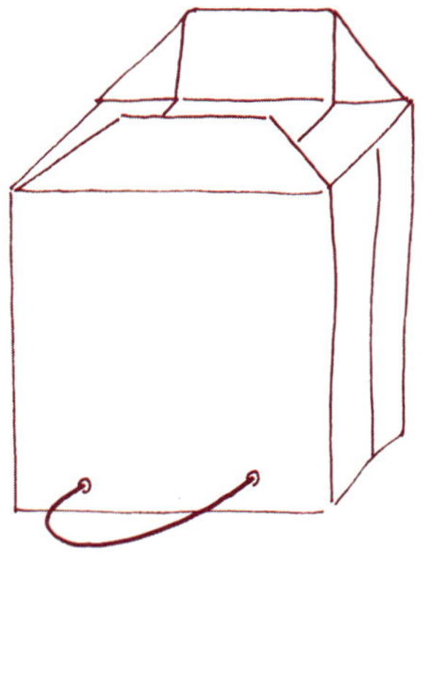

6. Préparez les attaches

Si vous avez utilisé des feuilles de papier format A4, récupérez les chutes. Sinon, découpez une bande de papier assortie au mini-sac (4,5 x 30 cm).
Prenez une allumette et coupez-la à 4 cm.
Collez un morceau d'adhésif double face à chaque extrémité de la bande de papier.
Collez l'allumette à l'une des 2 extrémités, puis enroulez le papier jusqu'à la fin de la bande.
Collez l'autre extrémité avec l'adhésif double face.

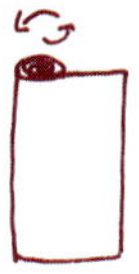

Mon conseil
Confectionnez un rouleau bien serré. Les bords doivent être parfaitement lisses et réguliers.

Prenez un morceau de ficelle de 30 cm de longueur et nouez-le au centre du petit rouleau de papier. Faites 2 nœuds, pour plus de solidité. Recommencez cette opération pour les attaches des 5 autres sacs.

7. Découpez le carton qui servira à accrocher les sacs

Dans le carton, découpez 1 rectangle (42 x 45 cm).
Encollez une face avec la bombe de colle et appliquez-y le papier gris. Avec un cutter, recoupez le papier qui dépasse.

Mon conseil
Avant d'utiliser la bombe de colle, protégez bien votre table et aérez la pièce.

8. Fixez les attaches

Sur l'endroit du carton, reportez les trous indiqués sur le dessin ci-dessous, puis percez-les avec l'emporte-pièce.

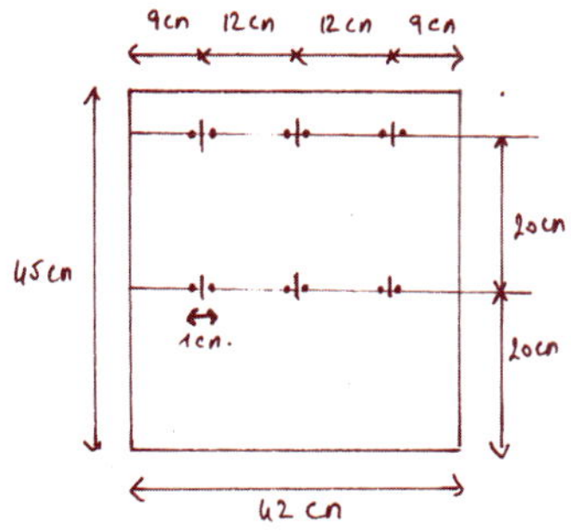

Passez les liens des attaches par les trous et nouez-les sur l'envers du carton.

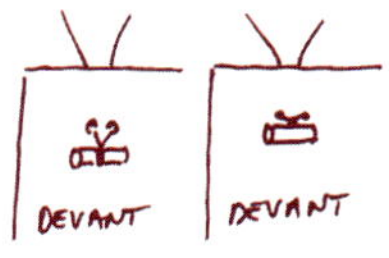

9. Fixez le support

Fixez les attaches triangulaires sur l'envers du carton, au niveau des attaches situées dans les angles du haut.
Elles vous permettront de fixer le support au mur. Si la ficelle que vous avez utilisée jusqu'à présent n'est pas trop épaisse, utilisez-la aussi pour cette opération.

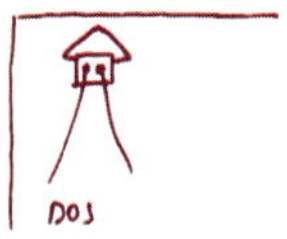

Si ce n'est pas le cas, fixez d'abord les attaches triangulaires avec une ficelle plus fine mais résistante et capable de supporter le poids du support et des mini-sacs remplis.
Vous pouvez maintenant accrocher les mini-sacs.

Le coffret à courrier

8 juin
Gif-sur-Yvette

J'étais sur le point de jeter ce livre, auquel il manquait plusieurs pages. Comme la couverture était en bon état, je l'ai utilisée pour réaliser un coffret où je range mon papier à lettres et mes enveloppes.

SPECIAL BROCANTE

Découpage de la boîte

J'ai détaché la couverture du livre et j'ai renforcé les plis à l'intérieur en collant une bande de papier découpée dans une des pages. Dans une boîte à chaussures, j'ai réalisé un coffret de la hauteur de la tranche du livre et de la hauteur plus petite que la couverture. J'ai assemblé tous les morceaux avec du papier kraft gommé, que j'ai humidifié avec une éponge.

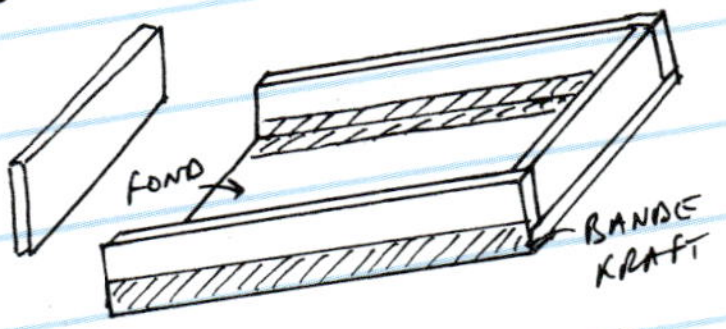

Décoration intérieure

J'ai découpé un rectangle de carton de la taille de la boîte. Je l'ai recouvert avec une double page du livre. Avant de le coller au dos de la couverture, j'ai plaçé un ruban de 30 cm au centre. J'ai recollé une illustration du livre par-dessus.

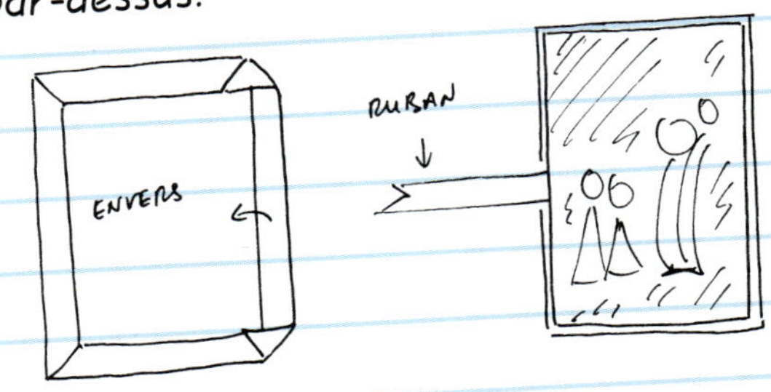

Habillage de papier

Pour que la boîte ait un aspect uniforme, je l'ai entièrement recouverte avec des pages de livres collées, en commençant par l'extérieur.
Pour le fond, j'ai choisi une page illustrée. Sous la boîte, j'ai collé 30 cm de galon, centré sur le côté droit.

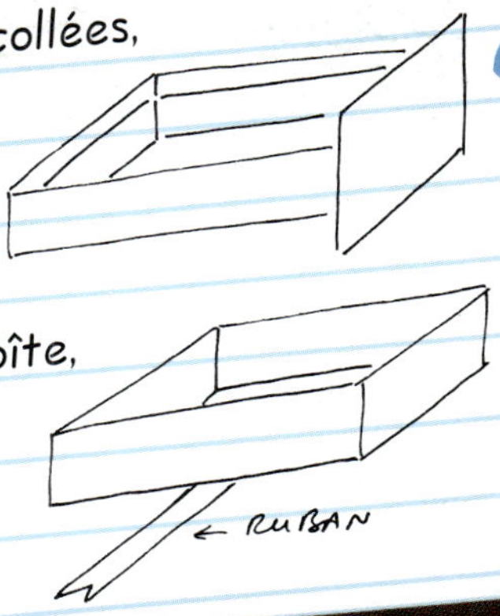

Dernier collage

J'ai collé la boîte à l'intérieur du livre, en marquant bien les plis avec le plioir.

Les cadres photos

Le pêle-mêle coquillages p 112
économique ● *entre 3 et 6 h* ●● *compliqué* ●●

Le cadre photos phare p 115
économique ● *entre 3 et 6 h* ●● *compliqué* ●●

Le pêle-mêle coquillages

Gardez sous la main les papiers qu'il ne faut pas laisser traîner et dont vous aurez besoin un jour ou l'autre.

1 GRANDE BOÎTE EN CARTON, POUR BOTTES PAR EXEMPLE, SANS LE COUVERCLE.
DIMENSIONS : LONGUEUR (L) : 32 CM ; LARGEUR (l) : 25 CM ;
9 GRANDS COQUILLAGES (LARGEUR : 2 CM ENVIRON) ET 2 PETITS.

Mon conseil : prévoyez un peu plus de coquillages, vous en casserez probablement quelques-uns au moment de les percer.

Matériel

1 feuille de papier blanc cassé, assez épaisse (50 x 65 cm) ● 1 pot de colle forte blanche ● 1 pinceau (l : 2,5 cm) ● environ 4 m de ficelle de chanvre naturel.

Outillage

Ciseaux ● crayon noir ● cutter ● règle ● équerre ● plioir ● emporte-pièce n° 2 (D : 2 mm) ● marteau ● tapis de découpe ● 1 clou de taille moyenne pour trouer les coquillages ● fil blanc cassé ● aiguille.

1. Préparez la structure

Découpez chaque angle de la boîte avec un cutter, et aplatissez-la. Ensuite, retirez au cutter 3 côtés (2 longueurs et 1 largeur). Sur l'envers du côté restant, à 1 cm de la pliure, marquez une pliure pour former la poche, en utilisant la lame du cutter côté non coupant.

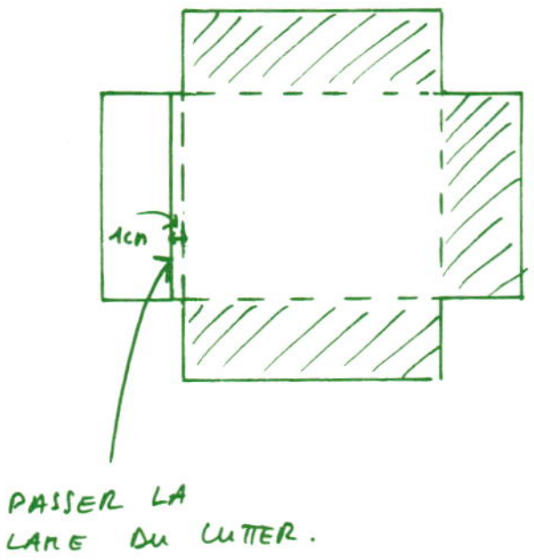

2. Recouvrez le carton de papier

Mon conseil
Le montage sera plus facile si vous utilisez un plioir pour bien marquer les plis et chasser les bulles d'air quand vous collez le papier.

Enduisez le dessus du carton de colle blanche avec le pinceau. Ensuite, collez-le sur le papier blanc cassé. Recoupez le papier à 1,5 cm du bord. Collez d'abord les angles sur l'envers, puis tout le surplus de papier.

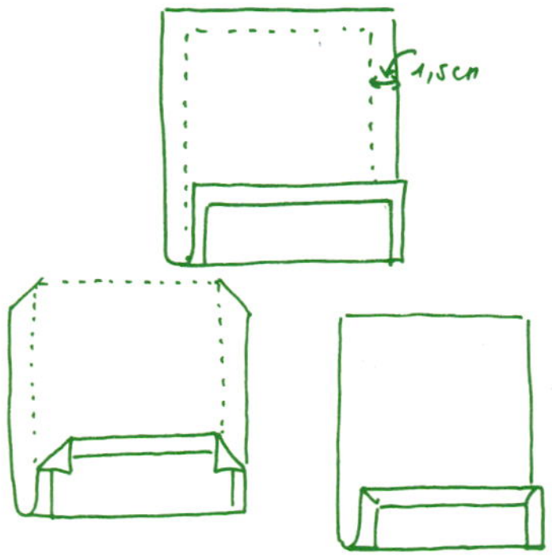

Que vous soyez ou non une personne organisée, vous apprécierez de retrouver rapidement la dernière facture.

3. Formez les trous

Reportez l'emplacement des trous situés sur le dessin ci-dessous. Avec l'emporte-pièce, percez tous les trous.

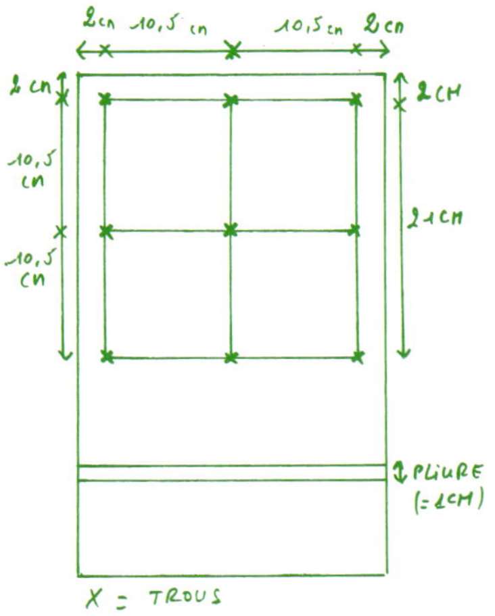

4. Préparez les coquillages

Avec un clou et un marteau, percez chaque coquillage d'un trou.

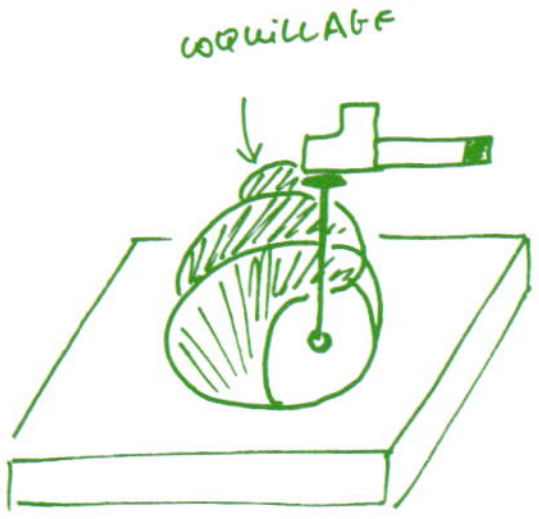

Mon conseil

Les coquillages sont fragiles. Tapez doucement avec le marteau au moment du perçage.

5. Posez la ficelle

Commencez par passer la ficelle dans le trou d'angle, en bas et à gauche, de l'arrière vers l'avant du cadre. Passez ainsi la ficelle par tous les trous afin de tendre des lignes entre tous ces trous. À la fin, nouez les 2 morceaux de ficelle ensemble, sur l'envers du pêle-mêle.

Mon conseil

Si vous avez des difficultés à passer par tous les trous avec une seule ficelle, coupez-la et faites des raccords. Tendez bien la ficelle d'un trou à l'autre.

6. Posez les coquillages

Avec le fil et une aiguille, cousez les coquillages au niveau de chaque trou.

7. Préparez l'attache murale

Prenez 2 morceaux de ficelle d'environ 20 cm de longueur. Attachez-les au dos du pêle-mêle, dans les angles supérieurs, sur la ficelle utilisée à la 5e étape.

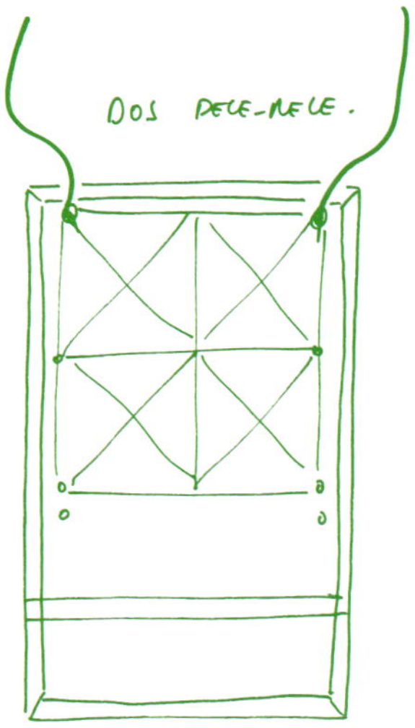

8. Recouvrez de papier l'autre face du pêle-mêle

Sur le papier blanc cassé, tracez et découpez un rectangle pour recouvrir l'arrière du pêle-mêle. Faites 2 trous avec l'emporte-pièce, au niveau des attaches murales. Encollez l'arrière du cadre et collez-y le papier.

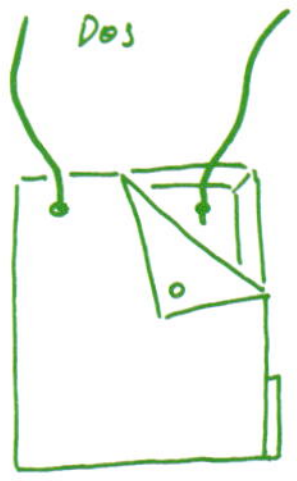

Mon conseil

Commencez au bord du rabat. Marquez bien les pliures. Passez les attaches murales par les trous au moment du collage et nouez ensemble les 2 morceaux de ficelle. Recoupez le surplus.

9. Formez la poche

Avec l'emporte-pièce, percez 2 trous aux angles de la poche, à 2 cm des côtés et à 1 cm du bord supérieur. Repliez le rabat. Repérez au crayon l'emplacement des trous correspondants sur le facing. Percez à nouveau 2 trous.

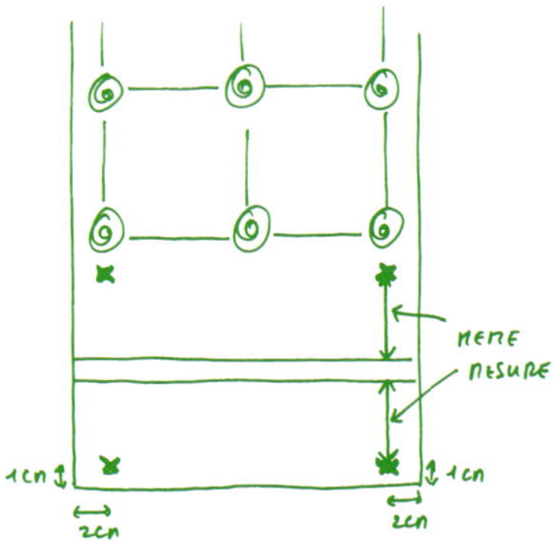

Prenez un morceau de ficelle d'environ 35 cm de longueur et faites un petit nœud à l'une des extrémités. Enfilez un coquillage sur la ficelle, jusqu'au nœud et passez la ficelle par les trous du rabat et du facing. Réglez la tension de la ficelle. Finissez sur le devant par un autre coquillage. Choisissez-le assez gros pour dissimuler le nœud final à l'intérieur.

Ce phare s'adaptera parfaitement à une villa du bord de mer.

Le cadre photos phare

Réalisez cette pyramide des souvenirs, pour rester près des êtres chers et des moments précieux.

1 BOÎTE À CHAUSSURES ET SON COUVERCLE.
DIMENSIONS : LONGUEUR (L) : 28 CM ; LARGEUR (l) : 15 CM

Mon conseil : essayez de récupérer des sacs en papier, fournis par certains magasins, dans des tons bleu marine et rouges.

Matériel

2 feuilles de papier blanc cassé, assez épaisses (50 x 65 cm) • si vous n'avez pas trouvé de sacs en papier, 1 feuille de papier rouge, format A4 et 2 feuilles bleues, format A3 • 1 pot de colle forte blanche • 1 pinceau (l : 2,5 cm) • adhésif.

Outillage

Ciseaux • crayon noir • cutter • règle • équerre • plioir.

1. Préparez la structure

Découpez chaque angle de la boîte avec un cutter, et aplatissez-la. Retirez les 4 bords du couvercle et 1 des petits côtés de la boîte.

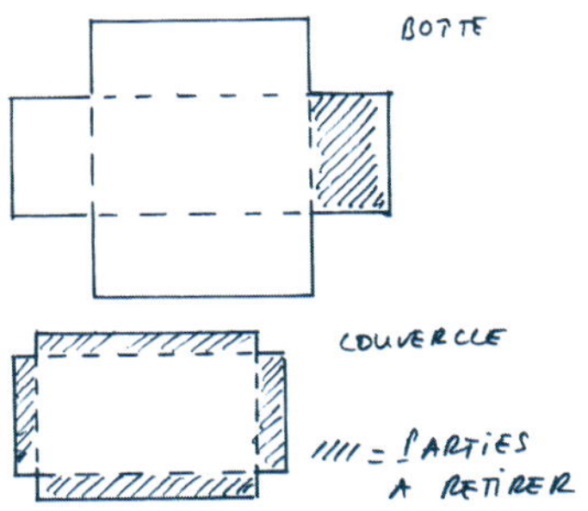

2. Assemblez la boîte et son couvercle

Découpez 2 bandes (3 x 15 cm) dans la feuille blanche. Encollez-les et collez-les à cheval sur la boîte et le couvercle, pour les rassembler, au recto et au verso.

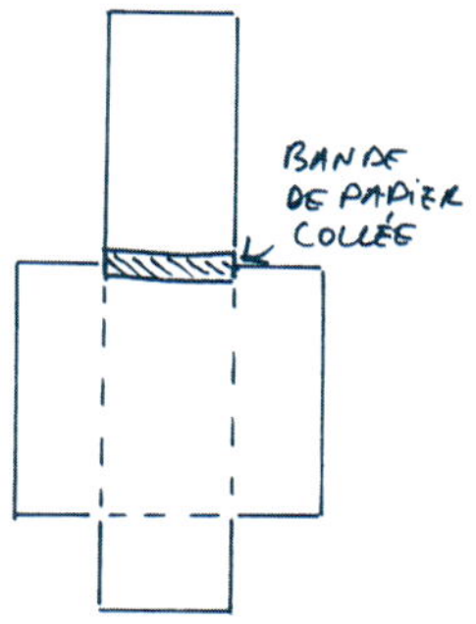

Mon conseil
Avant de passer à l'étape suivante, sélectionnez les photos qui figureront sur le phare. Il vous faudra peut-être adapter les fenêtres aux cadrages des photos.

Reportez sur le carton ainsi formé le tracé du dessin

ci-dessous. Découpez tout autour et évidez les fenêtres au cutter.

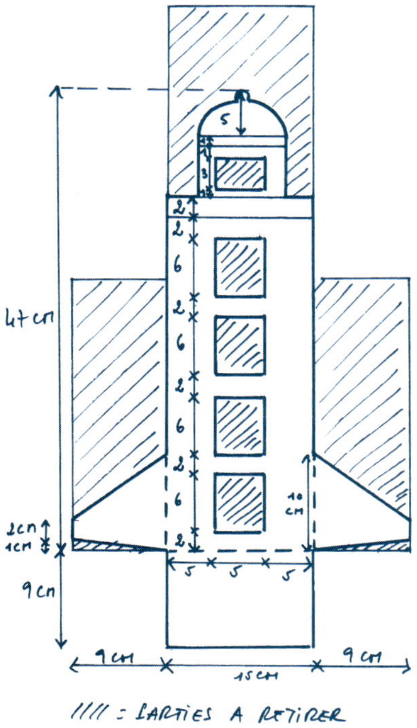

Avec le ruban adhésif, reformez la base du cadre. Dans les chutes de carton, tracez et découpez 1 bande (2 x 17 cm) et 1 bande (1,2 x 11 cm).

3. Recouvrez de papier le devant du phare

Tracez sur la feuille blanche un rectangle (53 x 37 cm). Encollez-le puis collez-le sur le devant du phare en démarrant au niveau du revers du « chapeau ».

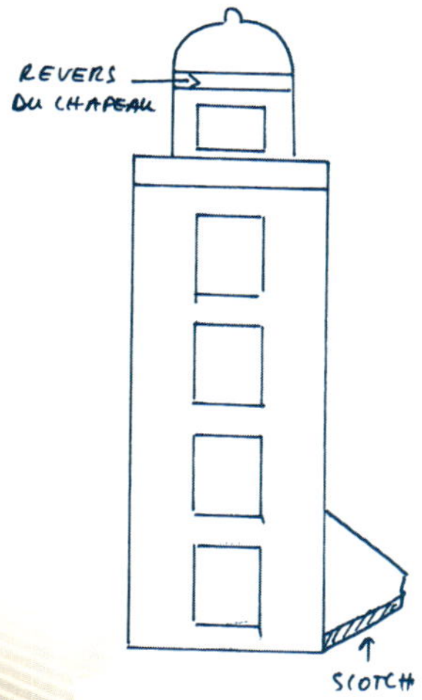

Retirez les parties hachurées sur le dessin.

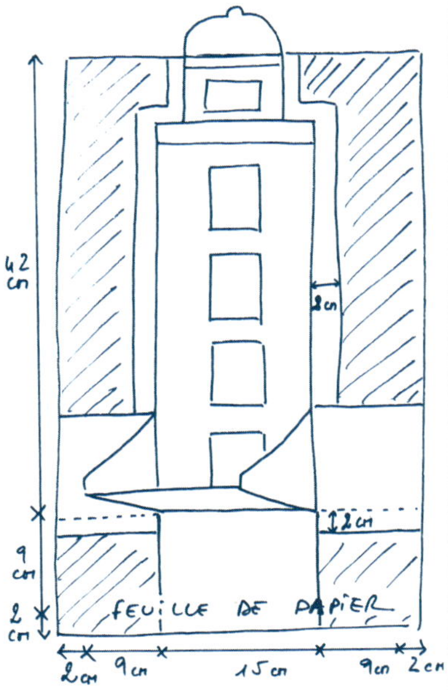

Encollez les côtés de la base du phare et recouvrez-les avec le papier. Rabattez le surplus sous le phare. Collez aussi le papier au-dessous du phare.

Mon conseil
Lissez le papier avec le plioir au moment du collage, pour éviter les poches d'air et pour que le papier adhère bien. Insistez sur les angles.

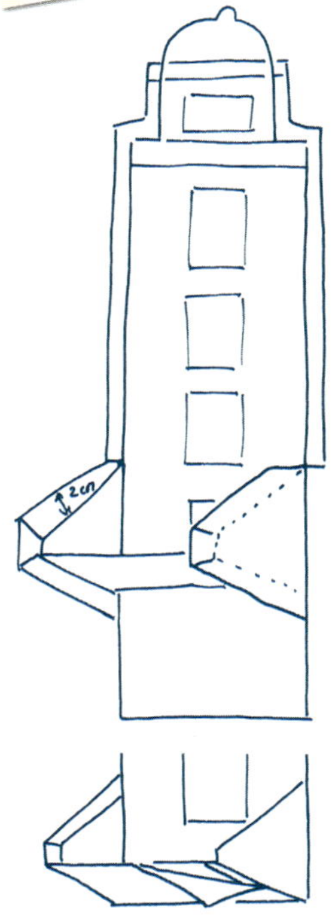

Crantez et dégagez tous les angles. Collez tous les surplus de papier sur l'envers.

Mon conseil
Crantez systématiquement les angles et les lignes arrondies tous les centimètres. Il est inutile de le faire sur les lignes droites.

4. Collez les rayures bleues

Tracez et découpez 10 bandes (1,5 x 40 cm) de papier bleu. Ensuite, collez-les sur le devant du phare.
Collez les bandes centrées entre chaque fenêtre, puis une au centre de chaque fenêtre. Recoupez les surplus des bandes à 2 cm des bords et collez-les sur l'envers.

5. Formez les fenêtres

Évidez les fenêtres à 1,5 cm des bords et crantez les angles. Rabattez le surplus sur l'envers.

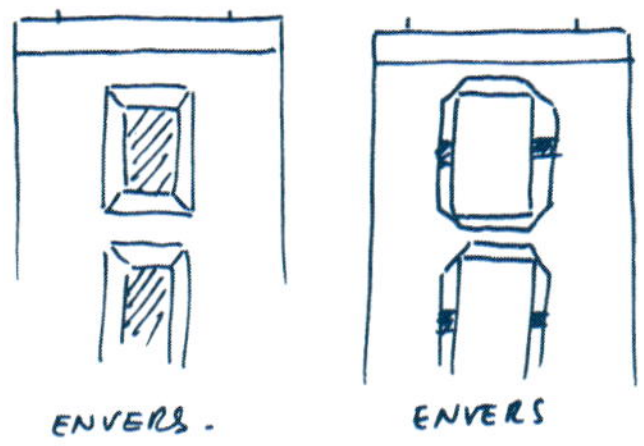

6. Préparez le papier rouge pour le « chapeau »

Encollez le « chapeau » du phare à partir de son revers et recouvrez-le de papier rouge. Découpez en laissant 1 cm de papier tout autour. Crantez les angles et les lignes arrondies puis collez le surplus sur l'envers.

Recouvrez les bandes de carton découpées dans la 1re étape avec le papier rouge. Puis collez-les sur le devant du phare aux endroits indiqués sur le dessin.

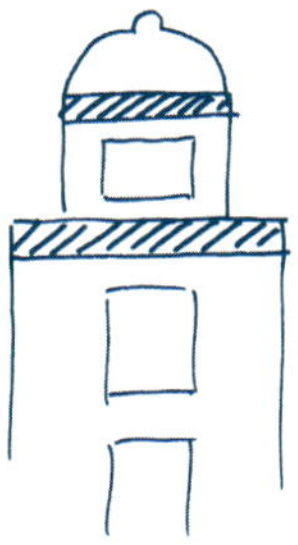

7. Préparez l'arrière du phare

Sur le papier blanc, redessinez la silhouette du phare de la 2e étape et découpez en retirant 2 mm tout autour et 1 mm au bord des fenêtres. Collez-le au dos du phare.

Mon conseil
La silhouette du phare est légèrement plus petite pour que le papier n'apparaisse pas vu de face.

8. Préparez les coins photos

Dans le papier blanc, découpez 20 triangles de 2 cm de côté. Ces triangles ont un angle droit.

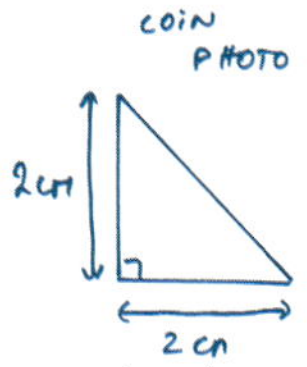

Sur l'envers du phare, tracez des lignes à 1 cm au-dessus et au-dessous de chaque fenêtre pour marquer l'emplacement des coins photos.
Avec de l'adhésif, fixez les coins photos aux endroits indiqués sur le dessin ci-dessous.

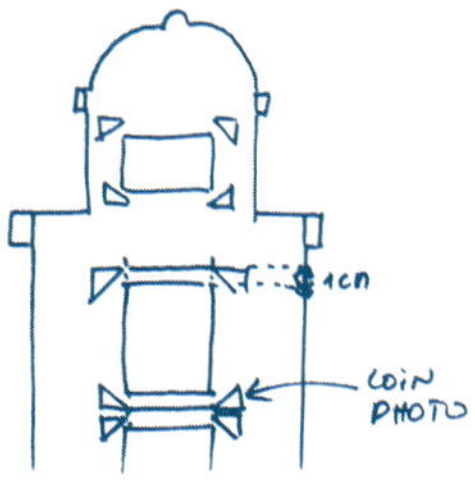

Avec son drôle de chapeau, il amusera beaucoup toute la famille.

Les classeurs

Les carnets de notes

Ces petits pense-bêtes vous permettront de ne pas oublier l'heure d'un rendez-vous ou les courses à faire.

DES SACS EN PAPIER FOURNIS PAR CERTAINS MAGASINS.
DIMENSIONS : 22 X 17 CM ; 15 X 21,5 CM ; 14 X 15 CM

Mon conseil : choisissez de préférence des sacs de petite taille. Il en existe de toutes les couleurs et de tous les formats.

Matériel

1 feuille de papier (50 x 65 cm), d'une couleur différente de celle du sac
● Si vous ne récupérez pas les anses du sac parce que leur couleur ou leur matière ne vous conviennent pas, achetez 40 cm de galon tubulaire dans la couleur de votre choix
● 1 pot de colle forte blanche ● 1 pinceau (l : 2,5 cm).

Outillage

Ciseaux ● crayon noir ● cutter ● règle ● perforeuse simple pour les feuilles.

Mon conseil
Vous pouvez aussi confectionner les sacs vous-même, comme pour les mini-sacs, p. 107.

1. Préparez le sac

Retirez les anses. Pliez le sac pour qu'il se trouve à plat.
S'il possède un fond en carton amovible, retirez-le.
Collez l'intérieur du sac dans sa partie supérieure. Vous allez ainsi fermer définitivement le sac.
Ensuite, collez le fond plié sur le sac. Il sera ainsi maintenu plié.

2. Découpez les feuilles

Mon conseil
Calculez l'espace entre les trous en fonction de la taille des sacs. Pour l'exemple cité, l'écartement des trous est égal à 9 cm et les dimensions du sac sont : 14 x 15 cm.

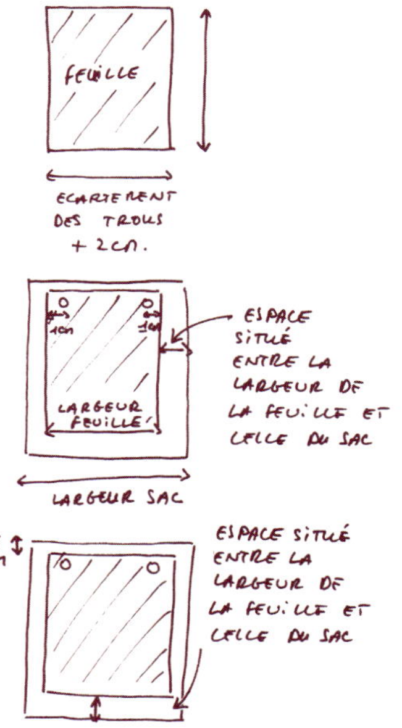

Dans la grande feuille de papier, tracez et découpez des rectangles (L : 13 cm ; l : 11 cm).

3. Percez les trous

Avec la perforeuse, percez 2 trous en haut de chaque feuille, espacés comme ceux du sac.

4. Assemblez les feuilles et le sac

Vous pouvez à présent passer le galon tubulaire ou les anses de récupération par les trous que vous avez percés. Voici 3 façons d'assembler les feuilles avec le sac. Elles vous sont expliquées sur les dessins ci-dessous.

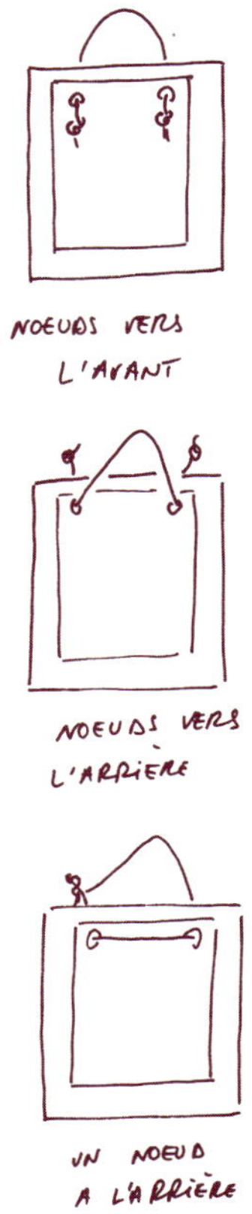

Mon conseil
Ne serrez pas les nœuds trop fort. Si vous devez changer les feuilles de papier, ils seront plus faciles à dénouer.

5. Accrochez les sacs

Vos sacs sont prêts.
Accrochez-les bien en évidence, aux poignées des placards ou à l'aide de petits aimants (« magnets ») sur les surfaces métalliques.

Plus vous jouerez sur les gammes de couleurs, plus l'ambiance de votre cuisine sera chaleureuse.

Le livre de recettes

Certains savoir-faire se transmettent de génération en génération. Voici un livre de recettes pour ne pas oublier la tarte à la rhubarbe de grand-mère.

2 grandes boîtes en carton, pour bottes par exemple, avec leurs couvercles.
Dimensions : Longueur (L) : 32 cm ; Largeur (l) : 25 cm
un emballage de clémentine, d'orange ou de mandarine.
1 torchon. Si vous n'en avez pas à récupérer, achetez-en un.

Mon conseil : en cherchant bien, vous verrez que les emballages d'agrumes ont souvent des motifs et des couleurs très différents.

Matériel

1 feuille de papier blanc cassé, assez épaisse (50 x 65 cm) ● 1 pot de colle forte blanche et 1 pinceau (l : 2,5 cm) ● 60 cm de ruban gros-grain bleu soutenu (l : 1,5 cm), ou d'une autre matière comme du satin ou du velours ● 1,50 m de ruban identique blanc ● 1 cahier à spirale, grand format, dont l'épaisseur ne dépasse pas 2 cm ● 1 feuille de papier calque (format A4).

Outillage

Ciseaux ● crayon noir ● cutter ● règle ● équerre ● plioir.

1. Découpez le carton

Dans les boîtes en carton, tracez et découpez 3 rectangles (25 x 32 cm) pour les côtés, et 1 rectangle (2,5 x 32 cm) pour le dos.
Dans l'un des rectangles des côtés, tracez et découpez 2 fentes (L : 1,8 cm) à 1 cm du bord supérieur, à 2,5 cm du bord gauche et 7 cm du bord droit. Répétez l'opération 29,5 cm plus bas (la hauteur du cahier).

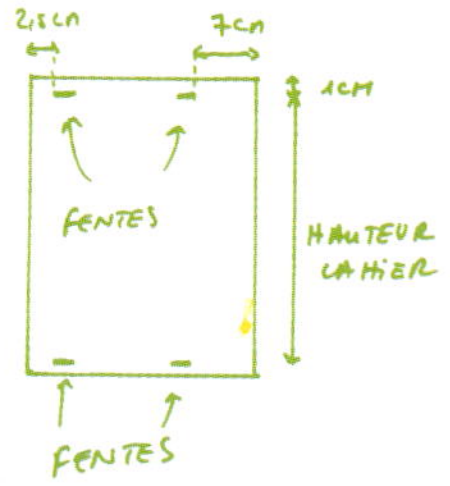

Coupez le ruban blanc en 2 parties égales et passez-les verticalement par chaque fente. Laissez pendre le surplus vers l'intérieur.

2. Découpez la fenêtre

À l'aide du papier calque, décalquez la forme de l'emballage de mandarine. La nôtre est ronde.
Ensuite, reportez ce tracé au centre d'un des 2 rectangles des côtés restants et découpez-le.

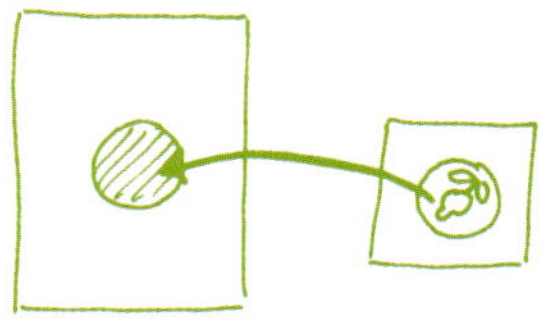

3. Découpez le tissu

Reportez et découpez sur le tissu le tracé du dessin ci-dessous.

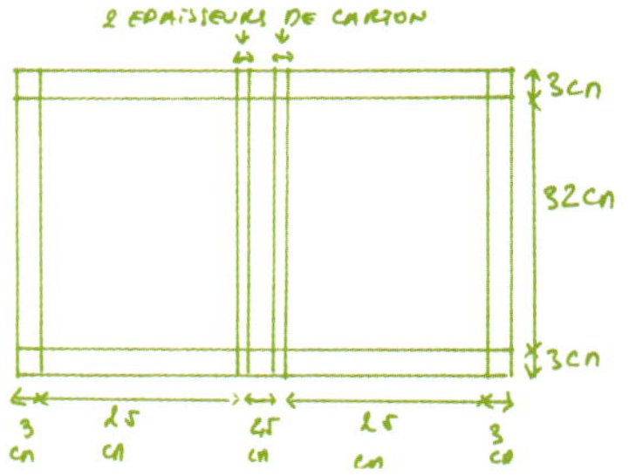

Enduisez les morceaux de carton de colle blanche et collez à gauche celui dont le centre est évidé, au centre le rectangle (2,5 x 32 cm) et à droite le rectangle sur lequel sont fixés les rubans.

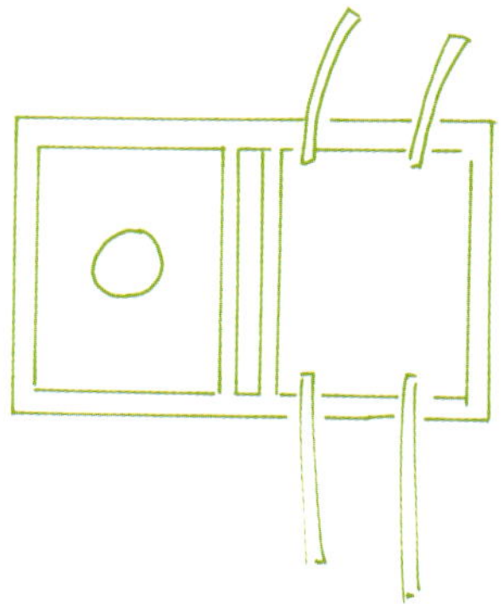

4. Collez la fenêtre

Incisez le centre du cercle, puis évidez-le en laissant environ 1,5 cm de tissu en plus. Crantez le surplus de tissu tous les 0,5 cm et collez-le sur l'envers du carton.

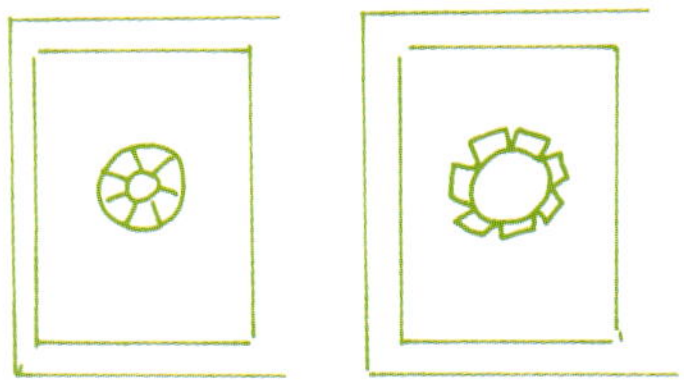

5. Collez le décor

Collez l'emballage de mandarine au centre du 3e rectangle de carton. Encollez le dos du carton évidé au centre et collez-y le rectangle décoré.

Mon conseil
Si l'emballage est froissé, repassez-le sur l'envers, thermostat soie. Attention aux plis au moment du collage !

Avec ce cahier, vous ne serez plus à court d'idées pour les goûters d'anniversaire des enfants.

6. Finissez de coller la couverture

Crantez le surplus de tissu entre les différents morceaux de carton.

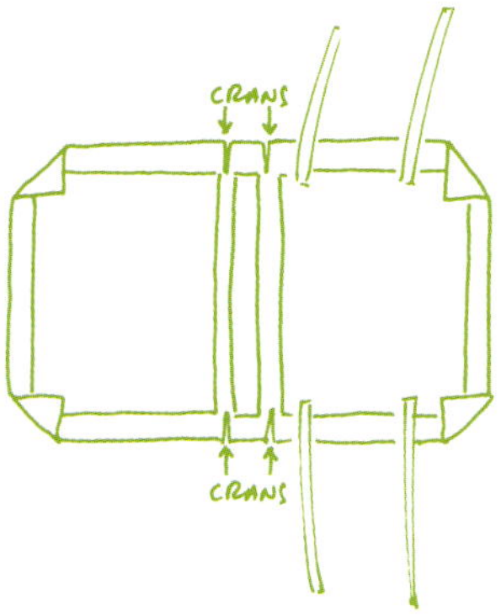

Commencez par coller les angles, puis le reste.

7. Installez la fermeture

Pour installer les rubans sur le dessus du protège-cahier, faites une fente au cutter (L : 1,8 cm), à 1,5 cm du bord extérieur et centrée dans la hauteur. Répétez la même opération de l'autre côté du protège-cahier.

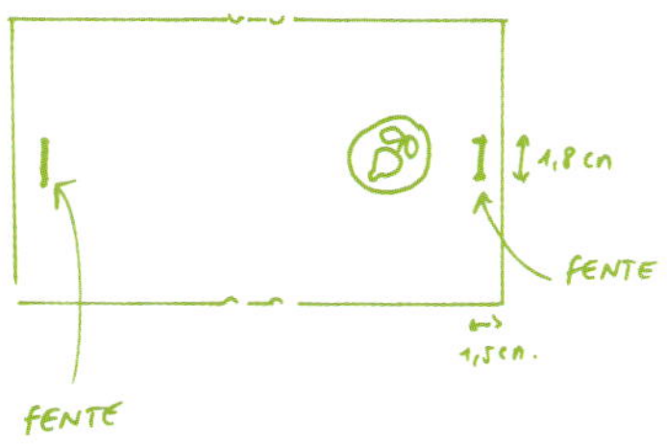

Coupez 2 morceaux de ruban bleu de longueur égale (L : 30 cm) et glissez-les dans les fentes.
Collez 3 cm de ruban à l'intérieur du protège-cahier.

8. Habillez l'intérieur

Sur le papier blanc cassé, reportez et découpez le tracé du dessin ci-dessous, sans oublier les fentes.

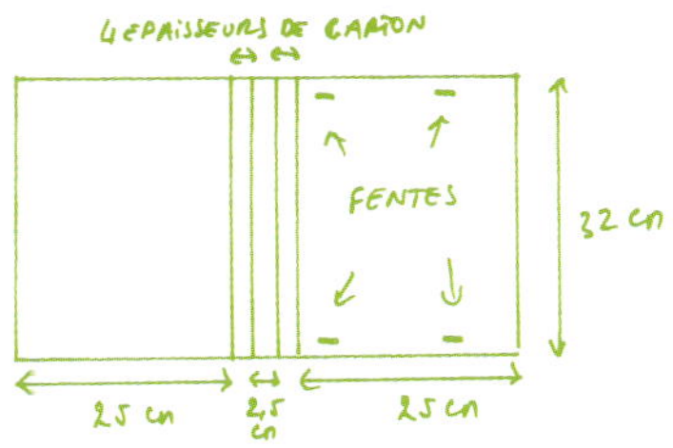

Encollez le carton qui a les rubans verticaux et collez-y le papier en glissant les rubans par les fentes du papier. Ensuite, encollez les épaisseurs de carton et collez-y le papier. Appliquez bien le papier sur le carton en chassant l'air et en marquant les pliures avec le plioir.

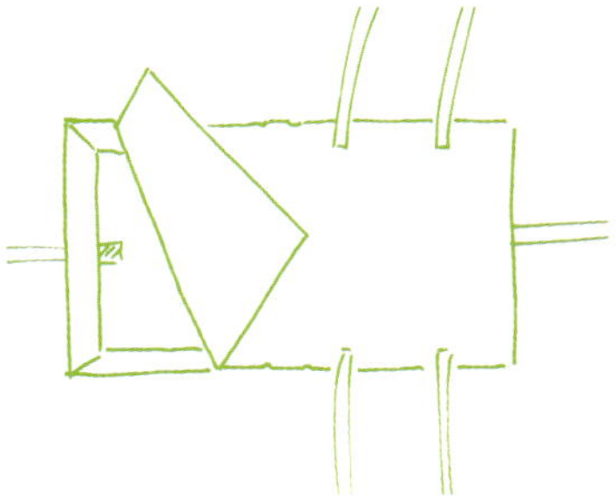

9. Confectionnez la poche intérieure

Tracez et découpez dans le papier blanc cassé le tracé du dessin ci-dessous. Marquez toutes les pliures et encollez les « pattes de collage ». Collez la poche sur le rabat intérieur gauche, à 3 cm du bas et centrée dans la largeur.

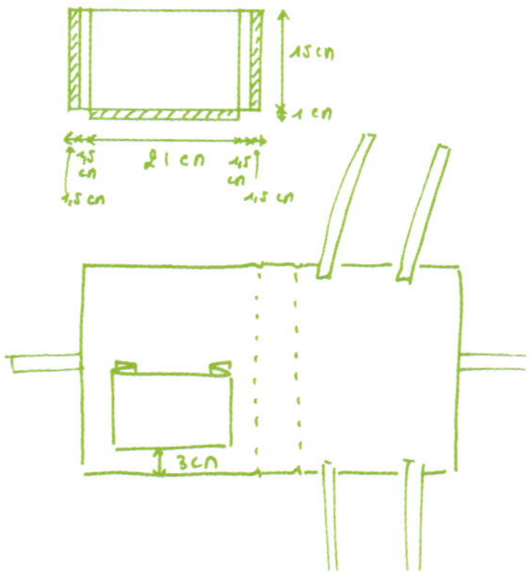

Attachez le cahier sur le rabat intérieur droit avec les rubans.

Mettez un peu d'ordre dans vos souvenirs, en rangeant vos photos dans cet album.

L'album de photos

Voici un album de photos hors normes, qui mettra en valeur vos plus belles images.

1 BOÎTE EN CARTON ASSEZ GRANDE,
POUR BOTTES PAR EXEMPLE, AVEC SON COUVERCLE.
DIMENSIONS : LONGUEUR (L) : 32 CM ; LARGEUR (l) 25 CM ;
2 FEUILLES DE PAPIER JOURNAL.

Mon conseil : assortissez les tons de papier et de ruban aux couleurs de la pièce où votre album sera rangé.

Matériel

2 feuilles de papier gris souris et 1 feuille de papier violet, assez épaisses (50 x 65 cm) • 1 pot de colle forte blanche • pinceau (l : 2,5 cm) • 60 cm de ruban gros-grain (30 cm en gris et 30 cm en violet, l : 1,5 cm) • 1 m de ruban tubulaire gris (D : 5 mm).

Outillage

Ciseaux • crayon noir • cutter • règle • équerre • plioir • emporte-pièce n° 4 (D : 4 mm) • marteau • tapis de découpe.

Mon conseil
Choisissez des rubans de satin ou de velours si le gros-grain ne vous convient pas.

1. Découpez le carton

Dans la boîte en carton, tracez au crayon puis découpez 2 carrés (22 x 22 cm) pour les côtés et 1 rectangle (2 x 22 cm) pour le dos.

2. Découpez la fenêtre de la couverture

Sur l'un des 2 carrés, tracez au crayon une fenêtre (8 x 8 cm) centrée dans la hauteur et à 4 cm du bord droit. Découpez-la au cutter.

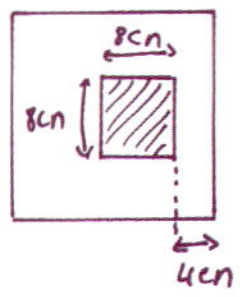

3. Recouvrez l'album de papier journal

Encollez les 2 carrés de carton et collez-y le papier journal.

Mon conseil
Collez le papier journal en l'appliquant du centre vers l'extérieur, pour chasser l'air au fur et à mesure du collage.

Recoupez le surplus de papier journal à 3 cm du bord. Recoupez le côté qui sera rattaché au dos à bord franc. Sur l'envers, collez les angles, puis tout le surplus de papier.

Pour la fenêtre, recoupez le papier à 2 cm du bord, crantez les angles, puis collez le surplus sur l'envers.

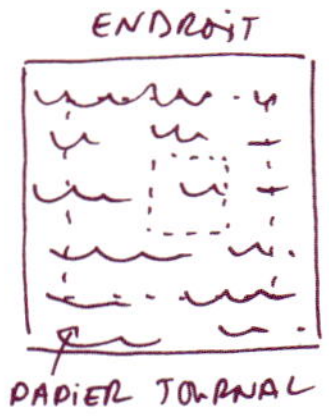

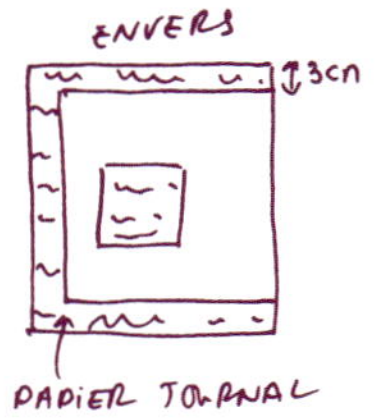

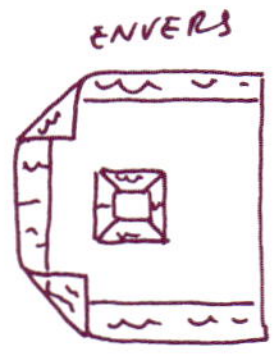

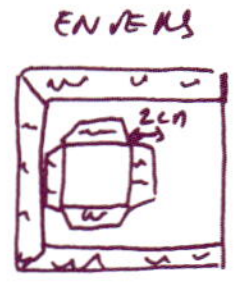

4. Assemblez la couverture

Dans le papier gris, tracez et découpez le tracé du dessin ci-dessous. L'épaisseur du carton est de 1 mm, l'espace entre chaque morceau de carton est donc de 2 mm.

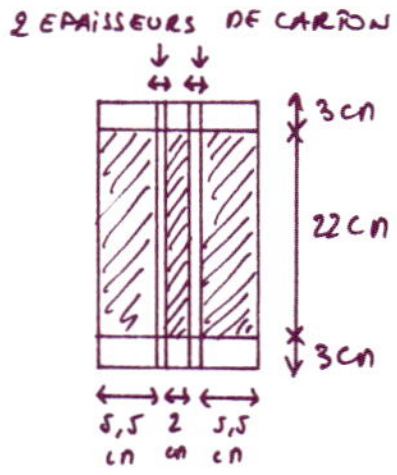

Collez au centre du papier le dos en carton, à gauche le carton de couverture et à droite l'autre carton. Crantez d'abord les 2 espaces situés entre les différents morceaux de carton. Puis collez le surplus de papier gris à l'intérieur de l'album.

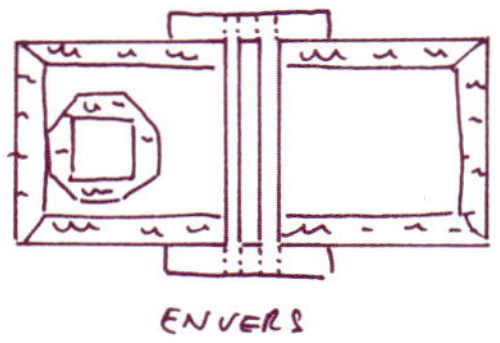

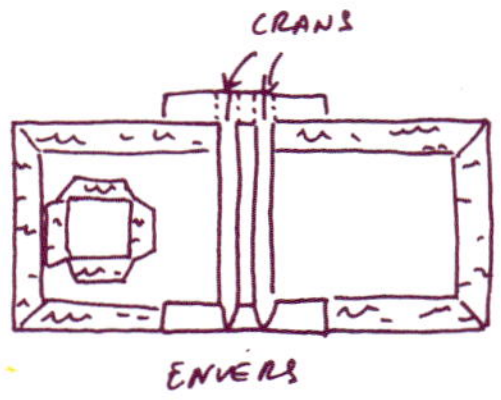

Mon conseil

Appuyez avec le plioir lorsque vous collez, particulièrement aux intervalles qui séparent les différents morceaux de carton.

5. Collez les bandes violettes sur la couverture

Sur le papier violet, tracez et découpez 2 bandes (L : 26 ; l : 1 cm). Collez-les ensuite à cheval sur le papier journal et sur le papier gris. Collez le surplus sur l'envers.

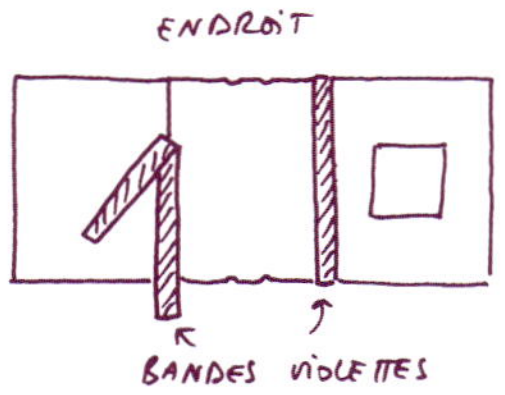

6. Installez la fermeture

Sur le dessus de l'album de photos, incisez au cutter une fente (L : 1,8 cm) à 1,5 cm du bord extérieur et centrée dans la hauteur. Renouvelez l'opération pour l'autre côté de l'album de photos.

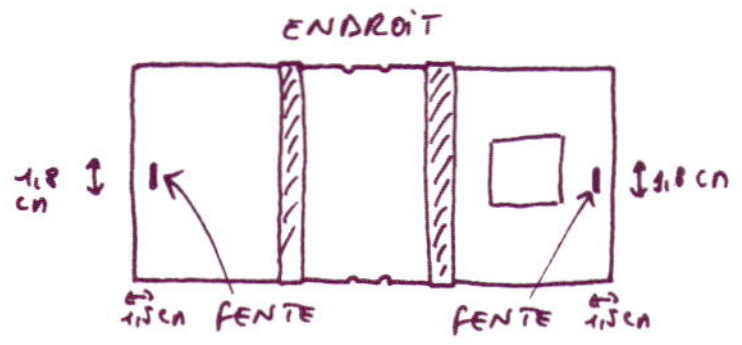

Prenez les 2 morceaux de ruban gris et violet et glissez-les dans les fentes. Collez 3 cm de ruban à l'intérieur de l'album de photos.

Mon conseil

Pour passer le ruban par les fentes, prenez le côté non tranchant de la lame du cutter et poussez le ruban à l'intérieur.

7. Recouvrez l'intérieur de papier gris

Sur le papier gris, reportez et découpez le tracé ci-dessous. Commencez par encoller un côté intérieur de l'album, puis collez-y le papier. Encollez bien les épaisseurs de carton au niveau du dos et collez-y le papier. Marquez bien la pliure avec le plioir. Enfin, recouvrez tout le reste du protège-cahier. Au cutter, découpez le papier à l'intérieur de la fenêtre.

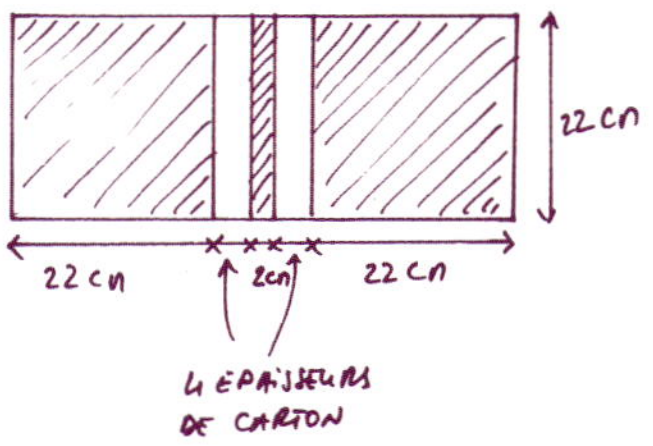

8. Préparez le cadre photo

Sur la feuille de papier gris, tracez et découpez 1 carré (12 x 12 cm). Au milieu de la partie supérieure, tracez une encoche (1 x 3 cm) et découpez-la.

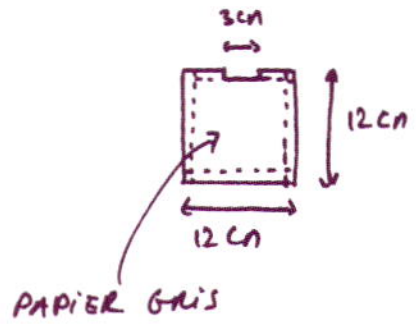

Sur la feuille de papier violet, tracez et découpez 1 carré aux mêmes mesures que le précédent (12 x 12 cm). Au centre de ce carré, tracez et découpez un autre carré (6 x 6 cm).

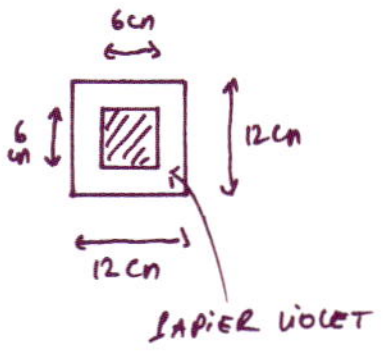

9. Assemblez le cadre photo de la couverture

Sur le carré gris, encollez 1 bande (l : 1 cm) sur 3 côtés. N'encollez pas le côté du haut (celui de l'encoche). Collez le carré gris sur le cadre violet, où vous encollerez ensuite 1 bande (l : 1,8 cm) sur les 4 bords extérieurs. Puis collez le tout à l'intérieur de la fenêtre de l'album.
Ne mettez pas trop d'épaisseur de colle si vous voulez éviter les débordements.

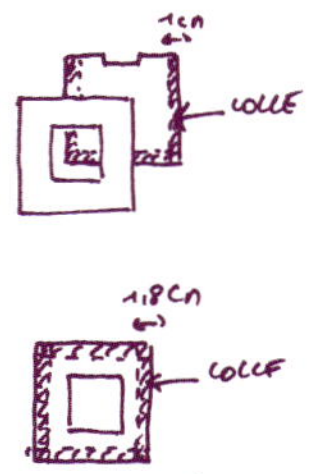

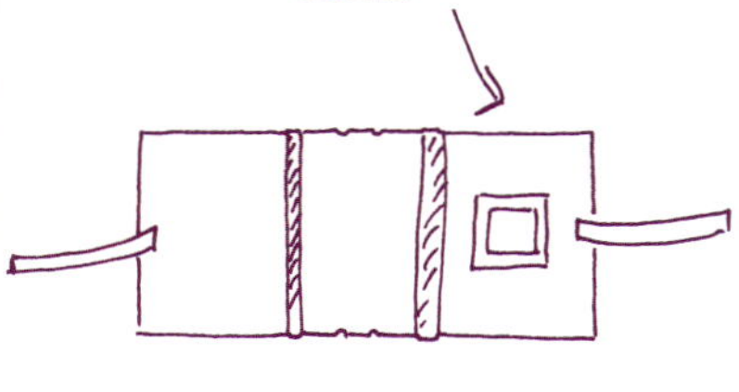

Mon conseil

Placez le côté non collé du cadre photo vers le haut. C'est par là que vous glisserez la photo de couverture.

10. Perforez le rabat de l'album

Sur l'envers de l'album, percez 2 trous à l'emporte-pièce, à 7 cm des bords supérieurs et inférieurs et à 2 cm de la pliure.

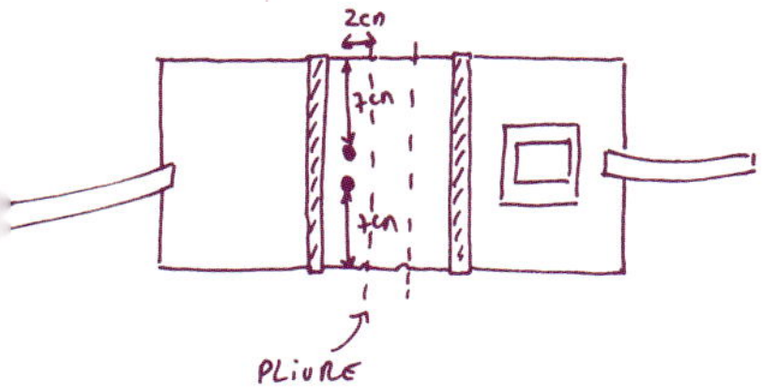

11. Découpez les pages intérieures de l'album

Tracez au crayon et découpez plusieurs feuilles de papier gris (20 x 20 cm) et une feuille de papier violet (20 x 20 cm). Avec l'emporte-pièce (ou une perforeuse), percez 2 trous par feuille, à 1 cm du bord gauche et espacés de 8 cm, comme ceux de la couverture.

Mon conseil

Pour renforcer les perforations, collez un morceau d'adhésif au niveau des trous, sur l'envers des feuilles, avant de les perforer.

12. Installez les feuilles intérieures

Passez le galon tubulaire par les trous de la couverture. Si l'extrémité du galon s'effiloche, enroulez un peu d'adhésif pour le rigidifier. Insérez toutes les feuilles que vous avez perforées. Placez la feuille violette sur le dessus. Nouez le galon pour maintenir les feuilles dans l'album.

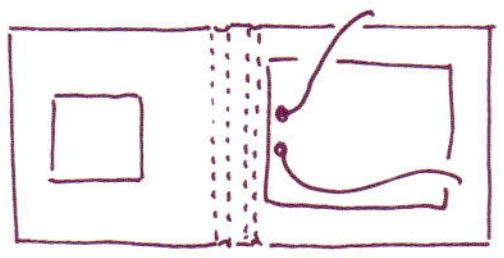

13. Installez les photos dans l'album

Vous avez plusieurs possibilités. Vous pouvez soit coller directement les photos sur les pages, soit utiliser des coins photos (si vous pensez que votre classement évoluera au fil du temps, c'est peut-être la meilleure solution), soit réaliser des « marquises ».
Pour confectionner des « marquises », collez les photos sur une feuille. Prenez une feuille de calque. Dessinez l'emplacement des photos ou des cadrages choisis. Reportez ces tracés sur une autre feuille de l'album que vous découperez au cutter. Enduisez de colle les bords de la feuille découpée placée à l'envers et collez-la sur la planche photo.
Cette technique nécessite plus de papier, mais le résultat obtenu est plus propre.

Mon conseil

Découpez des cadres légèrement plus petits que les dimensions des photos, pour que les bords n'apparaissent pas.

Mon conseil

En réalisant des « marquises », vous pourrez isoler des détails d'images en les faisant apparaître dans des cercles ou dans toute autre forme de découpe.

Les lampes

La lampe-sac

Il faudra faire attention à ce que personne ne parte avec cette lampe « prête à emporter ».

UN SAC EN PAPIER, FOURNI PAR CERTAINS MAGASINS. DIMENSIONS : HAUTEUR (H) : 28 CM, LARGEUR (l) : 24 CM, ÉPAISSEUR : 12 CM

Mon conseil : si vous ne trouvez pas votre bonheur dans les sacs récupérés, vous pourrez le réaliser vous-même.

Matériel

30 cm (la hauteur du sac) de polyphane (l : 1,20 m) ● 1 rouleau d'adhésif double face, pour moquette ou un pot de colle forte blanche ● pinceau (l : 2,5 cm) ● 1 planche en bois, épaisseur 15 mm (23,8 x 11,8 cm).

Matériel électrique

1 interrupteur blanc ● 1 prise blanche ● 2 m de fil électrique blanc ● 1 douille avec un accès extérieur pour le fil électrique ● 1 ampoule de 25 W ● 1 « raccord à plaque », adaptateur que vous fixerez avec des vis (L : 1 cm) sur la planche en bois.

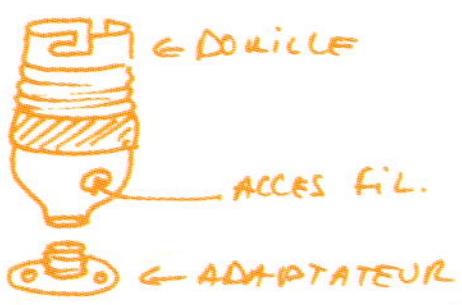

Si vous réalisez le sac vous-même : 1 feuille de papier (80 x 43 cm) ● 2 anses (30 x 0,3 mm) en papier, en ficelle ou en galon.

Outillage

Ciseaux ● crayon noir ● cutter ● règle ● emporte-pièce n° 4 (D : 4 mm) ● marteau ● tapis de découpe ● tournevis pour électricité ● vrille à bois.

Mon conseil
Grâce à des chutes de papier, vous pourrez décorer le sac avec des pois, des rayures…

1. Confectionnez le sac

Si vous avez récupéré un sac aux dimensions adéquates, passez directement au paragraphe suivant. Sinon, reportez le dessin ci-dessous sur l'envers du papier et marquez les emplacements des anses. Pour le montage du sac, référez-vous à la page 107 « mini-sacs », vous trouverez toutes les explications nécessaires. Arrêtez-vous cependant avant le collage du côté et du fond.

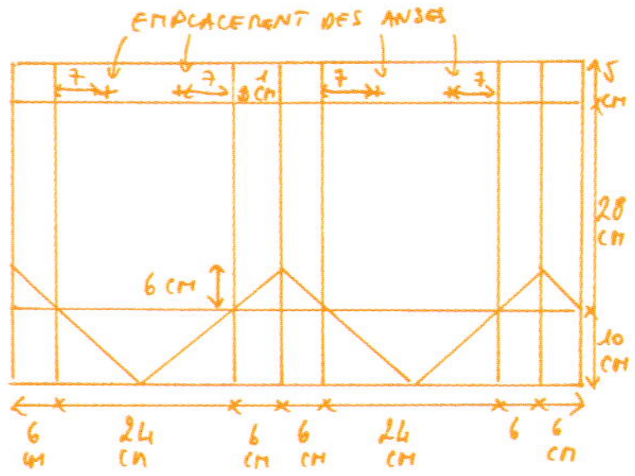

2. Préparez la lampe

Décollez le fond et le côté du sac afin de le mettre à plat. Mesurez tous les pans du sac situés entre les pliures, puis enlevez 2 mm en largeur pour laisser un espace entre chaque pliure. Reportez ces mesures sur le polyphane, découpez les morceaux et collez-les aux emplacements adaptés.

3. Passez le fil électrique

À 2 cm de la pliure du fond et centré au milieu d'un côté, percez un trou avec l'emporte-pièce. Ce trou permettra de laisser sortir le fil électrique.

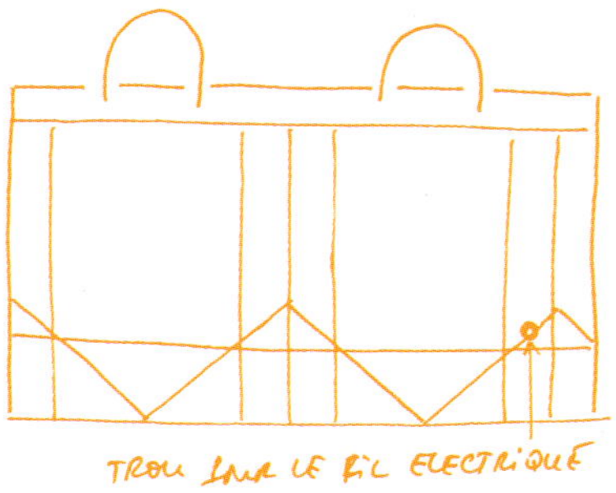

4. Formez le sac

Avec de l'adhésif double face ou de la colle, recollez le côté du sac puis recollez le fond.

5. Installez la douille

Vissez l'adaptateur au milieu de la planche en bois. Pratiquez les avants-trous des vis avec la vrille. Dévissez la douille et vissez la base sur l'adaptateur. Prenez 40 cm de fil électrique, séparez les 2 câbles sur 3 cm et dénudez 5 mm de fil. Passez les fils dans la douille et vissez. Remontez la douille en faisant passer le fil par le trou prévu. Revissez l'ensemble.

6. Installez le système électrique dans le sac

Encollez le dessous de la planche et collez la planche au fond du sac. Faites passer le fil électrique par le trou qui se trouve sur le côté du sac. Ouvrez l'interrupteur. Fixez d'un côté le fil qui sort du sac et de l'autre le fil électrique restant. Refermez l'interrupteur. Montez la prise à l'autre extrémité du fil.

Un style à la fois moderne et décontracté, par la simplicité des formes et des matières.

La veilleuse-maison

Lumière tamisée, idéale quand bébé ne veut pas s'endormir le soir parce qu'il fait trop noir.

2 BOÎTES À CHAUSSURES, BLANCHES.
DIMENSIONS : LONGUEUR (L) : 29 CM ; LARGEUR (l) : 18 CM ; HAUTEUR (H) : 12 CM ; HAUTEUR DU COUVERCLE (h) : 3 CM

Mon conseil : la boîte doit mesurer au moins 12 cm de hauteur. Si elle est blanche, cela vous évitera de la recouvrir.

Matériel

30 cm de polyphane (l : 1,20 m) • pot de colle forte blanche • pinceau (l : 2,5 cm) • 1 feuille de papier bleu ciel (50 x 65 cm), pour faire les rayures

Mon conseil
Vous pouvez très bien récupérer du papier bleu ciel sur des emballages.

• 1 rouleau de papier kraft blanc, autocollant, (l : 3,5 cm) • 1 feuille A4 de papier calque • 1 feuille A4 de bristol blanc, pour les fenêtres • 1 perle bleu ciel, pour la poignée de la porte • fil à coudre bleu ciel • aiguille • 1 planche en bois, épaisseur 15 mm (11,8 x 17,8 cm).

Matériel électrique

• 1 interrupteur blanc • 1 prise blanche • 2 m de fil électrique blanc • 1 douille avec un accès extérieur pour le fil • 1 ampoule de 15 à 25 W maximum • 1 « raccord à plaque », adaptateur que vous fixerez avec des vis (L : 1 cm) sur la planche en bois.

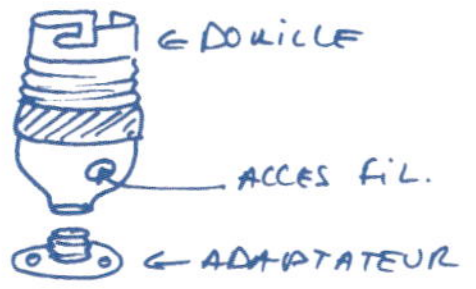

Outillage

Ciseaux • crayon noir • 1 cutter, « X-Acto » • règle • emporte-pièce n° 4 (D : 4 mm) • marteau • tapis de découpe • tournevis pour électricité • vrille à bois • plioir • compas.

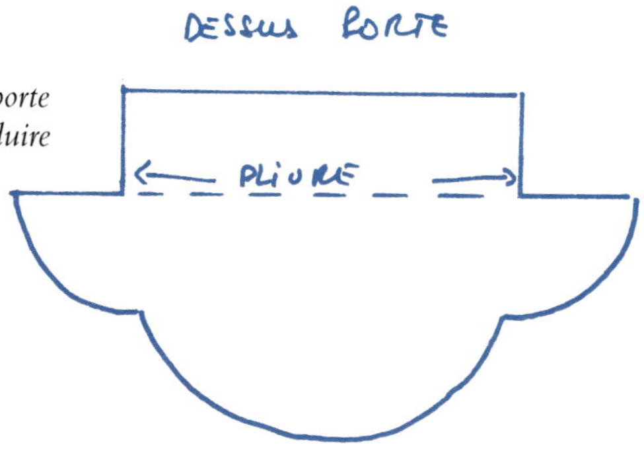

Modèle de dessus de porte à décalquer et à reproduire sur le carton.

1. Préparez et découpez la maison

Prenez une boîte et un couvercle, entaillez chaque angle avec un cutter, puis mettez la boîte bien à plat. Sur la boîte, tracez et découpez au cutter les lignes indiquées sur le dessin ci-dessous. Récupérez l'intérieur des 3 grandes fenêtres et recoupez chaque rectangle en 2 parties égales, dans la hauteur, pour former les volets.

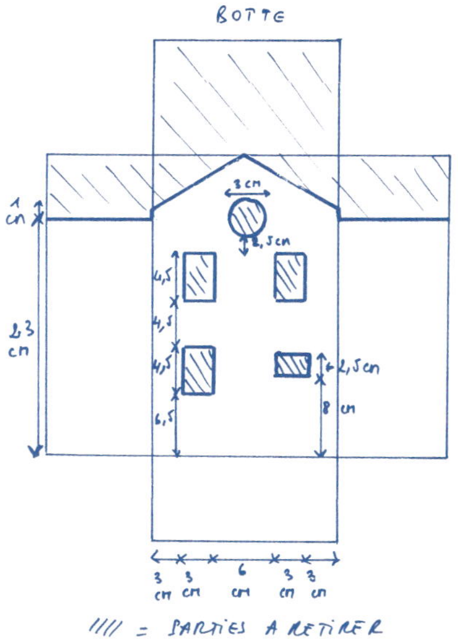

Sur le couvercle, tracez et découpez le fond de la lampe.

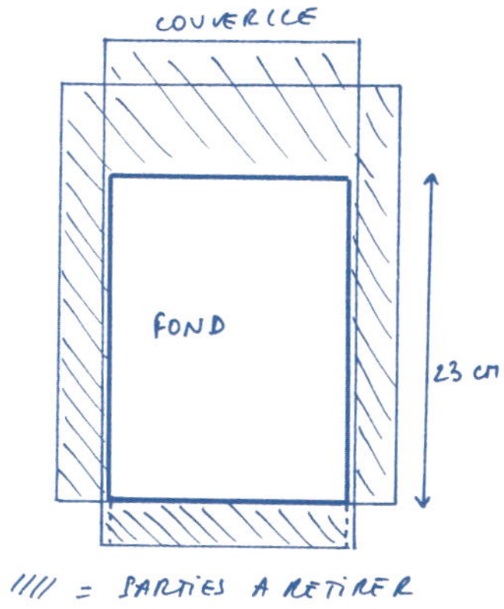

2. Découpez les accessoires

Sur le carton restant, reproduisez et découpez le modèle du dessus de porte ci-contre, puis tracez et

Douce et rassurante, cette petite maison éclairée sera sans doute le point de départ de beaucoup d'histoires pour mieux s'endormir.

découpez la porte ainsi que sa décoration et les bords du toit.

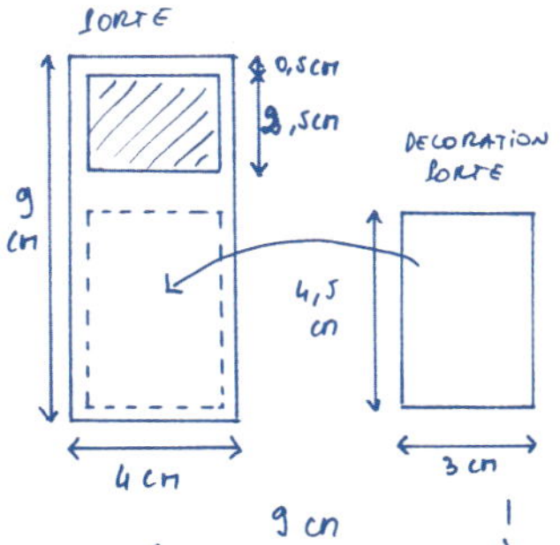

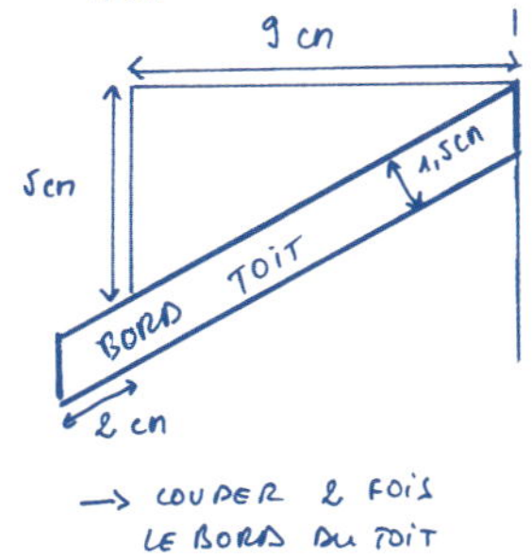

Tracez et découpez dans le bristol les intérieurs de fenêtre. Sur le papier calque, tracez et découpez 5 morceaux de la taille extérieure des intérieurs de fenêtre en bristol.

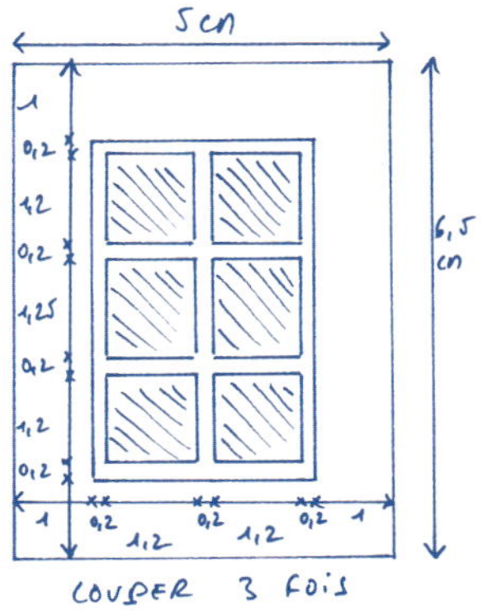

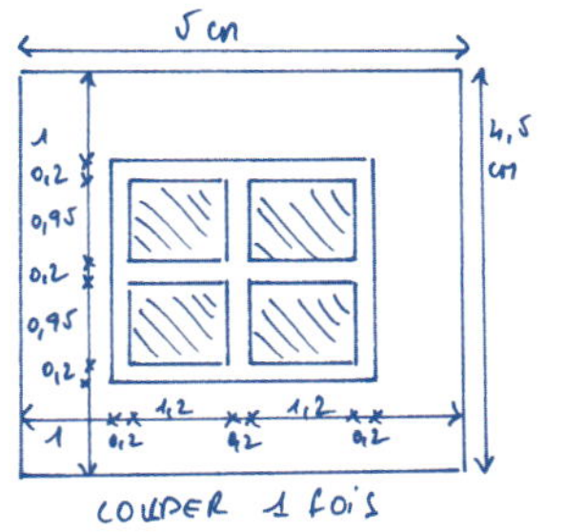

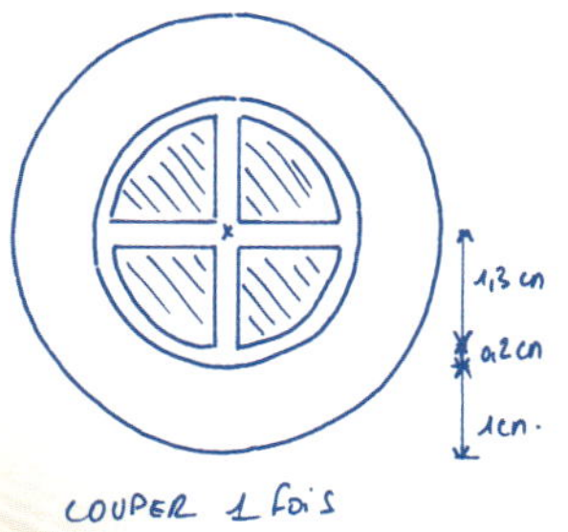

3. Posez le polyphane

Prenez les mesures des côtés et du fond, puis retranchez 2 mm en largeur pour laisser un espace au niveau des pliures. Reportez ces mesures sur le polyphane, découpez les morceaux et collez-les aux emplacements adaptés.

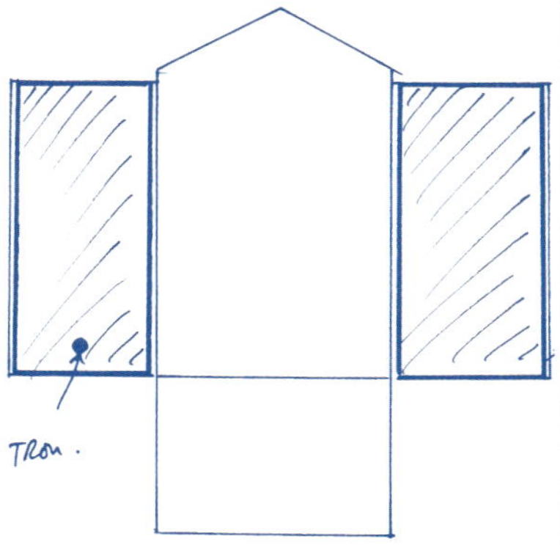

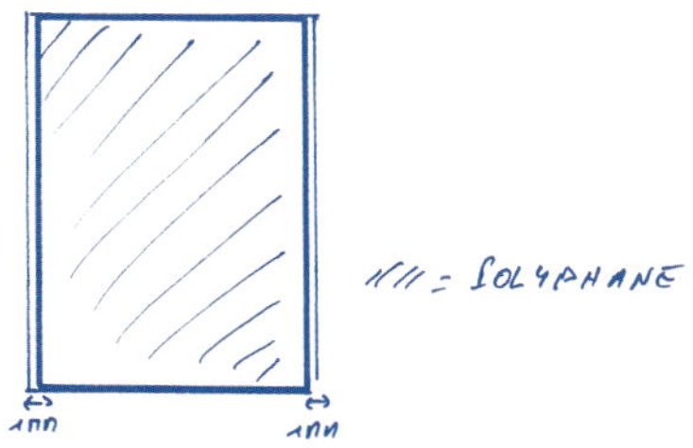

4. Passez le fil électrique

Sur l'un des 2 côtés, à 2 cm de la pliure du fond et centré en largeur, percez un trou avec l'emporte-pièce, pour passer le fil électrique.

5. Commencez à assembler la maison

Collez du papier kraft à l'extérieur de la maison, sur les angles de la base.

Mon conseil

Collez le papier kraft à l'aide d'une éponge mouillée. Le plioir vous permettra de bien le fixer sur le carton.

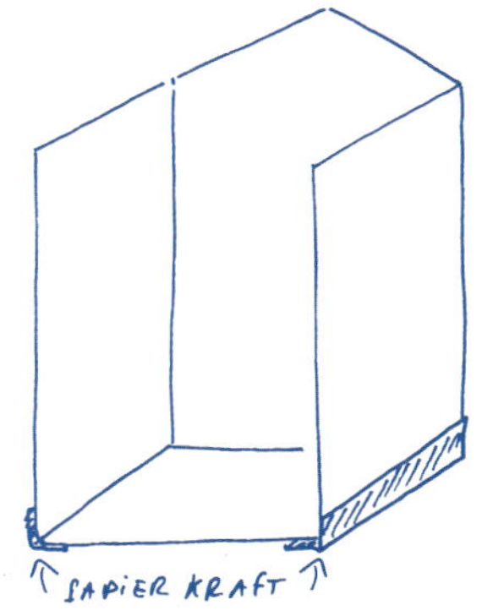

6. Collez les rayures bleu ciel

Sur le papier bleu ciel, tracez et découpez 11 bandes (1,5 x 45 cm). Reportez l'emplacement de ces rayures sur la maison, tous les centimètres. Collez les bandes sur la façade et rabattez le surplus à l'intérieur de la maison. Au niveau des fenêtres, laissez 1 cm de surplus de papier et collez-le à l'intérieur de la maison.

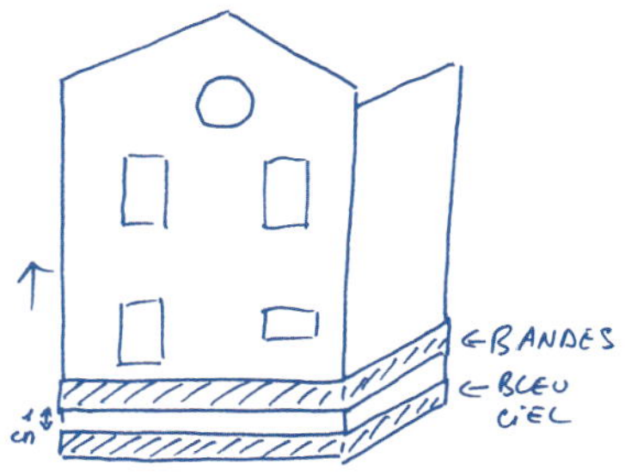

7. Collez les fenêtres

À l'intérieur de la maison, collez les intérieurs de fenêtre préparés à la 2e étape. Collez tout d'abord le bristol, puis le calque.
Tracez et découpez un rectangle de polyphane (17,8 x 29 cm) et collez-le dans la maison. Recoupez le surplus au niveau du toit.

8. Décorez l'extérieur

Sur la façade de la maison, découpez au cutter, une fente (L : 4 cm) 5 mm au-dessus de la porte. Glissez-y le dessus de porte préparé à la 2e étape. Fixez la languette à l'intérieur de la maison. Collez les volets de chaque côté des fenêtres. Avant de coller la porte sur la façade, cousez la perle au niveau de la poignée.

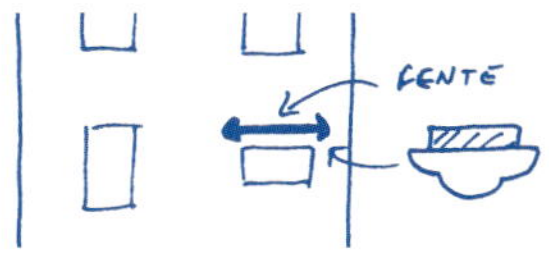

9. Posez le fond

Collez le fond de la lampe, avec des bandes de papier kraft que vous ferez dépasser sur les côtés de 1 cm environ.

10. Électrifiez la maison

Vissez l'adaptateur au milieu de la planche en bois. Pratiquez les avants-trous des vis avec la vrille à bois. Dévissez la douille et vissez la base sur l'adaptateur. Prenez 40 cm de fil électrique, séparez les 2 câbles sur 3 cm et dénudez 5 mm de fil. Installez les fils puis revissez l'ensemble.

Encollez le dessous de la planche et collez-la au fond de la maison. Faites passer le fil électrique par le trou qui se trouve sur le côté. Ouvrez l'interrupteur. Fixez d'un côté le fil qui sort du sac et de l'autre le fil électrique restant. Refermez l'interrupteur. Montez la prise à l'extrémité du fil.

La lampe fleurs

Une lanterne magique aux ombres subtiles, pour un éclairage tout en douceur.

1 BOÎTE À CHAUSSURES.
DIMENSIONS : LONGUEUR (L) : 29 CM ; LARGEUR (l) : 18 CM ; HAUTEUR (H) : 12 CM ; HAUTEUR DU COUVERCLE (h) : 3 CM

Mon conseil : la hauteur de votre boîte ne doit pas être inférieure à 10 cm, la hauteur idéale étant de 12 cm.

Matériel

15 cm de polyphane (l :1,20 m) ● 1 pot de colle forte blanche ● 1 pinceau (l : 2,5 cm) ● 2 feuilles A4 de papier vert pour les fenêtres ● 1 feuille de papier turquoise (50 x 65 cm) ● 1 rouleau de papier kraft blanc autocollant (l : 3,5 cm) ● 1 planche en bois, épaisseur 15 mm (11,8 x 17,8 cm).

Matériel électrique

● 1 interrupteur blanc ● 1 prise blanche ● 2 m de fil électrique blanc ● 1 douille avec un accès extérieur pour le fil électrique ● 1 ampoule de 15 à 25 W maximum ● 1 « raccord à plaque », adaptateur que vous fixerez avec des vis (L : 1 cm) sur la planche en bois.

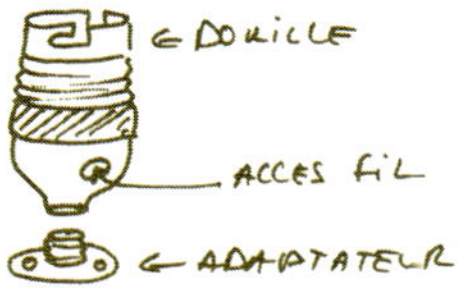

Outillage

● Ciseaux ● crayon noir ● cutter ● règle ● emporte-pièce n° 4 (D : 4 mm) ● marteau ● tapis de découpe ● tournevis pour électricité ● vrille à bois ● plioir.

Mon conseil

Faites sécher des pétales d'hortensia 15 jours entre 2 feuilles de papier, à l'intérieur d'un gros livre.

Pour donner un air forestier à cette petite lampe, vous pouvez la décorer de feuilles d'arbre séchées entre deux buvards.

1. Découpez le carton pour la lampe

Entaillez chaque angle de la boîte et du couvercle avec un cutter. Votre boîte est ainsi à plat. Sur la boîte, tracez et découpez au cutter les lignes indiquées sur le dessin ci-dessous.
Sur le couvercle, tracez et découpez le fond de la lampe.

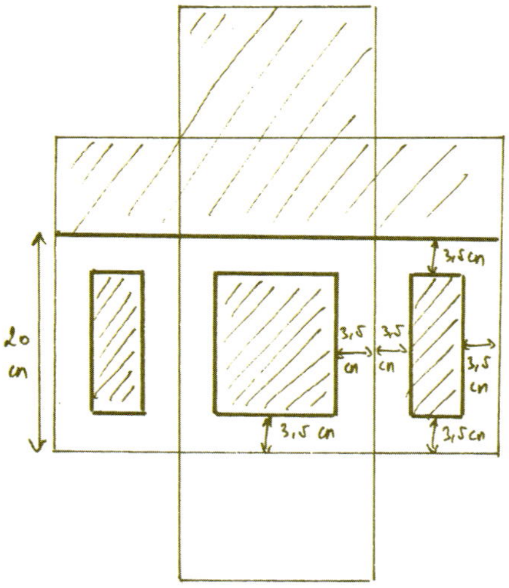

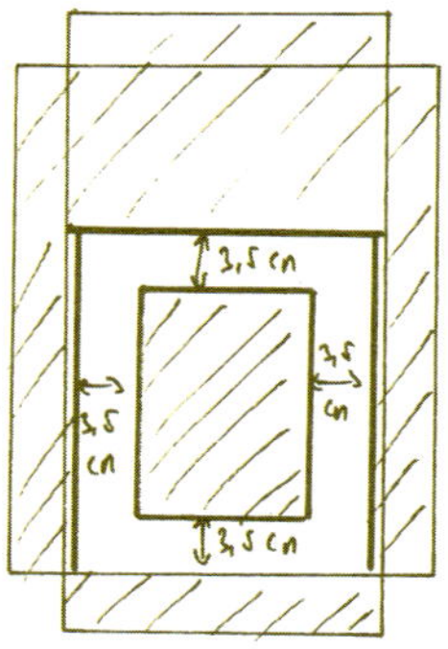

//// PARTIES A RETIRER

2. Découpez et collez le polyphane

Prenez les mesures des côtés, du fond et du devant. Retranchez 2 mm en largeur à ces mesures, pour laisser un espace au niveau des pliures. Reportez les tracés sur le polyphane, découpez les morceaux et collez-les aux emplacements adaptés. Au cutter, évidez à nouveau les fenêtres.

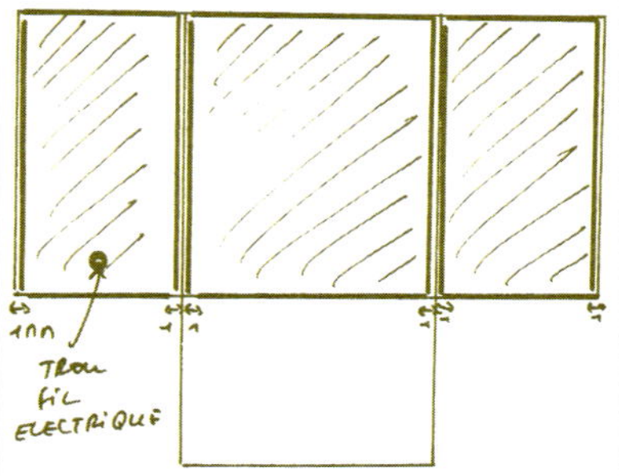

//// : POLYPHANE

3. Passez les fils électriques

Sur l'un des 2 côtés, à 2 cm de la pliure du fond et centré en largeur, percez un trou avec l'emporte-pièce, pour sortir le fil électrique.

4. Assemblez la lampe

Appliquez le papier kraft à l'extérieur de la lampe. Maintenez les côtés bord à bord. Commencez par fixer les angles, puis posez le fond.

Mon conseil
Collez le papier kraft à l'aide d'une éponge mouillée. Le plioir vous permettra de bien le fixer sur le carton.

5. Habillez la lampe de papier

Tracez et découpez une bande de papier turquoise (27 x 63 cm). Enduisez l'extérieur de la lampe de colle, face après face, et appliquez le papier.

Mon conseil
Commencez à coller le papier par l'arrière, côté fil électrique, à 3 cm du bord, et terminez par ce même côté. Les raccords seront plus discrets.

Quand vous aurez fait le tour de la lampe, recoupez les surplus de papier à 2 cm du haut et du bas. Crantez les angles, rabattez et collez le papier, sous la lampe et à l'intérieur.
Au niveau des fenêtres, découpez le papier en laissant une marge de 1 cm, crantez les angles, puis collez ce surplus à l'intérieur de la lampe.

6. Créez les fenêtres

Découpez dans le polyphane 2 panneaux (14 x 16 cm) et 2 panneaux (8 x 16 cm).

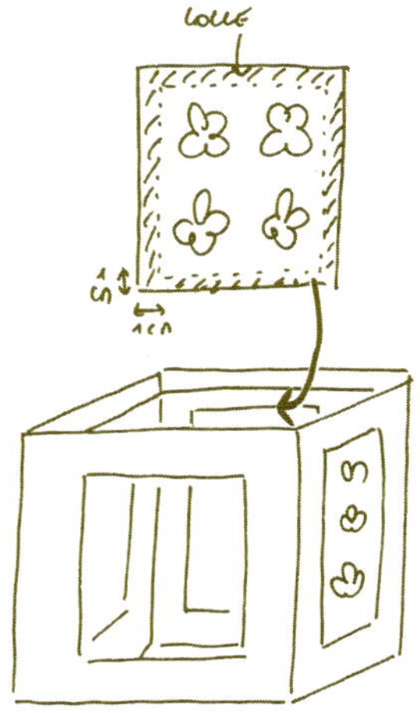

Recouvrez-les de papier vert. Collez les pétales au centre des fenêtres. Appliquez 1 cm de colle près des bords sur l'endroit, puis collez les fenêtres à l'intérieur de la lampe.

7. Électrifiez la lampe

Vissez l'adaptateur au milieu de la planche en bois. Pratiquez les avants-trous des vis avec la vrille à bois. Dévissez la douille et vissez la base sur l'adaptateur. Prenez 40 cm de fil électrique, séparez les 2 câbles sur 3 cm et dénudez 5 mm de fil. Installez les fils puis revissez l'ensemble.

Encollez le dessous de la planche et collez la planche au fond de la lampe. Faites passer le fil électrique par le trou qui se trouve sur le côté. Ouvrez l'interrupteur. Fixez d'un côté le fil qui sort du sac et de l'autre le fil électrique restant. Montez la prise à l'extrémité du fil.

Apportez une ambiance chaleureuse à votre entrée avec un habile jeu d'ombres chinoises.

La nature authentique et généreuse

Récupérer dans la nature

Récupérez tout ce que vous trouvez dans la nature, source de richesses inépuisables. Au printemps et en été, faites des provisions de plantes, de fleurs, de fruits. Au bord de la mer, ramassez des coquillages – certains sont d'une beauté incomparable –, des étoiles de mer aux formes si particulières. En automne, dans la forêt, glanez pommes de pin, noix et châtaignes, glands. En hiver, dame Nature se montre moins généreuse ; elle vous offrira cependant bois, branches et coquillages… Cette liste n'est pas exhaustive, vous trouverez bien d'autres idées au cours de vos promenades. Seule condition à la réussite de votre entreprise : partez muni d'un sécateur et d'un petit sac, réceptacle de tous vos trésors.

À la campagne ou à la montagne

Si vous vous promenez à la campagne, regardez soigneusement tout autour de vous ; des trésors se cachent au détour des sentiers. Voici quelques idées de récupération.

Bois

Vous pouvez trouver du bois de toutes les tailles, depuis la brindille jusqu'au tronc d'arbre, et de bien des couleurs.
N'oubliez pas les pommes de pin : de grosseurs et de formes, variées, vous pourrez les utiliser en de multiples occasions.

Plantes

Dans les champs, ramassez des fleurs, des plantes. Certaines fleurs, très fragiles, comme les coquelicots, se fanent très vite. Vous pouvez cependant faire sécher leurs pétales entre 2 épaisseurs de papier, recouvertes d'un gros livre qui les aplatira et vous garantira un séchage bien à plat.
Les épis de blé et de maïs, les chardons, les hortensias, les pavots, les roses sont des plantes qui se conservent très bien, n'hésitez pas à en faire provision.
Ramassez le blé vers le mois de mai, lorsqu'il est encore très vert. Les épis, droits et colorés, se maintiendront en toute occasion.
Faites toujours sécher les plantes, la tête en bas, dans un endroit sec, chaud et à l'abri du soleil. Le temps de séchage varie en fonction des fleurs. Comptez environ une quinzaine de jours.
Sous certains arbres vous trouverez de la mousse fraîche. Ramassez-en en grande quantité, la décoration d'un objet en exige beaucoup. Pour la faire sécher, installez-la bien à plat, dans un endroit sec, à l'ombre. Le temps de séchage varie en fonction de l'humidité de la mousse.

Fruits

Les oranges, les citrons sèchent très bien et offrent un bel aspect une fois secs. Coupez-les en tranches et installez-les sur une grille (de four par exemple) afin que l'aération se fasse des 2 côtés. Les agrumes mettent plus de temps à sécher que les fleurs : comptez plutôt entre 3 semaines et un mois.

Pierres

À la campagne, ramassez des graviers et des pierres de différentes tailles. Leurs couleurs couvrent toute la gamme des grisés et des beiges.

Plumes

Les oiseaux perdent parfois leurs plumes. Souvent de formes et de couleurs originales, elles vous seront très utiles, n'hésitez donc pas à ramasser toutes celles que vous trouverez.

Au bord de la mer

Les dunes, le sable, la mer regorgent de richesses et les promenades sur la plage sont autant d'occasions d'accumuler des idées pour vos futures créations.
En voici quelques-unes.

Coquillages

Il en existe de toutes les tailles, de toutes les couleurs et de toutes les formes. Quand vous vous en servirez pour créer des objets, il vous arrivera certainement d'en casser quelques-uns ; ramassez-les donc sans compter.
De retour chez vous, rincez-les dans de l'eau douce et laissez-les sécher.
Si certains sont fermés, mettez-les à ouvrir dans de l'eau bouillante pendant quelques minutes puis laissez-les refroidir.
Si vous n'avez pas l'occasion d'aller au bord de la mer, récupérez des coquillages chez les maraîchers ou dans les restaurants spécialisés dans les fruits de mer.

Étoiles de mer

Selon les régions et les pays, elles ont des formes et des couleurs différentes.
Ramassez-en et faites-les sécher bien à plat en plein soleil ou dans un endroit sec et chaud.

Sable

Il est, lui aussi, différent selon les régions et les pays.
Ses grains sont plus ou moins fins, plus ou moins colorés du gris-noir jusqu'au rose.
Laissez-le sécher avant de l'utiliser. S'il possède quelques impuretés, filtrez-le à l'aide d'une passoire.

Bois flotté
Le ressac de la mer charrie parfois du bois au bord des plages. On l'appelle le bois flotté. Il a la particularité d'être très lisse et quelque peu décoloré. Ne le négligez pas, il vous sera utile pour plusieurs objets.

Galets
Certaines plages en offrent une gamme riche en couleurs et en tailles. Choisissez-en quelques-uns, vous en aurez besoin.

Outillage

Coupe
Différents outils vous seront nécessaires selon le matériau que vous voulez couper.

Ciseaux
Une paire de ciseaux vous permettra de couper des matériaux peu résistants, comme les tiges fines ou la mousse…

Gros cutter
Utilisez-le pour couper des bois très tendres dont l'épaisseur ne dépasse pas 5 mm, ou du liège par exemple. Pour couper le bois en ligne droite, il faut effectuer l'opération dans le sens de la veine du bois. Appuyez le cutter contre une règle métallique antidérapante. Passez d'abord le cutter une 1re fois sur la ligne, sans appuyer trop fort, pour marquer la découpe. Puis repassez autant de fois que nécessaire.

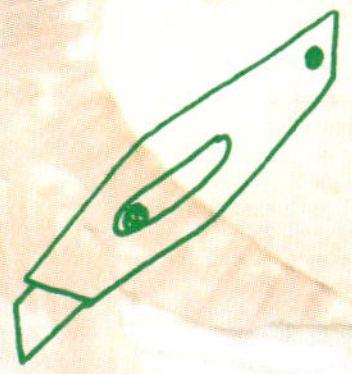

Couteau
Vous aurez besoin d'un couteau bien aiguisé pour couper les fruits en tranches.

Scie ou scie sauteuse
Ces outils sont parfaitement adaptés pour découper tous les bois, notamment ceux dont l'épaisseur dépasse 5 mm. Si vous avez plusieurs découpes à faire, utilisez une scie sauteuse, qui vous facilitera le travail. Après chaque coupe, poncez la partie coupée pour lisser la surface. Pour une bonne utilisation de la scie sauteuse, reportez-vous aux conseils donnés page 12.

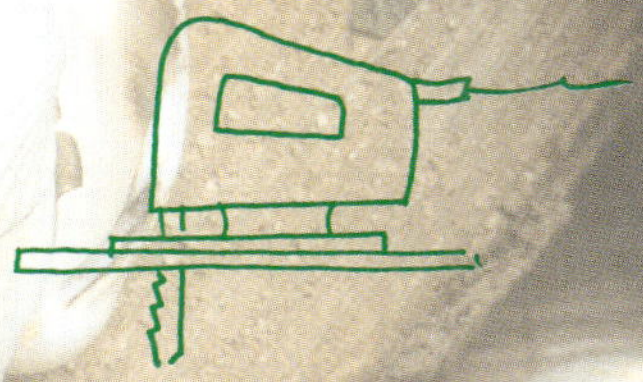

Perçage
En fonction des matériaux, 3 choix sont possibles.

Perceuse
La perceuse électrique s'utilise sur des bois de toutes épaisseurs. Avec des mèches de différents diamètres, vous pouvez percer tous les trous que vous désirez. Pour faire des trous parfaitement perpendiculaires à la surface du bois, il existe un accessoire, le support de perçage, sur l'axe duquel se fixe la perceuse. N'hésitez pas à l'utiliser.

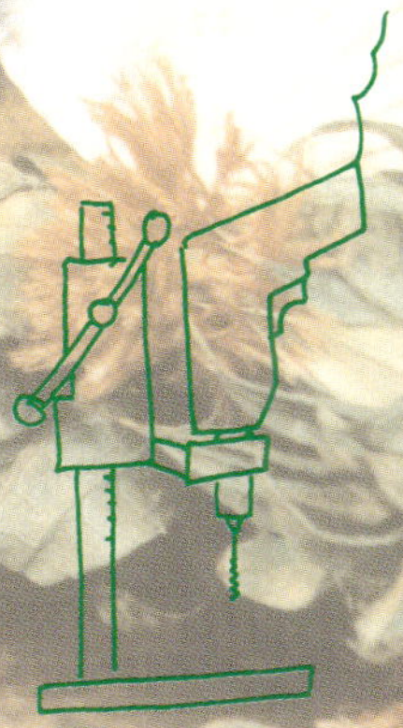

Vrille à bois
Elle s'utilise uniquement dans le bois, pour faire des trous de petit diamètre (entre 2 mm et 5 mm). Elle permet aussi de fixer de petites vis dans le bois et de faire des avant-trous.

Clou
Pour percer de petits trous dans des coquillages, utilisez un marteau et un clou. Ce dernier doit être très résistant. Protégez votre table avec une planche à découper ou autre.

Assemblage
Selon les éléments que vous voulez assembler, vous devrez utiliser de la colle, des vis ou des agrafes.

Colle
La colle à chaud est tout à fait adaptée aux différents types d'assemblages. Elle permet de coller des matériaux aussi divers que du bois et des coquillages. Pour coller pierres et galets, utilisez une colle très forte, type « Araldite ».

Vis et clou
Ils sont utilisés dans l'assemblage du bois. Les vis ont une meilleure tenue dans le bois que les clous.

Agrafe
Des agrafes de différentes tailles peuvent s'adapter sur les agrafeuses murales. Elles s'utilisent pour des épaisseurs de bois comprises entre 4 mm et 8 mm.

Ponçage
Pour des ponçages fins, vous utiliserez des papiers abrasifs de différentes épaisseurs. Pour des ponçages plus épais, un rabot sera indispensable.

Dépoussiérage
Les éléments récupérés dans la nature sont parfois salissants. Un aspirateur à portée de la main sera sans doute salutaire, pensez-y, au moment où vous poncez notamment.

Décoration
Nous avons volontairement laissé dans leur couleur d'origine les éléments récupérés. Toutefois, vous pouvez, si vous le désirez, les peindre selon vos goûts. Choisissez en ce cas une peinture adaptée au matériau avec lequel vous travaillez.

Les bougeoirs

Les bougeoirs floraux

Pour allier la poésie des fleurs au tamisé de la lueur des bougies.

POUR UN BOUGEOIR : 2 RONDINS DE BOIS, ÉPAISSEUR : 15 MM
UN PETIT, DIAMÈTRE (D) : 9 CM ; UN GRAND, DIAMÈTRE (D) : 11,5 CM
1 BÂTON, DIAMÈTRE (D) : 3 CM ; LONGUEUR (L) : 6 CM
5 BRINS DE BLÉ SÉCHÉS
5 ROSES SÉCHÉES.

Mon conseil : n'hésitez pas à utiliser d'autres fleurs ou plantes. Des chardons, de la lavande, des petits œillets, et bien d'autres.

Matériel

Colle « Araldite », prise rapide, multi-usage (bois) ● 1 bougie assortie à la couleur des fleurs. La nôtre mesure 20 cm et a un diamètre de 2 cm.

Outillage

Règle ● crayon noir ● étau, pour maintenir le bois au moment du perçage, de la coupe et du collage ● scie manuelle ou électrique ● perceuse et mèche de 3 mm. Si vous ne possédez pas de perceuse, utilisez une vrille à bois.

2 méthodes pour fixer la bougie au bougeoir :

Méthode 1

1 clou de 3 cm de longueur, sans tête ou avec une toute petite tête ● marteau ● pince.

Méthode 2

Cette méthode est plus précise mais nécessite un peu plus d'outillage : perceuse avec une mèche à bois de la largeur d'une bougie. Ne prenez pas de mèche plus large que 20 mm car les bougies flotteraient dans le trou. ● un support de perçage pour faire des trous parfaitement perpendiculaires à la surface du bois.

Mon conseil
Soyez très prudent, ne laissez jamais les bougies allumées sans surveillance.

1. Découpez le bois

Découpez tous les morceaux de bois nécessaires à la création du bougeoir, suivant les dimensions indiquées dans la liste de matériel.

Mon conseil
Laissez sécher ces morceaux de bois quelques jours avant de les monter en bougeoir. Il arrive que le bois se fende en séchant.

2. Percez les emplacements des fleurs

Prenez le rondin (d : 9 cm) et mesurez son périmètre à 0,5 cm du bord. Ensuite, divisez cette mesure par 10. Reportez la mesure ainsi obtenue à 5 mm du bord, tout autour du rondin. Vous devez avoir 10 emplacements. Dans notre cas, le périmètre à 5 mm à l'intérieur du rondin mesure 26 cm. La mesure entre les différents emplacements est donc de 2,6 cm. Ensuite, percez tous ces emplacements avec la perceuse et la mèche de 3 mm.

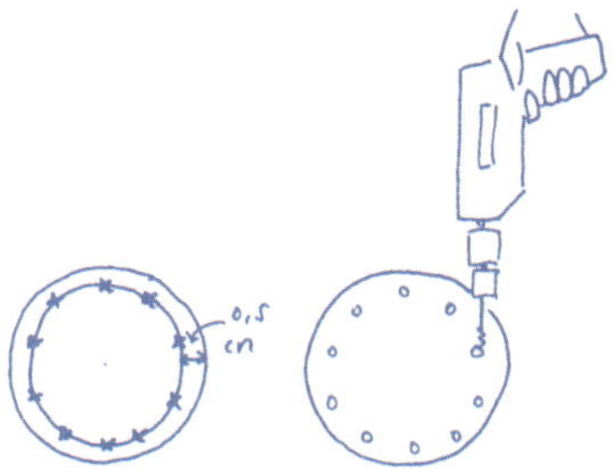

3. Si vous utilisez la 1re méthode

Prenez le clou et enfoncez-le, en plein centre du rondin (d : 9 cm). Vérifiez que le clou est bien perpendiculaire à la table. Si ce n'est pas le cas, redressez-le à l'aide d'une pince. La bougie se pique sur le clou. Si vous avez des difficultés à installer la bougie à cause de la résistance du clou, chauffez l'extrémité avec une flamme d'allumette ou de briquet et installez la bougie. La pointe du clou étant chaude, la cire de la bougie fond à son contact et le trou se forme ainsi plus facilement.

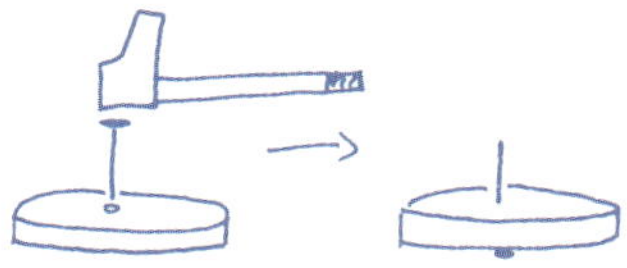

4. Assemblez le bougeoir

À l'aide de la colle, assemblez le rondin le plus grand avec le bâton de 6 cm de longueur. Le collage doit être très solide. Pour cela, maintenez les 2 parties bien serrées entre elles. Quand elle est complètement sèche, fixez le rondin le plus petit à l'autre extrémité du bâton de 6 cm. Respectez bien le temps de séchage de la colle.

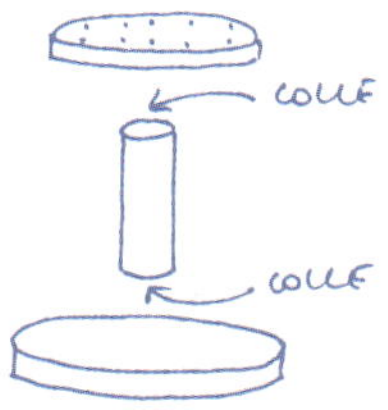

5. Si vous utilisez la 2e méthode

Quand le bougeoir est monté, installez la perceuse avec la mèche de 20 mm dans l'axe de perçage. Pratiquez ensuite un trou au centre du plus petit rondin. La profondeur de ce trou correspond à l'épaisseur du rondin supérieur.

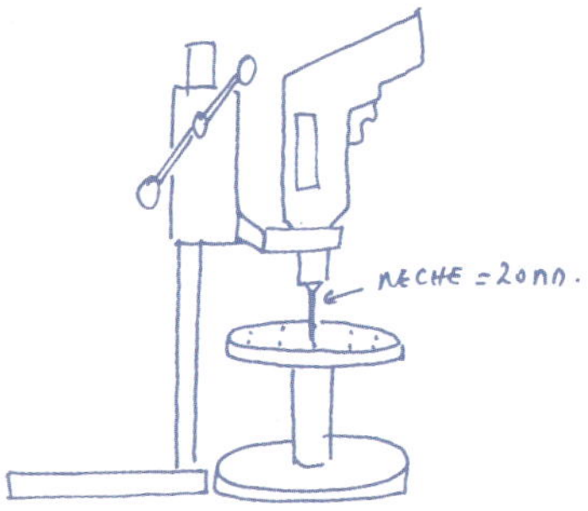

6. Installez les fleurs

Recoupez la tige de vos fleurs pour qu'elles mesurent 1 cm, puis installez-les dans les trous situés sur le rondin supérieur. Il vous reste à installer la bougie.

Mon conseil

Pour faire sécher les fleurs, pendez-les la tête en bas, dans un endroit sec, à l'abri du soleil, à une température d'environ 20 °C. Prévoyez 10 ou 15 jours pour les roses.

Osez aussi le contraste des styles en plaçant les bougeoirs dans un décor ultra-moderne.

Le bougeoir galets

Une promenade à la plage conçue comme un prétexte et un bougeoir marin.

4 GALETS : 1 GRAND, STABLE, POUR LE SOCLE (ENVIRON 10 X 13 CM),
2 MOYENS POUR LE 1ER ÉTAGE (ENVIRON 5 X 8 CM),
1 PETIT POUR LE 2E ÉTAGE (ENVIRON 4 X 4 CM).
2 ÉTOILES DE MER DE 11 CM D'ENVERGURE.
2 BÂTONS ; DIAMÈTRE (D) : 2,5 CM ; LONGUEUR (L) : 2 CM
ILS SERVIRONT DE SUPPORT AUX BOUGIES.

Mon conseil : pour faire sécher une étoile de mer, placez-la sur une surface plane. Laissez-la sécher en plein soleil.

Matériel

Colle « Araldite », à prise rapide, multi-usage (pierre) ● 2 clous (L : 3,5 cm), de préférence sans tête. Ne les prenez pas trop fins. ● 1 tube de gouache bleu ciel pour peindre les supports de bougie et 1 petit pinceau ● 2 bougies (h : 28 cm ; diamètre de la base : 2 cm).

Outillage

Règle ● crayon noir ● scie manuelle ou scie sauteuse ● un étau pour maintenir le bâton au moment de la coupe et du collage ● marteau ● pince.

Mon conseil
Vous trouverez aussi des étoiles de mer dans les magasins spécialisés.

1. Découpez le bois

Placez le bâton dans l'étau, sciez 2 morceaux de 2 cm de long.

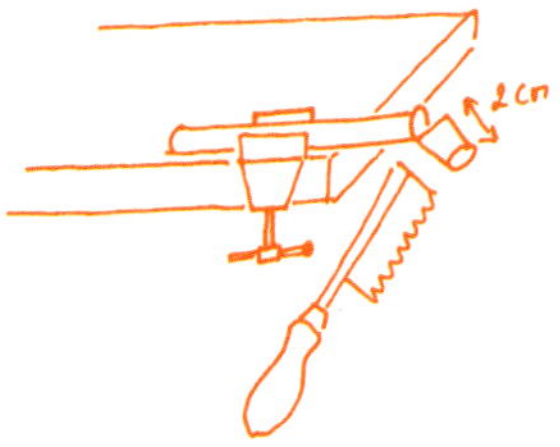

2. Préparez les supports de bougie

Enfoncez les clous au centre des 2 supports de bougie. Peignez-les avec la gouache bleu ciel et laissez sécher.

3. Assemblez les galets et les supports de bougie

Quand la peinture est sèche, encollez le dessous d'un support et collez-le sur le plus petit galet. Faites de même avec l'autre support de bougie et un des 2 galets restants.

Mon conseil
Pour que le collage soit très résistant, installez le tout dans l'étau et serrez fort. Retirez-le lorsque la colle est complètement sèche.

4. Montez le bougeoir

Collez le plus petit galet sur le galet restant. Une fois que c'est sec, collez le tout sur un des côtés du galet utilisé pour le socle.

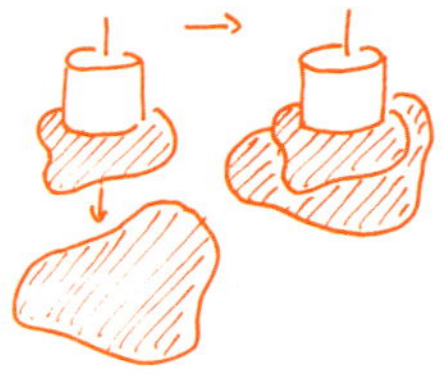

Ensuite, collez l'autre support de bougie (déjà sur un galet) sur l'autre partie du support.

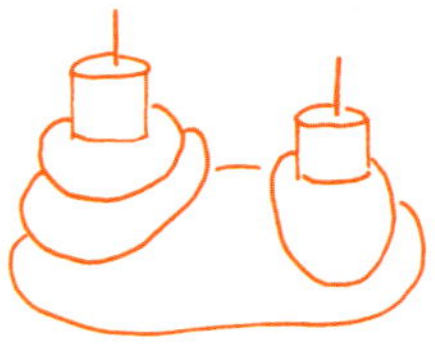

5. Finissez le bougeoir

Si les clous ne sont pas perpendiculaires à la table, redressez-les avec une pince. Prenez les étoiles de mer et passez-les au travers des clous. Les bougies se piquent sur les clous. Chauffez l'extrémité des clous avec une flamme d'allumette ou de briquet et installez les bougies.
La pointe du clou étant chaude, la cire de la bougie fond à son contact et le trou se forme plus facilement.

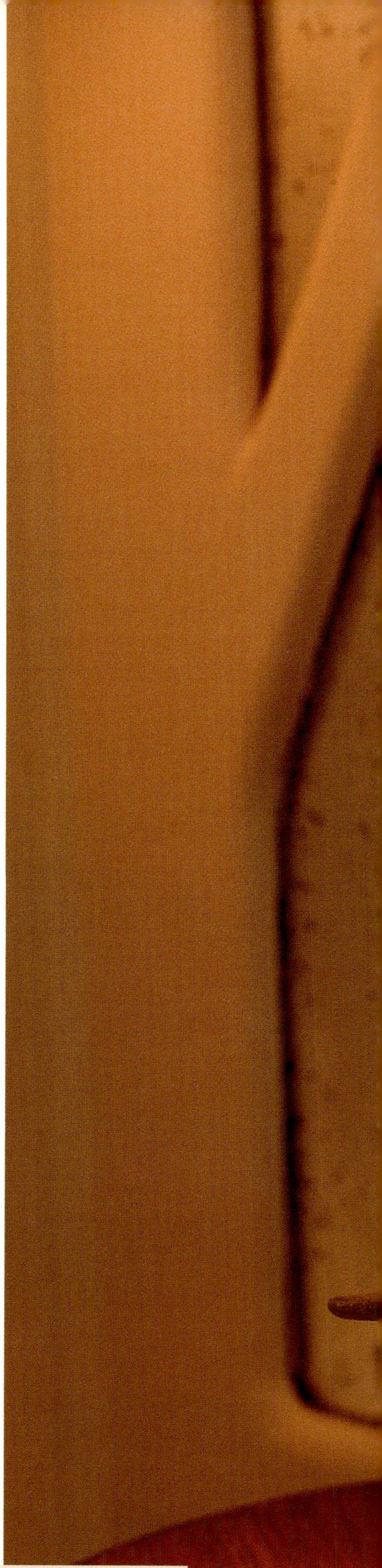

Stable, lourd, solide, ce bougeoir peut également servir de presse-papier. Dans ce cas, utilisez des bougies qui ne coulent pas.

Le chandelier

Un retour aux sources pour cet insolite chandelier.

1 RONDIN DE BOIS, ÉPAISSEUR : 20 MM ; DIAMÈTRE : 16 CM
7 BÂTONS, LES PLUS DROITS POSSIBLE, DIAMÈTRE : 3 CM
1 DE 22 CM DE LONGUEUR, POUR L'AXE CENTRAL,
2 DE 26 CM DE LONGUEUR, POUR LES BRANCHES,
4 DE 2,5 CM DE LONGUEUR, POUR SUPPORTER LES BOUGIES.
MOUSSE SÉCHÉE, POUR RECOUVRIR LE CHANDELIER,
VOUS POUVEZ LA FAIRE SÉCHER OU L'ACHETER
CHEZ CERTAINS FLEURISTES OU MAGASINS SPÉCIALISÉS
1 GROSSE ORANGE (OU AUTRE AGRUME : PAMPLEMOUSSE, MANDARINE).
DÉCOUPEZ-LA EN RONDELLES ET RÉCUPÉREZ 4 TRANCHES RÉGULIÈRES.

Mon conseil : si vous ne trouvez pas de bâtons vraiment droits, achetez des tasseaux dans les mêmes mesures.

Matériel

4 clous (L : 4 cm) sans tête ou avec une toute petite tête, pour maintenir les bougies ● 1 grand clou (L : 9 cm), pour maintenir les bras sur l'axe ● 5 clous (L : 5 cm), 4 pour maintenir les supports de bougie sur les bras du chandelier et 1 pour maintenir le socle et l'axe ● 1 bobine de fil à coudre, vert, assorti à la couleur de la mousse ● 4 bougies assorties aux oranges. Les nôtres mesurent 20 cm en hauteur et ont un diamètre de 2 cm.

Outillage

Règle ● ciseaux ● crayon noir ● étau, pour maintenir le bois au moment du perçage et de la coupe ● perceuse et mèches de 3 mm et 4 mm. Si vous n'avez pas de perceuse, utilisez une vrille à bois ● support de perçage pour les trous verticaux et alignés ● marteau ● scie manuelle et scie sauteuse pour le bois.

Mon conseil
Pour faire sécher la mousse, placez-la bien à plat, dans un endroit sec, à l'abri du soleil et à une température d'environ 20 °C.

Mon conseil
Faites sécher les rondelles sur une grille, dans un endroit sec, à l'ombre, à environ 20 °C. Prévoyez environ 3 semaines de séchage.

1. Découpez le bois

Découpez tous les morceaux de bois nécessaires à la création du chandelier.
Par sécurité, maintenez votre bâton dans l'étau avant de le couper. Vous empêcherez ainsi la scie de déraper.
Laissez sécher ces morceaux de bois quelques jours avant de les monter en bougeoir.
Il arrive parfois que le bois se fende en séchant.

2. Percez le bois

Si vous avez un support de perçage à votre disposition, utilisez-le.
Avec la perceuse et la mèche de 3 mm, faites un trou en plein centre du rondin.
Puis, sur chaque branche, percez un trou à 2 cm des extrémités.
Enfin, percez à une extrémité de l'axe central.

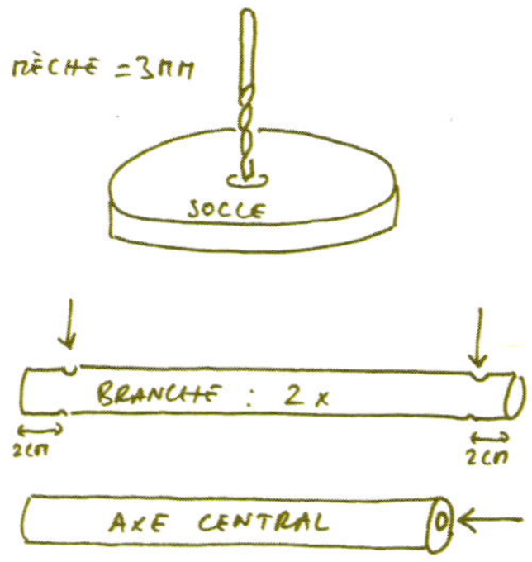

Avec la mèche de 4 mm, percez un trou en plein centre de chaque bras. Ensuite, percez l'autre extrémité de l'axe central.

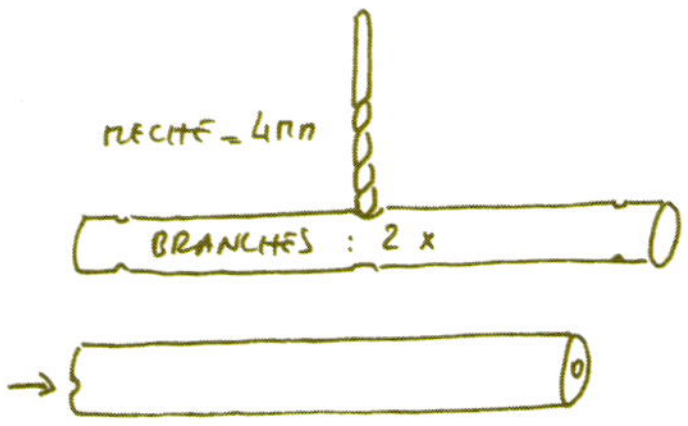

3. Montez le socle et l'axe du chandelier

Assemblez le socle et l'axe, avec un clou (L : 5 cm). Passez le clou à travers le socle et enfoncez-le avec un marteau dans l'extrémité de l'axe qui a été percée avec la mèche de 3 mm.

4. Posez la mousse

Recouvrez de mousse le socle, l'axe, ainsi que les 2 bras.
Passez un clou dans les trous avant de mettre la mousse, sinon vous aurez des difficultés à retrouver les trous quand la mousse aura tout recouvert.
Pour maintenir la mousse sur le bois, prenez la bobine de fil vert, puis nouez le fil sur le bois. Quand le fil est fixé, entourez-le autour du bois en emprisonnant la mousse. Faites un nœud avec le fil autour du bois.

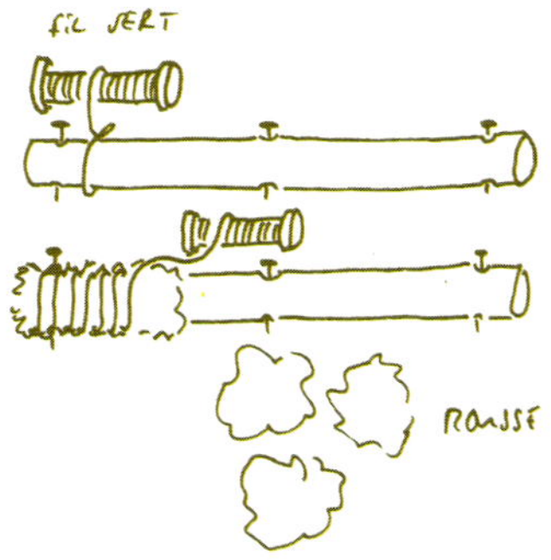

Mon conseil
Tendez le fil entre chaque spirale afin que la mousse soit bien maintenue. Ne tirez pas trop fort : le fil casserait.

Quand vous commencez à recouvrir un morceau de bois, passez le fil d'abord grossièrement autour de la mousse, puis de plus en plus serré afin de la maintenir plus efficacement.

5. Montez les supports de bougie

Clouez les 4 clous (L : 4 cm) au centre des 4 supports de bougie. Prenez ensuite les 4 clous (L : 5 cm) et passez-les dans les trous situés aux extrémités des bras que vous avez percés dans la 2e étape.
Fixez-y les supports de bougie en les décentrant légèrement, pour éviter les clous déjà plantés.

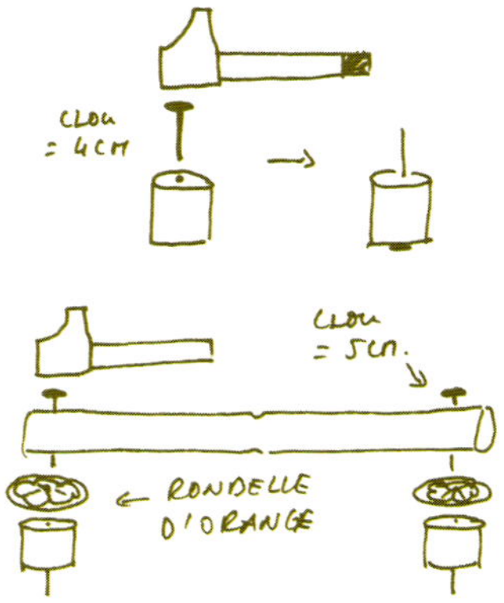

Mon conseil
N'oubliez pas d'insérer les rondelles d'orange entre le bras et le support de bougie ; elles sont centrées sous les supports.

6. Montez les bras sur l'axe

Enfoncez le clou (L : 9 cm) à travers les 2 bras ; ensuite, clouez le tout sur l'axe du chandelier.

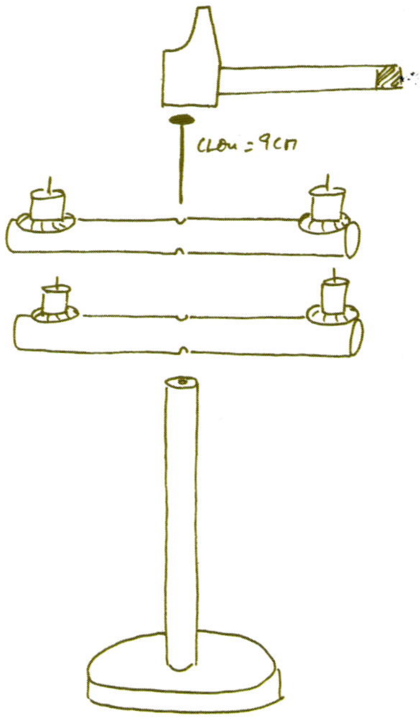

La bougie se pique sur le clou. Chauffez-en l'extrémité avec une flamme et installez la bougie. La cire fond au contact du métal chaud et le trou se forme plus facilement.

Mon conseil
Quand votre chandelier est terminé, vérifiez que les clous sont perpendiculaires à la table. Si ce n'est pas le cas, redressez-les avec une pince.

Mon conseil
Soyez très prudent, ne laissez jamais les bougies allumées sans surveillance.

Tendance nature pour ce chandelier confectionné avec la mousse des sous-bois.

Les tableaux décoratifs

Le tableau floral p 144
raisonnable • **3 h** • **facile** ••

Le tableau maïs p 146
raisonnable • **4 h** •• **facile** ••

Le tableau coquillages p 148
raisonnable • **3 h** • **facile** ••

Le tableau floral

Une manière peu commune de détourner le blé de sa fonction première.

120 BRINS DE BLÉ (L : 50 CM),
ENVIRON 20 CHARDONS (L : 17 CM),
LE FOND D'UN CAGEOT. LE NÔTRE MESURE 39 X 33 CM.

Mon conseil : ramassez le blé quand il est encore vert car il est plus solide et plus coloré. Son épi est, à ce moment-là, très droit. Faites-le sécher, la tête en bas, dans un endroit sec, à l'abri du soleil, à une température ambiante d'environ 20 °C. La méthode de séchage est la même pour les chardons.

Matériel

Environ 60 brins de raphia.

Outillage

Règle • ciseaux • perceuse et mèches de 4 mm et 10 mm • scie manuelle pour découper le cageot.

1. Préparez l'accroche murale

Découpez le fond du cageot aux mesures suivantes : 33 x 39 cm. Avec la perceuse et la mèche de 4 mm, pratiquez 2 trous. Ils se situent en haut du cadre, au centre de la baguette supérieure. Ils sont à 8 cm de chaque côté du centre, placés sur une latte de cageot.

Mon conseil
Vous pouvez agrandir ou réduire cette mesure en fonction de l'épaisseur des lattes.

Percez 2 autres trous, à 1 cm des premiers, vers l'extérieur du cadre. Prenez 2 brins de raphia, et passez-les par les trous en commençant par le dos du cadre. Nouez les 2 extrémités du raphia de manière à les maintenir autour des trous.

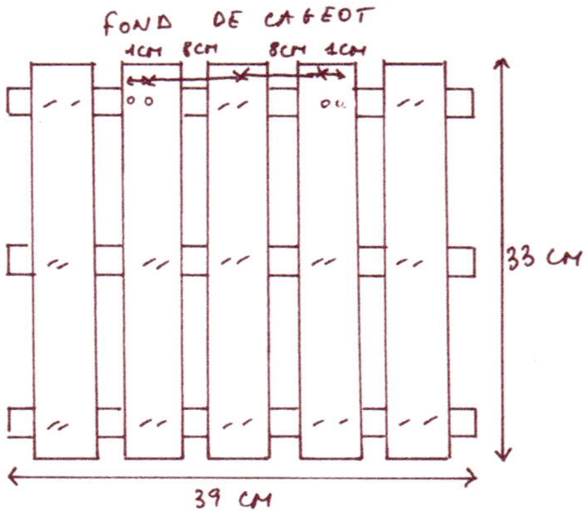

2. Percez tous les trous

Pour maintenir l'encadrement en brins de blé : avec la perceuse et la mèche de 4 mm, percez 4 trous à chaque angle du cadre. Ces trous sont espacés de 1,5 cm et se trouvent à égale distance du centre des lattes.

Pour maintenir les petits bouquets de chardons : Avec la mèche de 10 mm, percez 3 séries de 2 trous, espacés de 1 cm. Ils sont centrés dans la hauteur du cadre et dans la largeur de chaque latte.

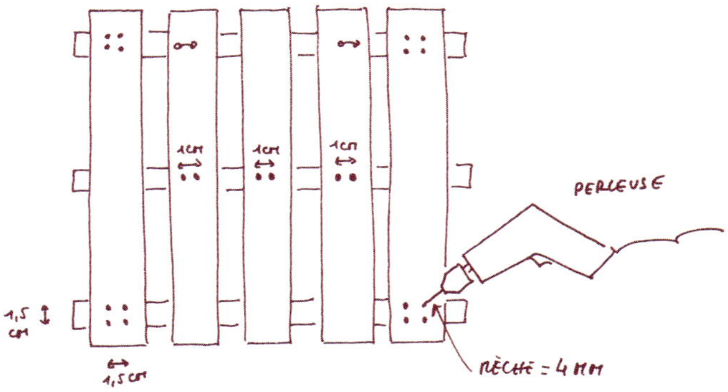

3. Confectionnez les fagots de blé

Préparez 8 fagots de blé de 15 brins chacun. Maintenez chaque fagot par un brin de raphia sous les épis. Recoupez les tiges de 4 fagots à 39 cm et celles des 4 autres à 33 cm.

Attention : ces mesures ne comprennent pas les épis. À 5 cm des extrémités environ, passez un brin de raphia pour maintenir fermement les tiges ensemble.

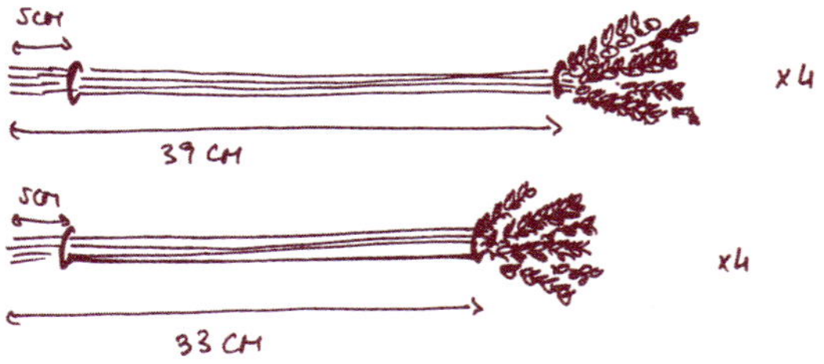

4. Installez les fagots autour du cadre

À chaque angle, passez un brin de raphia, « en croix », d'un trou à l'autre. Laissez-le dépasser largement sur l'envers.

Au niveau du 1er angle, en haut et à gauche, installez verticalement un fagot de 33 cm, la tête vers le bas.

Vous pouvez remplacer les chardons par des immortelles ou d'autres fleurs séchées.

Passez-le sous les brins de raphia situés dans les angles. Ensuite, posez dessus un autre fagot de 33 cm mais, cette fois-ci, la tête vers le haut. Toujours dans le même angle, superposez horizontalement un fagot de 39 cm, la tête vers la droite. Passez-le sous les brins de raphia situés dans les angles.

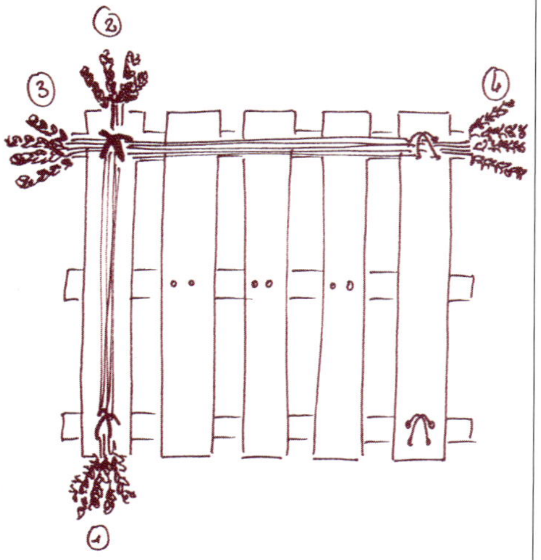

Puis posez dessus un autre fagot de 39 cm, tête vers la gauche. Maintenez la superposition de ces 4 fagots en nouant les brins de raphia de l'angle supérieur gauche, sur l'envers du cadre. Au niveau de l'angle supérieur droit, passez verticalement 2 fagots de 33 cm. Ils doivent se trouver en dessous des fagots horizontaux. Celui du dessus a la tête en haut, et celui du dessous la tête en bas. Au moment de maintenir les 4 fagots ensemble dans l'angle, faites pivoter les 2 fagots horizontaux afin que les épis passent au-dessus des tiges. Nouez les brins de raphia de l'angle supérieur droit, sur l'envers du cadre. Recommencez ces opérations pour les 2 autres angles et n'oubliez pas de faire pivoter les fagots, afin que les épis soient sur les tiges.

5. Installez les bouquets de chardon

Prenez une dizaine de brins de raphia et passez-les par les trous situés au centre d'une latte. Préparez un petit bouquet de chardon et placez-le entre les brins de raphia.
Puis maintenez-le en nouant le raphia 2 fois de suite.
Recommencez cette opération pour les 2 autres bouquets.
Égalisez la longueur des tiges.

Le tableau maïs

Un tableau très décoratif qui apportera une touche campagnarde dans votre univers.

1 ÉPI DE MAÏS DE 11 CM DE LONGUEUR, 4 BÂTONS DE 7 MM DE DIAMÈTRE POUR LE CADRE : 2 D'ENTRE EUX MESURENT 29 CM ET LES 2 AUTRES MESURENT 32 CM, DES BÂTONS DE MÊME DIAMÈTRE QUE LES PRÉCÉDENTS : POUR FAIRE LES PETITS RONDINS, IL VOUS EN FAUDRA ENVIRON 2 M 50.

Mon conseil : essayez de trouver des bâtons les plus droits possible.

Matériel

2 m de ficelle en chanvre naturel • pistolet à colle chaude avec 3 ou 4 bâtonnets de colle • 1 carton de 22 x 25 cm (utilisez, par exemple, le carton d'une boîte à chaussures) • toile de lin brut, de 30 x 30 cm • colle à tissu • 1 pinceau.

Outillage

Règle • cutter • ciseaux • scie sauteuse ou, à défaut, scie manuelle • étau, pour maintenir le bâton • vrille (D = 5 mm).

1. Préparez la base du tableau

Dans le carton, découpez un rectangle (22 x 25 cm). Encollez une face de ce carton et collez-le en plein centre du tissu. Recoupez le tissu à 2 cm tout autour. Sur l'envers du carton, collez les angles, puis le reste du tissu. Sur l'endroit du tissu, tracez un cadre avec un crayon noir. Il se trouve à 3,5 cm des bords extérieurs. Il déterminera l'emplacement des petits rondins de bois.

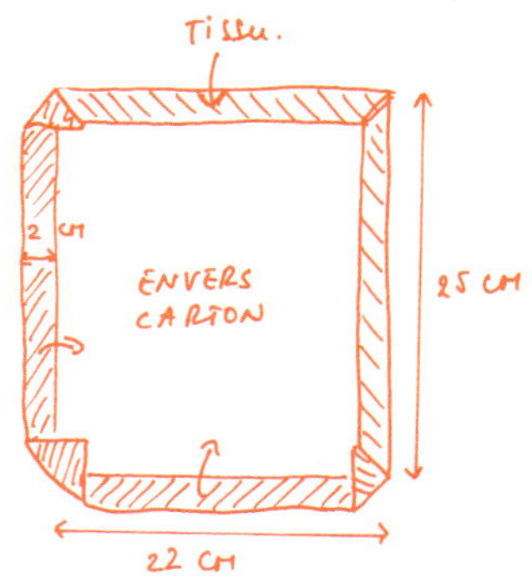

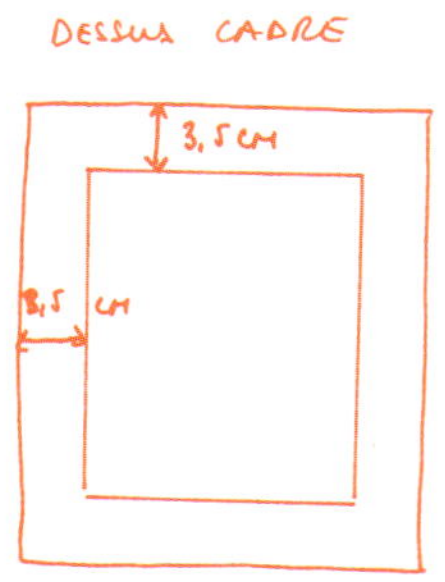

2. Posez l'accroche murale

À 2 cm du bord supérieur, et à 7 cm de chaque côté, percez un trou avec la vrille. Ensuite, à 1 cm de chaque trou, percez à nouveau 2 autres trous vers les bords extérieurs.
Prenez environ 25 cm de ficelle, puis passez-la par les trous en commençant par l'arrière

du carton. Nouez la ficelle sur l'envers, au niveau des trous.

3. Percez les trous des angles

Pratiquez un trou dans chaque angle du carton, à 1 cm des bords. Ces trous permettront de fixer l'encadrement en bois.

4. Découpez le bois

Maintenez les bâtons dans l'étau. Pour l'encadrement, coupez 2 morceaux (L : 29 cm) et 2 autres (L : 32 cm). Pour les petits rondins, coupez 200 morceaux de 1 cm d'épaisseur.

5. Préparez l'encadrement

Installez un bâton de 32 cm sur le bord gauche du cadre et un autre sur le bord droit du cadre. Installez les bâtons de 29 cm de longueur par-dessus ces 2 premiers bâtons. Il y en a 1 en haut et 1 autre en bas. Découpez 4 morceaux de ficelle (L : 30 cm). Ils vont servir à tenir les angles de l'encadrement. Pour chaque angle, utilisez la méthode suivante : passez la ficelle, en diagonale, sous le bâton vertical, puis sur le bâton horizontal, faites un croisement de ficelle sous la jonction des 2 bâtons. Ensuite, repassez à nouveau sur le bâton horizontal dans l'autre sens afin de former une croix. Faites un nœud sous la jonction. Attention, ne recoupez pas la ficelle qui reste car elle va servir à attacher l'encadrement au carton. Assemblez les 4 angles de cette façon.

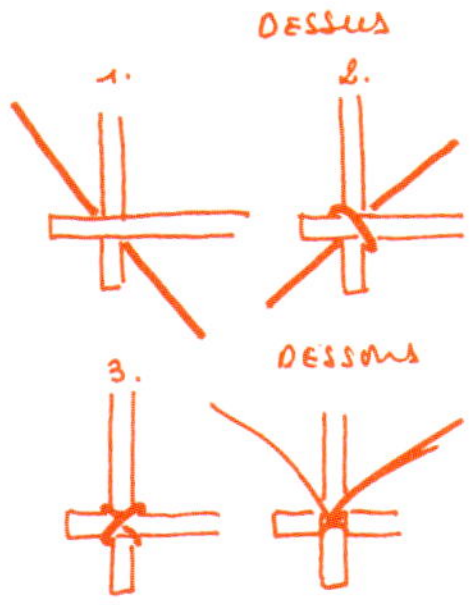

6. Fixez l'encadrement

Avec la ficelle qui reste dans chaque angle, passez l'un des 2 morceaux par le trou situé dans l'angle du carton, puis nouez les 2 morceaux de ficelle sur l'envers du carton. L'encadrement est ainsi fixé sur le carton. Renouvelez cette opération pour les 4 angles.

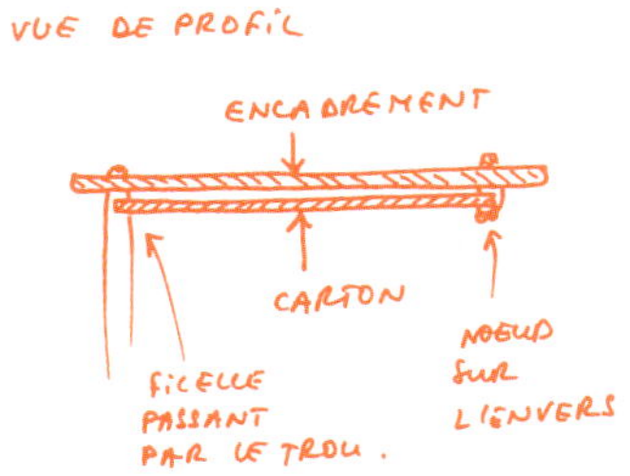

7. Collez les petits rondins de bois

Avec la colle à chaud, collez tous les petits rondins sur le tissu. Ils ne doivent pas dépasser du cadre tracé au crayon noir dans la 1re étape. Collez-les bien serrés les uns contre les autres.

8. Fixez le maïs sur le cadre

Avec la colle à chaud, collez l'épi de maïs au centre du tableau.

Sophistiquez votre création avec un tissu moiré ou satiné.

Le tableau coquillages

Un tableau tout en souvenir de sable chaud et de balade sur la plage.

8 COQUILLAGES ; LES PLUS GRANDS MESURENT 3,5 X 3,5 CM
ET LES PLUS PETITS 1,5 X 1,5 CM.
4 ÉTOILES DE MER ; LES NÔTRES MESURENT 13 CM D'ENVERGURE.
SABLE POUR RECOUVRIR L'ENCADREMENT.
1 CAGEOT DONT ON RÉCUPÉRERA 2 LATTES (L : 24 CM ; L : 9 CM)
ET 4 LATTES (L : 29 CM ; L : 3 CM)

Mon conseil : pour faire sécher une étoile de mer, placez-la à plat sur une surface plane afin qu'elle ne se déforme pas. Laissez-la sécher en plein soleil.

Matériel

Pistolet à colle avec 4 bâtonnets ● pot de colle blanche et pinceau ● 40 cm de ficelle en chanvre naturel.

Outillage

Règle ● ciseaux ● scie manuelle ● vrille de 5 mm de diamètre ● crayon noir.

Mon conseil
Si vous ne trouvez pas d'étoile de mer, il existe des magasins spécialisés.

1. Découpez le bois

Avec la scie, coupez les lattes de cageot aux mesures indiquées dans la liste des fournitures :
2 lattes (L : 24 cm ; l : 9 cm), pour le fond,
4 lattes (L : 29 cm ; l : 3 cm), pour l'encadrement.

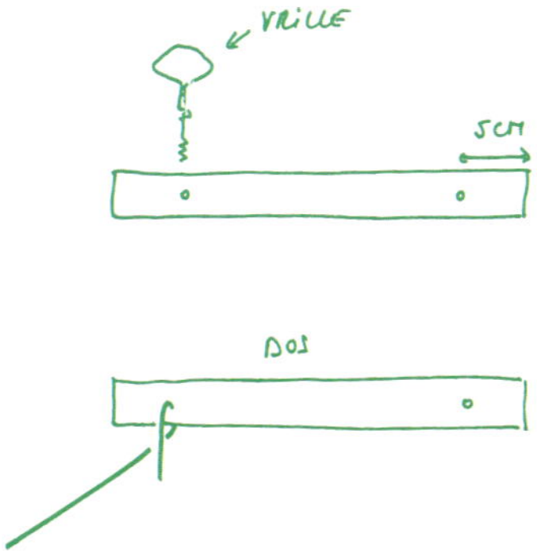

2. Préparez l'attache murale

Avec la vrille à bois, percez 2 trous dans l'une des 4 lattes prévues pour l'encadrement. Ces trous sont centrés dans la largeur et à 5 cm des extrémités. Cette latte formera le haut de l'encadrement. Prenez ensuite la ficelle et passez-la par un premier trou, puis nouez-la. Passez-la ensuite par le deuxième trou et nouez-la à nouveau.

3. Collez le sable

Appliquez la colle blanche avec un pinceau sur l'endroit des 4 lattes. Ensuite, saupoudrez le sable sur les lattes. Laissez sécher la colle, puis retirez le sable qui n'a pas adhéré.

4. Fixez le fond du tableau

Sur l'envers de 2 lattes qui formeront le haut et le bas de l'encadrement, indiquez le milieu avec un crayon noir. Marquez ensuite la largeur des lattes. Avec le pistolet à colle chaude, encollez la moitié de la latte formant le haut de l'encadrement (celle qui a l'attache murale). Puis collez-y une latte de fond. Recommencez l'opération pour la latte du bas de l'encadrement. Collez l'autre partie du fond de la même façon.

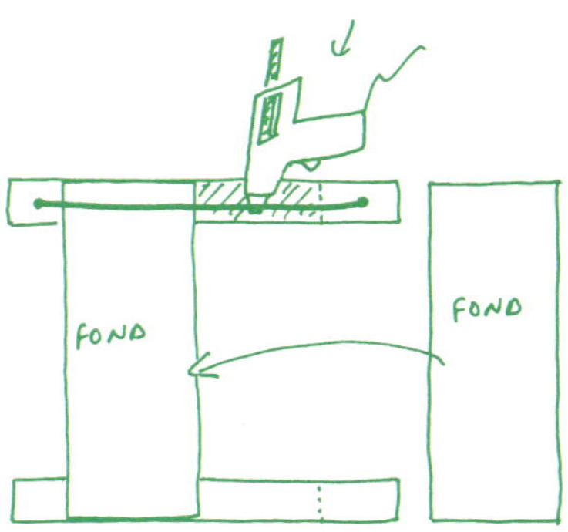

5. Finissez l'encadrement

Sur l'endroit du tableau, placez les 2 lattes restantes, de chaque côté. Elles dépassent du fond de 1 cm. Collez les lattes aux 4 coins, avec de la colle à chaud.

6. Collez les coquillages et les étoiles de mer

Placez les coquillages sur le fond du tableau. Ils sont alignés et centrés entre l'encadrement et le milieu. Avec le pistolet à colle chaude, collez les coquillages, les uns après les autres.
Placez les étoiles aux intersections des lattes d'encadrement, puis collez-les avec la colle à chaud.

Disposez les coquillages selon leur forme et leur taille.

Le miroir fleuri

En rangeant le grenier de ma maison de campagne, j'ai retrouvé ce miroir. Je l'ai dépoussiéré et décoré avec de la mousse et des pétales de fleurs, ramassés lors d'une promenade en forêt. Il s'adapte parfaitement au décor champêtre de ma maison.

10 septembre
Saint-Florentin

SPECIAL BROCANTE

Décoration de mousse séchée

J'ai fait sécher, bien à plat, à l'abri du soleil, une grande quantité de mousse naturelle. Avec du fil vert, j'ai entouré la mousse sur le devant et les côtés du cadre. J'ai fait plusieurs tours, en effectuant des spirales de plus en plus serrées, puis j'ai noué le fil au cadre.

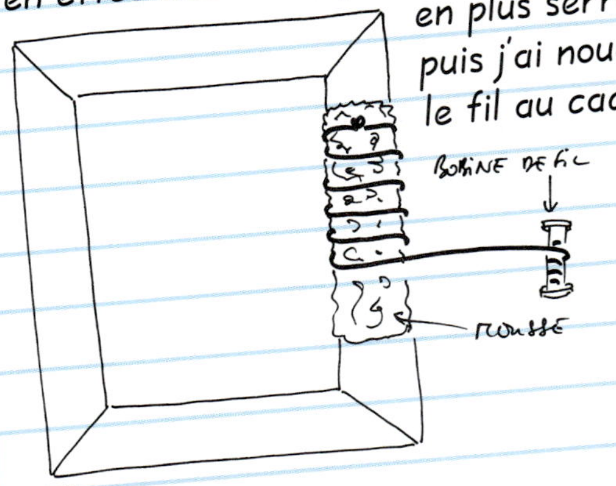

Un peu de colle pour consolider

Après un petit nettoyage, j'ai enlevé les clous au dos du cadre avec une tenaille pour pouvoir retirer le miroir. Le cadre était un peu abîmé aux angles, je l'ai consolidé avec de la colle forte.

Touche finale

Entre deux feuilles de papier, j'ai fait sécher, pendant 15 jours, des pétales d'hortensia. Je les ai collés tout autour et à chaque angle du miroir.

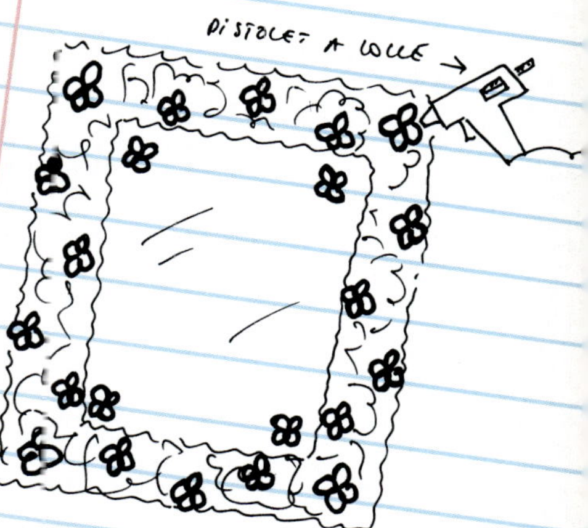

Quelques clous et un marteau

J'ai replacé le miroir dans le cadre et l'ai fixé avec des petits clous. J'ai agrafé un rectangle de carton de 2 mm d'épaisseur au dos du cadre.

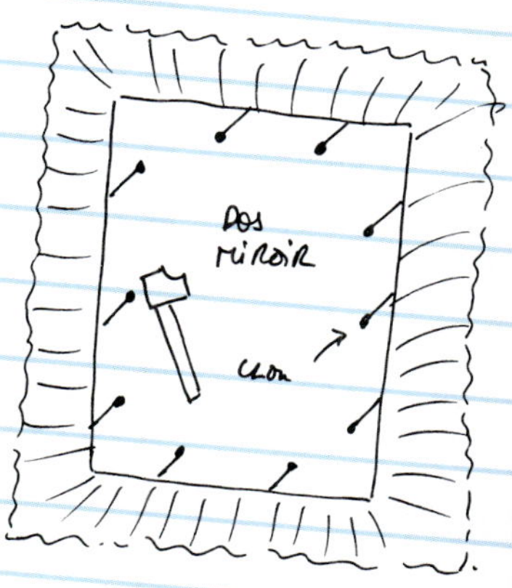

Les couronnes décoratives

La couronne des bois

Prom'nons-nous dans les bois, tant qu'la belle saison est là.

1 BÂTON (DIAMÈTRE D = 2,5 CM ENVIRON ; L = 30 CM) ;
6 POMMES DE PIN, DONT LE DIAMÈTRE DE LA BASE MESURE ENVIRON 5 CM ;
6 PETITS PIMENTS SÉCHÉS, LES NÔTRES MESURENT ENVIRON 10 CM ;
12 FLEURS ORANGE APPELÉES « CARTHAMUS ORANGE ».

Mon conseil : choisissez un bois tendre, il sera plus facile à découper.

Mon conseil
Utilisez de préférence un fil de fer de couleur verte, il sera moins visible.

Matériel

2 m de fil de fer, moyennement souple, diamètre = 0,8 mm.

Outillage

Règle ● crayon noir ● pince ● pointe de compas ou 1 grosse aiguille pour percer les tiges des fleurs et les piments ● tenaille ● perceuse avec une mèche à bois de 2 ou 3 mm ● scie manuelle ou scie sauteuse ● étau pour maintenir le bâton, au moment du perçage et de la coupe.

Mon conseil
Par sécurité, maintenez votre bâton dans l'étau avant de le couper. Vous empêcherez ainsi la scie de déraper.

1. Préparez les morceaux de bois

Coupez le bâton de 30 cm en tronçons de 2,5 cm.
Vous obtenez 12 morceaux.
Avec la perceuse, faites un trou au centre de tous les morceaux.

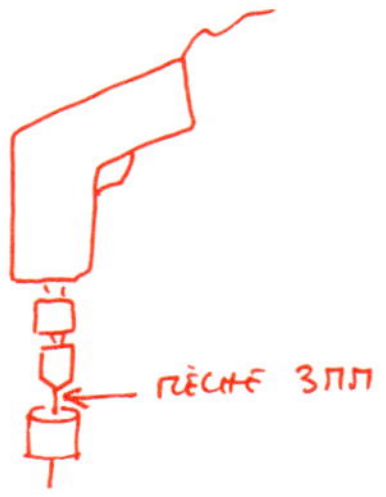

2. Coupez les pommes de pin

Placez la « tête » de la pomme de pin dans l'étau, et, à la scie manuelle, découpez sa base. Celle-ci mesure 5 cm. (L'épaisseur des bases de nos pommes de pin est 2,5 cm.)

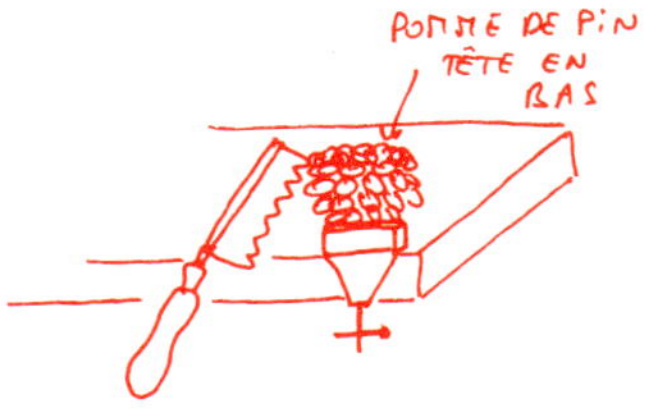

3. Préparez les fleurs et les piments

Découpez les tiges des fleurs à 4 cm. Ensuite, percez un trou dans chaque tige, à 2 cm de la fleur. Pour les piments, le trou se situe à 2 cm du haut.

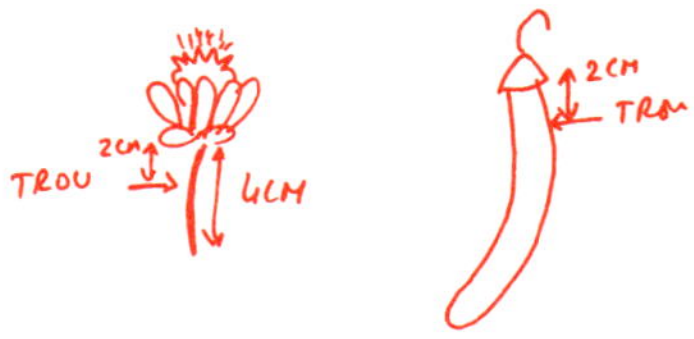

4. Créez la couronne

Pliez le fil de fer en son milieu. Puis, à l'aide de la pince, vrillez les 2 morceaux de fil de fer ensemble, au niveau de la pliure, sur environ 5 cm.
Commencez par placer une pomme de pin au niveau des fils vrillés. Elle est maintenue entre les 2 fils de fer. Les fils passent entre les aspérités de la pomme de pin.
Ensuite, passez les 2 fils, ensemble, dans les éléments suivants : 1 morceau de bois – 1 fleur – 1 piment – 1 fleur – 1 morceau de bois.
Recommencez le même enchaînement, en commençant toujours par la pomme de pin.

Mon conseil
Si vous avez un étau, maintenez-y l'extrémité des fils vrillés. Le montage de la couronne sera plus facile.

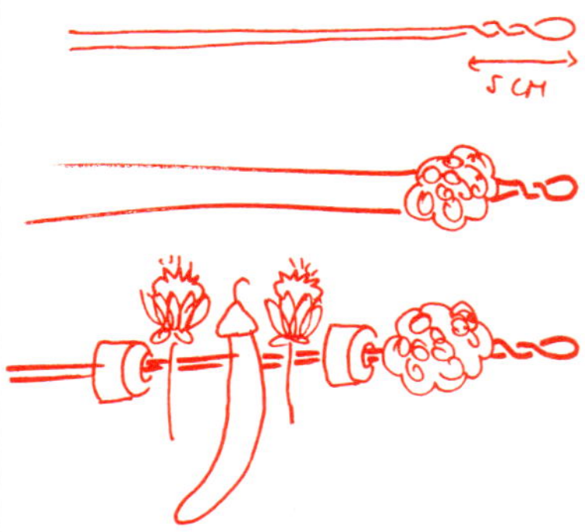

5. Fermez la couronne

Une fois que tous les éléments forment la couronne, assemblez toutes les extrémités des fils de fer et vrillez-les ensemble. Recoupez le surplus de fil avec une tenaille.

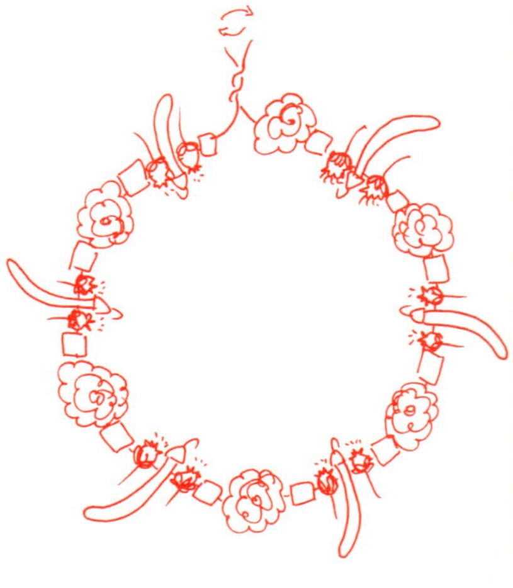

Pour les fêtes de Noël, bien sûr, mais aussi pour le simple plaisir de décorer une porte.

La couronne des champs

Ne jetez plus vos roses fanées, un jour ou l'autre, vous saurez en faire bon usage.

30 ROSES ; 32 BRINS DE BLÉ OU D'ORGE, LA « TÊTE » MESURE ENVIRON 3 CM DE LONGUEUR ; MOUSSE SÉCHÉE POUR RECOUVRIR TOUTE LA COURONNE, IL EN FAUT UNE ASSEZ GRANDE QUANTITÉ. VOUS POUVEZ LA FAIRE SÉCHER OU L'ACHETER DÉJÀ SÈCHE, CHEZ CERTAINS FLEURISTES OU DANS DES MAGASINS SPÉCIALISÉS DANS LES PLANTES SÉCHÉES.

Mon conseil : n'hésitez pas à utiliser d'autres fleurs ou plantes, des chardons, des petits œillets par exemple.

Matériel

1 couronne en osier tressé ou en mousse ou en polystyrène ; rayon extérieur = 11 cm et rayon intérieur = 6 cm • 4 bâtons de cannelle de 5 ou 6 cm de longueur • 1 bobine de fil vert de la couleur de la mousse • 40 cm de fil de fer, de couleur verte et moyennement souple • colle blanche.

Outillage

Règle • tenaille • ciseaux.

Mon conseil
Pour faire sécher des fleurs, pendez-les la tête en bas, dans un endroit sec, à l'abri du soleil et à une température ambiante d'environ 20 °C.

1. Préparez l'accroche murale

Prenez 40 cm de fil de fer et passez-le autour de la couronne. Rassemblez les 2 extrémités de fil, au dos de la couronne, puis vrillez-les ensemble, en vous aidant d'une pince. Avec le surplus de fil, formez un anneau et vrillez à nouveau les fils sous l'anneau. Avec la tenaille, recoupez le surplus de fil.

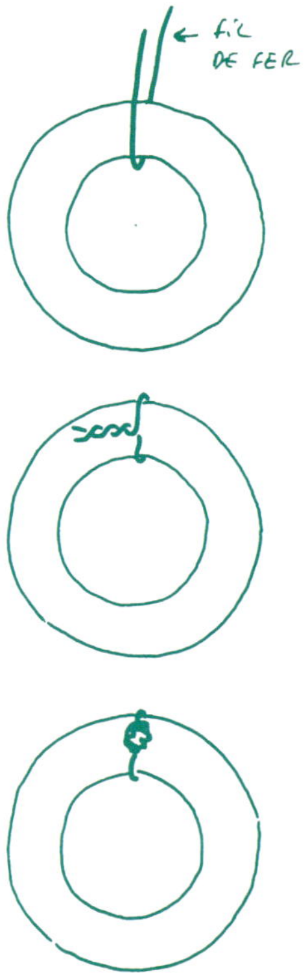

Mon conseil
Pour faire sécher la mousse, placez-la bien à plat, dans un endroit sec, à l'ombre.

2. Recouvrez la couronne de mousse

Pour maintenir la mousse sur la couronne, nouez le fil autour de la couronne. Quand le fil est fixé, entourez-le autour de la couronne, en enfermant la mousse. À la fin, faites un nœud avec le fil, toujours autour de la couronne.

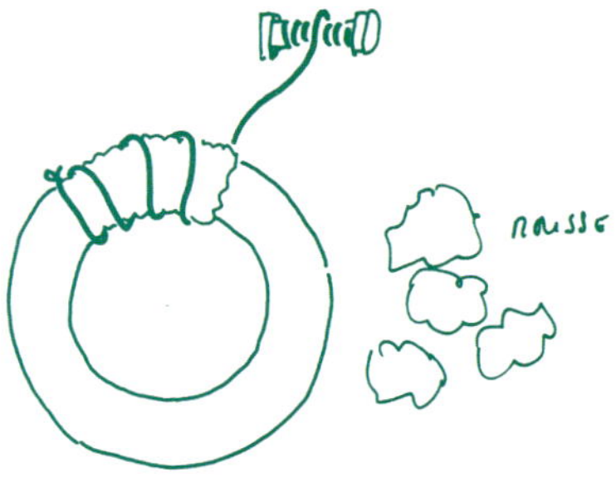

3. Installez les bâtons de cannelle

Passez un fil à l'intérieur des bâtons de cannelle, puis fixez-les sur le dessus de la couronne, en nouant le fil sur l'envers. Ils forment une croix et séparent la couronne en 4 parties égales. Attention : l'anneau que vous avez fait dans la 1re étape doit être centré entre 2 bâtons de cannelle, sur l'envers de la couronne.

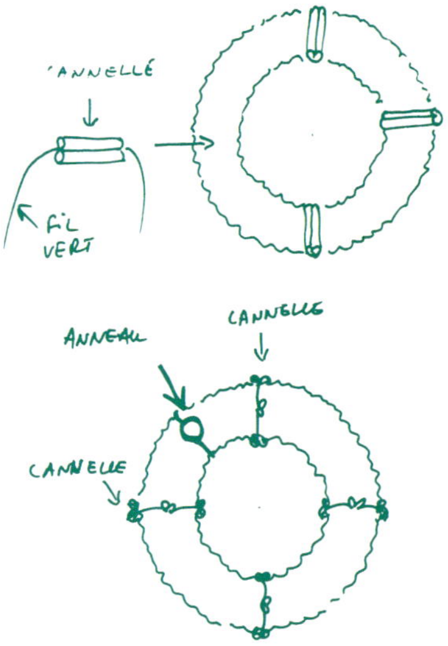

Mon conseil
Tendez bien le fil entre chaque spirale, sans le casser. En recouvrant la couronne, passez le fil d'abord grossièrement, puis de façon plus serrée.

4. Préparez les fleurs et les brins de blé

Coupez les tiges à 1 cm environ. Placez toutes les fleurs sur la couronne, vous les collerez les unes après les autres. Placez 4 fleurs sur le bord extérieur de la couronne, entre 2 bâtons de cannelle. Espacez-les régulièrement.

Mon conseil
Installez le nombre de fleurs qui vous semble le plus adapté à votre couronne pour qu'elle soit bien garnie sans être surchargée.

Placez ensuite 4 fleurs sur le dessus de la couronne, vers le bord extérieur. Placez enfin 4 fleurs sur le dessus et 3 vers l'intérieur de la couronne.

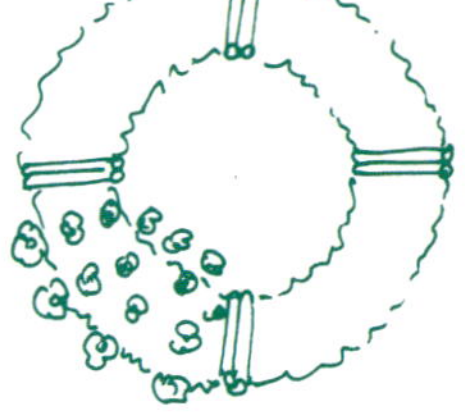

Quand les fleurs sont installées sur l'ensemble de la couronne, fixez-les, les unes après les autres, en encollant leurs tiges au fur et à mesure. Avant d'accrocher votre couronne, laissez bien sécher la colle.

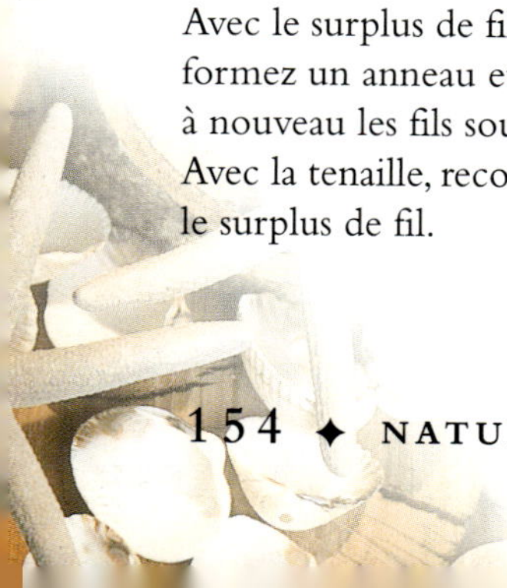

Roses rouges et épis d'or ou roses jaunes et chardons bleus : jouez sur la gamme des harmonies de couleur.

Les patères

L'accroche-torchons coquillages p 156
raisonnable ●● 4 h ●● compliqué ●●

Le portemanteau p 158
économique ● 3 h ● facile ●

L'accroche-torchons coquillages

Une drôle de façon de décorer la cuisine, le temps d'un été.

5 COQUILLAGES, 3 PETITS ET 2 GRANDS :
PETIT MODÈLE : H = 4,5 CM ;
ÉPAISSEUR (E) À 1 CM DE LA BASE = 0,6 CM ; LARGEUR = 4 CM
GRAND MODÈLE : H = 5,5 CM ; E = 0,6 CM ; LARGEUR = 5,5 CM

Mon conseil : choisissez des coquillages de couleurs différentes.

Matériel

1 tasseau : (L = 30 cm ; l = 1,8 cm ; h = 2,5 cm) ● 2 tasseaux : (L = 30 cm ; l = 0,5 cm ; h = 1 cm). Ces tasseaux serviront à maintenir les coquillages ● 1,5 m de fil de fer pour les crochets, il doit être assez souple pour être plié en deux et assez résistant pour supporter le poids d'un torchon ● 1 écheveau de fil à broder par couleur de coquillage, nous avons pris 5 couleurs différentes ● colle à bois ● pistolet à colle chaude avec un bâtonnet de colle ● 2 vis pour fixer l'accroche-torchons au mur : L = 3,5 cm.

Outillage

Tournevis ● pince ● règle ● tenaille ● crayon noir ● perceuse avec une mèche à bois de 4 mm ● scie sauteuse ou scie manuelle, uniquement si vos tasseaux n'ont pas la bonne longueur ● facultatif : étau, pour maintenir le tasseau au moment du perçage et de la coupe.

Mon conseil
Pour faire des trous perpendiculaires à la surface du bois, il est préférable d'utiliser un « support de perçage ».

1. Préparez la structure

Percez tous les trous situés sur le tasseau le plus grand. Il y a 7 trous à faire dont 2 aux extrémités, pour la fixation murale et 5 en dessous de chaque coquillage, pour les crochets. Les 2 trous utilisés pour la fixation murale se situent à 1,5 cm des extrémités et sont centrés dans la hauteur.

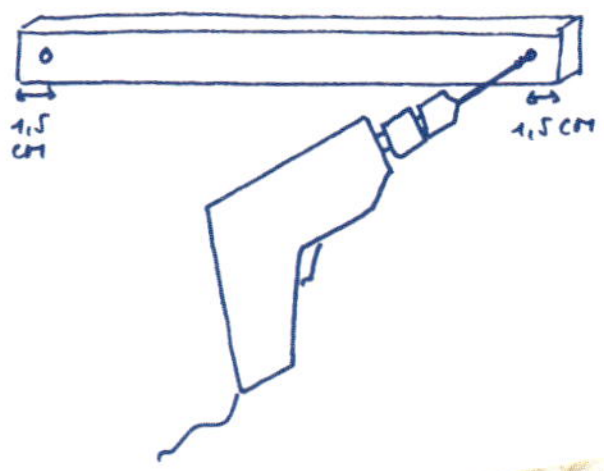

Mon conseil
Tous ces trous doivent être perpendiculaires à la face du tasseau, attention donc au moment du perçage.

Les 5 autres trous situés au-dessous de chaque coquillage se trouvent à 1 cm du haut du tasseau.
Le premier et le dernier trou sont à 3,5 cm des extrémités.
Tous les coquillages sont espacés de 1 cm, l'espacement entre chaque trou est de 5,25 cm

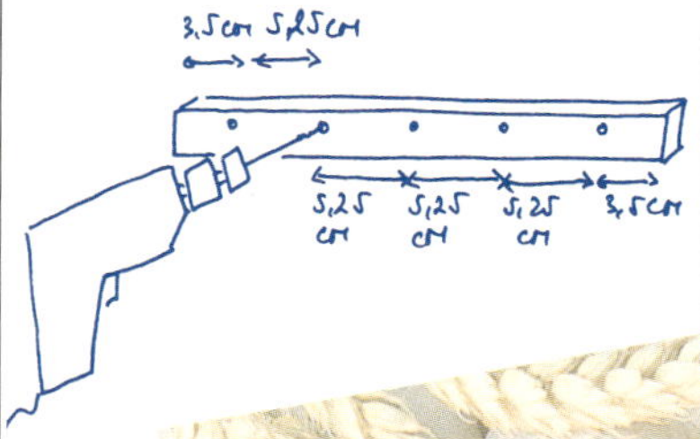

Mon conseil
Un « support de perçage » vous permettra de percer des trous perpendiculaires à la face du tasseau.

2. Montez les tasseaux

Prenez un premier tasseau et collez-le avec la colle à bois au-dessus du tasseau de la structure, en l'alignant avec la face du tasseau principal.

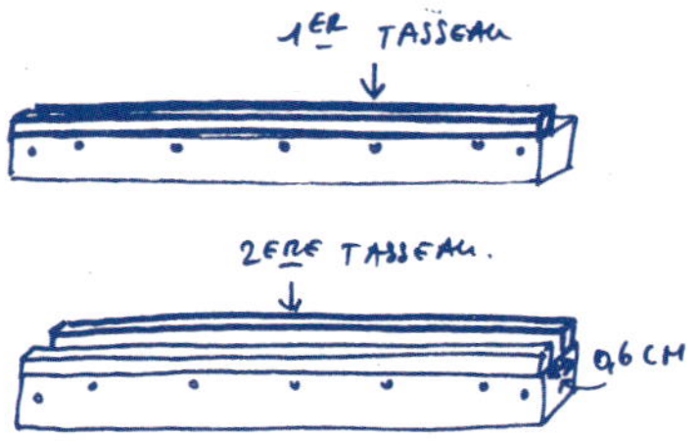

Quand la colle est bien sèche, collez le 2e tasseau en l'écartant du 1er de la valeur de E.
Dans notre cas, E = 0,6 cm.

3. Collez les coquillages

Tous les coquillages se fixent avec le pistolet à colle chaude. Déposez une grosse épaisseur de colle entre les 2 tasseaux, puis fixez chaque coquillage en face de chaque trou.

4. Préparez les crochets

Avec la tenaille, coupez 5 morceaux de fil de fer d'une longueur de 30 cm. Pliez-les en 2 parties égales. Ensuite, déroulez un peu de fil à broder et habillez-en le fil de fer.
Attention : laissez courir 1 morceau de fil sous les spirales, il vous permettra ensuite de pratiquer un nœud pour finir l'habillage.

Recommencez cette opération pour les 4 autres crochets.

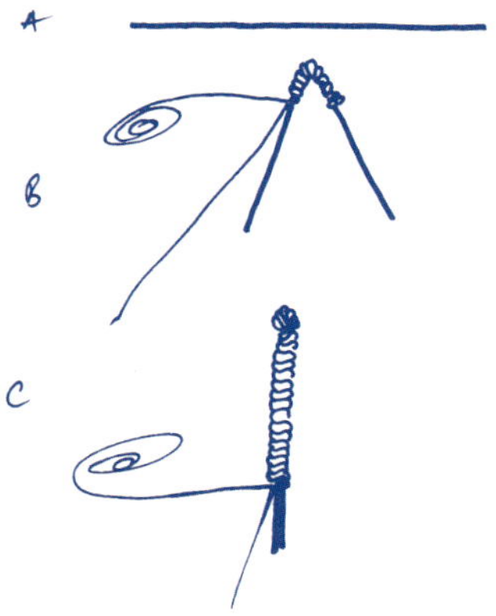

5. Installez les crochets

Pour donner la bonne forme aux crochets, pliez l'extrémité recouverte de fil, à 2 cm, puis pliez à nouveau le crochet, en sens inverse, à 5 cm de la 1re pliure.

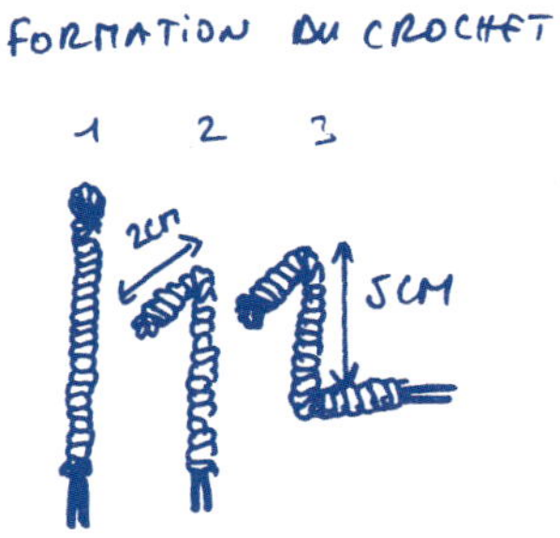

Vous pouvez vous aider d'une pince si vous avez des difficultés à tordre le fil de fer.
Passez ensuite les crochets par les trous situés sur le tasseau.
Au dos du tasseau, repliez le surplus de fil de fer vers le bas.
Là aussi, aidez-vous d'une pince.
Il reste à fixer l'objet au mur.

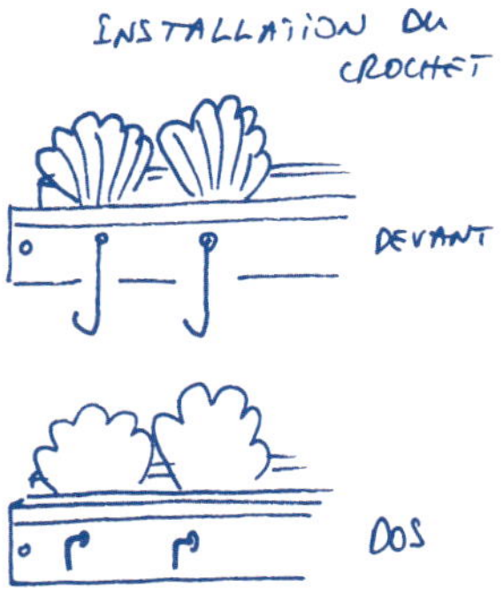

Un peu d'océan envahit la cuisine et tout à coup, une envie de vacances.

Le portemanteau

Que faire avec trois petits bouts de bois et quatre minuscules pommes de pin ?

3 BÂTONS DE BOIS, D (DIAMÈTRE) = 3 CM ENVIRON :
1 D'UNE LONGUEUR DE 25 CM POUR LA STRUCTURE ET 2 DE 5 CM POUR LES PATÈRES.
4 POMMES DE PIN, DONT LE DIAMÈTRE DU DESSOUS MESURE 4 CM

Mon conseil : sélectionnez des pommes de pin et du bois de la même couleur pour un portemanteau tout en douceur.

Matériel

2 vis de 5 cm de longueur • 2 vis pour la fixation murale, de 6 cm de longueur • colle à bois.

Outillage

Tournevis • règle • crayon noir • perceuse avec des mèches à bois de 5 mm et 3 mm • scie manuelle ou scie sauteuse • étau, pour maintenir le bâton au moment du perçage et de la coupe • pour faire des trous parfaitement perpendiculaires à la surface du bois, utilisez un support de perçage.

1. Préparez le bois

Découpez d'abord tous les morceaux de bois nécessaires à la création du portemanteau suivant les dimensions indiquées dans le matériel à récupérer. Laissez sécher ces morceaux de bois quelques jours avant de les monter en portemanteau.

2. Préparez les pommes de pin

Placez la tête de la pomme de pin dans l'étau, et découpez sa base à la scie manuelle. Découpez 2 bases de 4 cm de diamètre (pour l'extrémité des patères) et 2 bases de 3 cm de diamètre (pour les extrémités du support).

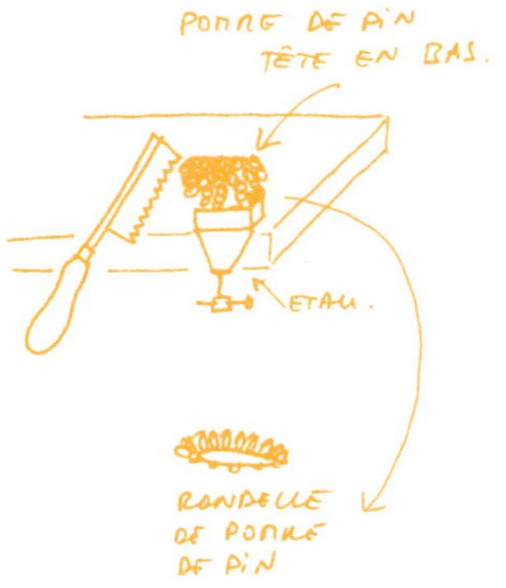

3. Percez la structure

Prenez la perceuse avec la mèche de 5 mm. Sur la structure, percez 2 trous pour les patères. Ils doivent se trouver à 7 cm des extrémités.
Percez 2 trous aux extrémités pour la fixation murale. Ils se trouvent à 2 cm des bords.
Attention : avant de percer ces 2 trous, faites tourner le support d'environ 1 cm.

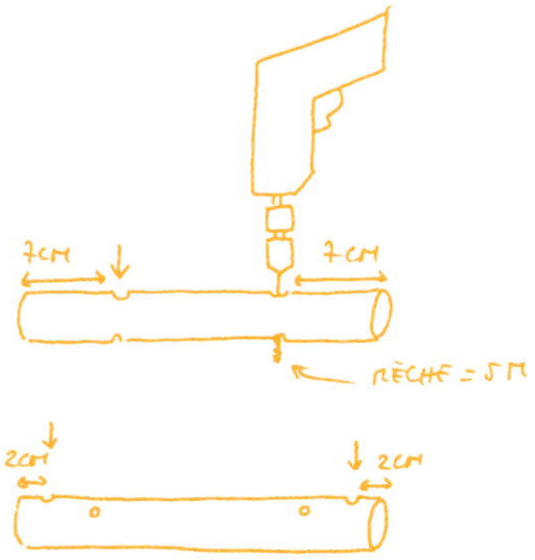

4. Percez les patères

Prenez la perceuse avec la mèche de 3 mm et faites un trou à 1 extrémité de chaque patère.

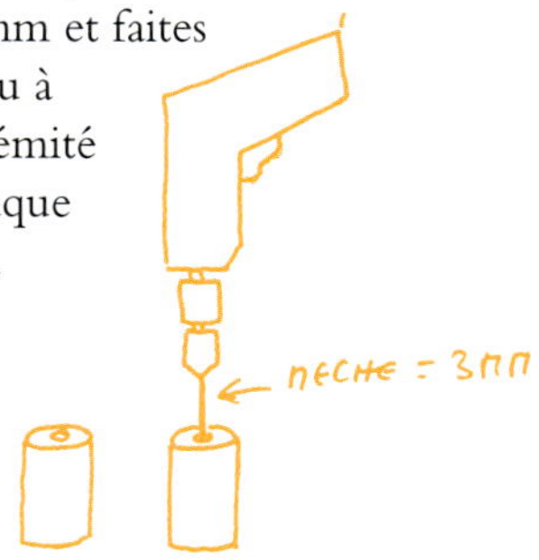

5. Collez les pommes de pin

Avec la colle à bois, fixez les bases des pommes de pin déjà découpées, aux emplacements prévus.

Un portemanteau à utiliser partout, à la cuisine, dans l'entrée, dans la salle de bains ou dans la chambre des enfants.

Collez les bases de 4 cm de diamètre aux extrémités des patères.
Il s'agit de l'extrémité qui n'est pas percée.
Collez les bases de 3 cm de diamètre aux extrémités du support.

Mon conseil
Attendez que la colle soit bien sèche avant de poursuivre le travail.

6. Montez le portemanteau

Vissez les patères sur le support en utilisant les vis de 5 cm de longueur.

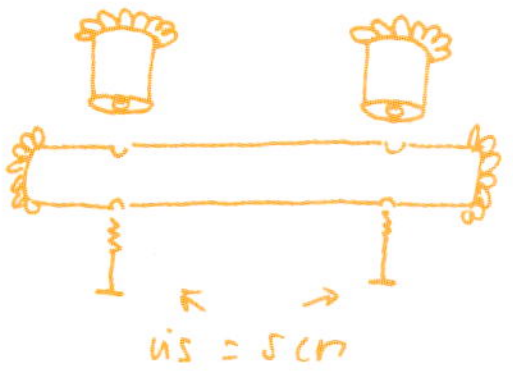

Mon conseil
Ne suspendez pas d'objets trop lourds sur une seule patère et essayez de répartir le poids des objets sur l'ensemble du portemanteau.

Les lampes

La lampe-bouquet

La lumière délicate se diffuse à petites touches et semble sortir d'un bouquet de fleurs.

1 GROS BOUQUET DE FLEURS SÉCHÉES, NOUS AVONS UTILISÉ ENVIRON 70 PAVOTS, DONT LES TIGES MESURENT 45 CM ;
1 RONDIN DE BOIS POUR LA BASE DE LA LAMPE : ÉPAISSEUR (E) : 2 CM ; DIAMÈTRE (D) : 17 CM.

Mon conseil : vous pouvez utilisez d'autres végétaux, comme des chardons, du blé, de la lavande.

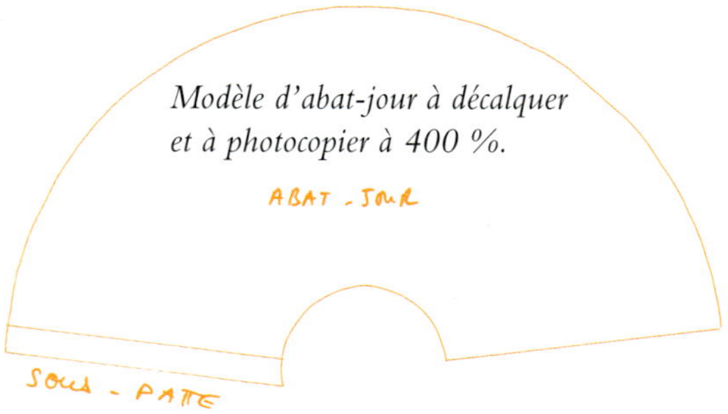

Modèle d'abat-jour à décalquer et à photocopier à 400 %.

Matériel

15 brins de raphia ● polyphane (20 x 30 cm) ● papier de la couleur des tiges (20 x 30 cm) ● 1 cercle métallique (D : 15 cm) ● pistolet à colle chaude avec 1 bâtonnet de colle, ou colle classique forte.

Matériel électrique

1 interrupteur beige ● 1 prise beige ● 2 m de fil électrique beige ● 1 douille à vis avec un accès extérieur ● 1 ampoule adaptée à la douille ; 40 W maximum ● 1 tige filetée, creuse (L : 28 cm).

Outillage

Ciseaux ● crayon noir ● règle ● perceuse avec mèche de 1 cm de diamètre (le diamètre de la mèche correspond au diamètre de la tige filetée) ● un support de perçage ● tournevis pour électricité.

Mon conseil
Prenez une douille longue. Les mesures de la nôtre sont : H : 5 cm D : 2,2 cm.

1. Montez la lampe

Au centre du rondin servant de socle, percez un trou vertical à la table.
Avec la colle forte, encollez l'intérieur de ce trou et fixez la base de la tige filetée. Maintenez cette dernière verticalement jusqu'à ce que la colle soit sèche.

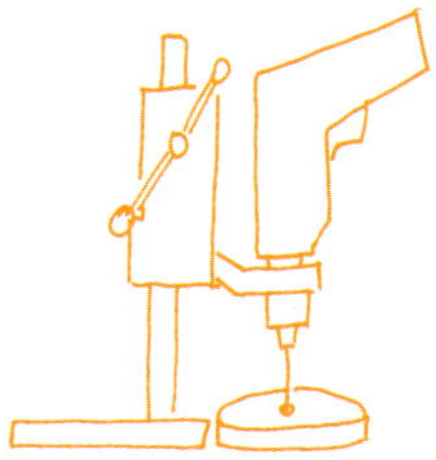

2. Installez la douille

Prenez la douille et dévissez-la. Prenez 65 cm de fil électrique ; à l'une des extrémités, séparez les 2 câbles sur 3 cm et dénudez-les sur 5 mm. Passez les fils dans la douille aux emplacements prévus et vissez. Replacez l'intérieur de la douille en faisant passer le fil par le trou prévu. Revissez tous les éléments de la douille. Vissez la douille sur le haut de la tige filetée.

3. Préparez le bouquet

Pour tresser le haut des fleurs sur le cercle de 15 cm de diamètre, prenez un brin de raphia et nouez-le en son centre, sur le cercle. Posez une première fleur sur le bord du cercle,

croisez les 2 brins de raphia sur le dessus de la tige. Passez-les ensuite sous le cercle en les croisant à nouveau.
Finissez par un nœud simple.
Recommencez cette opération pour toutes les fleurs.
Recoupez les tiges à la même longueur. Elles doivent recouvrir la tige filetée et dépasser de la douille de 20 cm environ. Nos tiges mesurent environ 40 cm.

Mon conseil
N'hésitez pas à mettre le plus de fleurs possible, car, plus il y aura de tiges, mieux la tige filetée sera recouverte.

4. Installez le bouquet

Avec un brin de raphia, nouez le bouquet à la base de la douille. Les tiges doivent arriver jusqu'au rondin.
En partant de cette fixation, croisez le raphia sur toute la hauteur des tiges. En bas, entourez plusieurs fois la base du bouquet avec du raphia.

Mon conseil
Le patron de l'abat-jour peut varier en fonction de la forme de votre bouquet. Faites d'abord un essai sur une feuille de papier.

5. Montez le reste du système électrique

Montez l'interrupteur
Ouvrez l'interrupteur. D'un côté, fixez l'extrémité du fil qui sort des tiges et, de l'autre côté, fixez le fil électrique restant.

Montez la prise
À l'autre extrémité du fil, fixez la prise.

6. Réalisez l'abat-jour

Prenez le polyphane ainsi que le papier assorti aux tiges. Collez le papier sur le polyphane. Ensuite, tracez et découpez le modèle d'abat-jour ci-joint sur le polyphane. Formez l'abat-jour en collant la sous-patte. Installez l'abat-jour, à l'intérieur du bouquet.

Mon conseil
Répartissez les tiges tout autour de la tige filetée pour la cacher. Le fil électrique qui part de la douille passe sous les tiges, le long de la tige filetée.

Éteignez la lumière, et la lampe se transforme en bouquet de fleurs.

La lampe papillons

On n'imagine pas les bénéfices d'une balade à la campagne.

Mousse séchée pour recouvrir la lampe, en assez grande quantité.
Si vous n'en trouvez pas dans la nature, achetez-en déjà sèche, chez certains fleuristes ou magasins spécialisés.
48 plumes de taille moyenne pour faire les ailes des papillons, les nôtres mesurent environ 4,5 cm de longueur ;
12 épis de blé pour faire les corps des papillons, les nôtres mesurent environ 5 cm ;
12 bâtons pour la structure de la lampe (L : 24 cm ; D : 8 mm).

Mon conseil : essayez de trouver des bâtons les plus droits possible. Prévoyez une scie ou un gros sécateur pour les couper à la bonne taille.

Matériel

Environ 20 brins de raphia • 1 grosse aiguille dans laquelle peut passer un brin de raphia • 4 carrés de grillage à poule, 20 x 20 cm. Prévoyez une tenaille pour les recouper • 4 carrés de polyphane, 20 x 20 cm • 1 petite planche de 10 mm d'épaisseur et de 6 cm x 19 cm • pistolet à colle chaude avec 4 bâtonnets de colle.

Mon conseil
Vous pouvez récupérer la planche sur une caisse en bois utilisée pour le vin.

Mon conseil
Prenez une douille longue. Les mesures de la nôtre sont :
H : 5 cm
D : 2,2 cm.

Matériel électrique

1 interrupteur beige • 1 prise beige • 2 m de fil électrique beige • 1 douille avec un accès extérieur pour le fil électrique, vissable • 1 ampoule adaptée à la douille, 40 W maximum • 1 adaptateur qui se fixe avec des vis sur la planche appelé raccord à plaque avec 2 vis de 1 cm de longueur.

Outillage

Ciseaux • crayon noir • cutter • règle • emporte-pièce n° 3 • marteau • planche à découper pour protéger la table • vrille à bois de 5 mm environ • tournevis pour électricité.

1. Percez les trous dans le polyphane

Avec l'emporte-pièce et le marteau, percez un trou dans chaque angle des 4 carrés de polyphane, à 1 cm des bords. N'oubliez pas de protéger votre table avec une planche à découper.

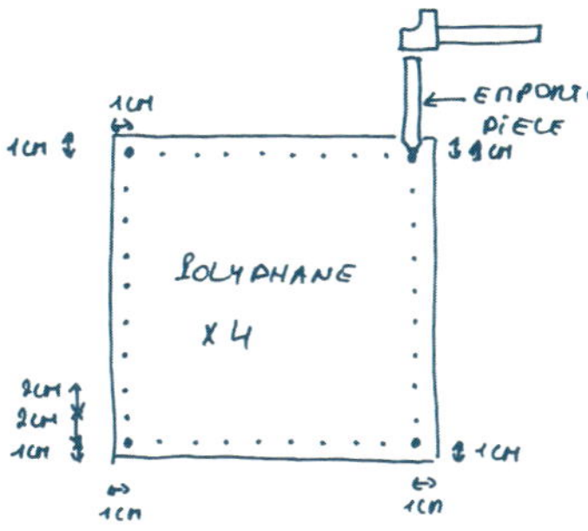

À partir de ces trous, percez, toujours à 1 cm des bords, 1 trou tous les 2 cm. Vous obtiendrez 10 trous par côté. Percez ainsi les trous de chaque carré.

2. Habillez les côtés de la lampe

Retirez le film autocollant du carré de polyphane et recouvrez-le entièrement de mousse. Avec des ciseaux, recoupez le surplus de mousse. Ensuite, posez un carré de grillage sur la mousse. Assemblez le polyphane, la mousse et le grillage en commençant par la partie supérieure.

3. Montez les côtés de la lampe

Assemblez le polyphane, la mousse et le grillage avec les montants de bois.

Placez un bâton de 24 cm, centré en haut du carré. Enfilez un brin de raphia dans l'aiguille. Fixez le raphia dans le trou d'un angle du carré de polyphane et cousez le carré et le bâton en passant par tous les trous. Terminez par un nœud. Recommencez cette opération pour la partie inférieure. Puis recommencez ces 2 opérations pour les 3 autres carrés.

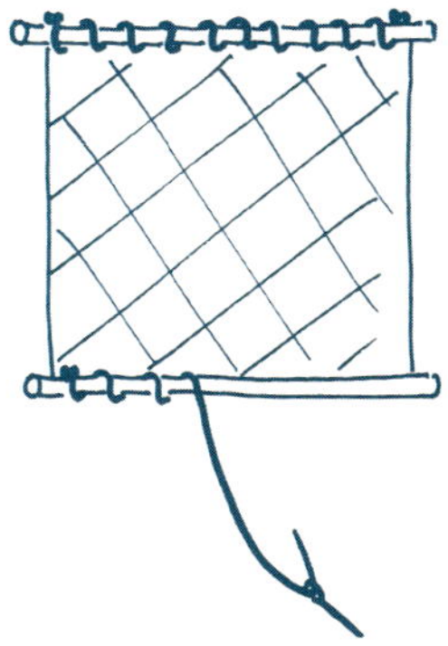

4. Assemblez les 4 côtés de la lampe

Passez un brin de raphia dans l'aiguille et fixez-le en prenant ensemble 2 trous d'angle de 2 carrés. Prenez alors un bâton de 24 cm et installez-le sur l'un des 2 carrés, dans le sens vertical et à la jonction des 2 carrés. Cousez ensemble les 2 carrés et le bâton. Recommencez cette opération pour les 4 angles.
Superposez les bâtons :
- les bâtons supérieurs des carrés 1 et 3 doivent se trouver au-dessus des bâtons supérieurs des carrés 2 et 4 ;
- les bâtons verticaux se trouvent de chaque côté des carrés 2 et 4.

Avec du raphia, fixez les 4 angles supérieurs et les 4 angles inférieurs de la lampe. Pour ce faire, nouez un brin de raphia autour des 3 bâtons formant un angle. Commencez par attacher ensemble les bâtons horizontaux, puis le bâton vertical.

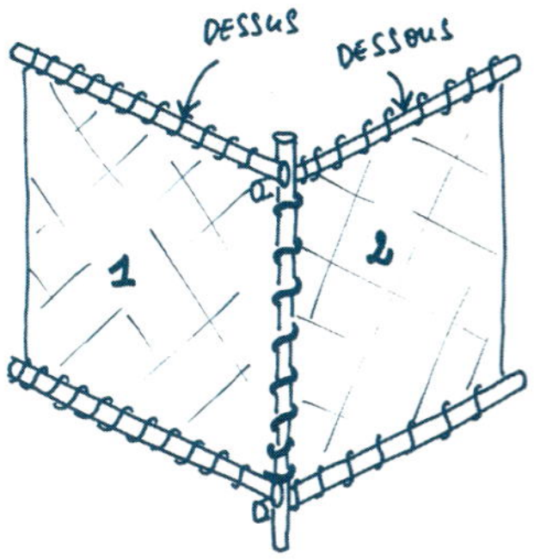

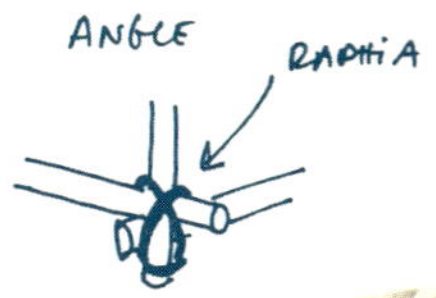

Mon conseil
Pour que la lampe soit correctement montée, tenez bien compte de l'ordre de superposition des bâtons.

Une lumière tamisée comme un pâle rayon de soleil sur la mousse des sous-bois.

5. Installez le fond

Prenez la petite planche. Avec la vrille, percez un trou centré sur chaque largeur, et à 1 cm du bord. Ensuite, percez un trou à 2 cm de chaque côté de ces trous. Sur le dessus de cette planche, en son milieu, vissez le raccord à plaque qui supportera la douille. Avec un brin de raphia, fixez la planche au fond de la lampe, en plein centre. Le raphia passe par les trous du polyphane, sur le bâton et à travers la planche. Fixez ainsi les 2 côtés de la planche sur 2 côtés de la lampe.

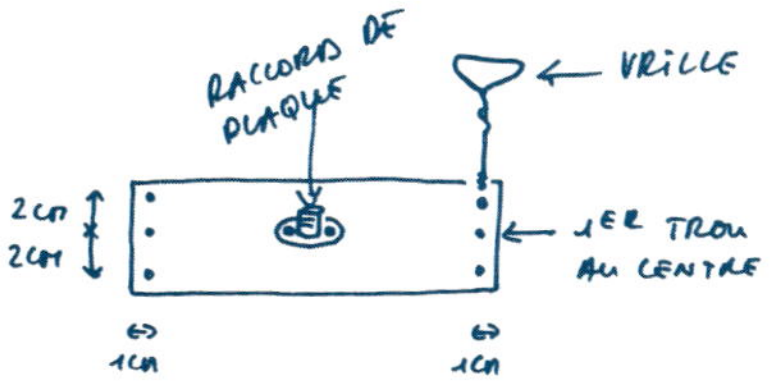

6. Montez le système électrique

Montage de la douille

Dévissez la douille. Prenez 40 cm de fil électrique ; à l'une des 2 extrémités, séparez les 2 câbles sur 3 cm et dénudez-les sur 0,5 cm. Passez les fils dans la douille aux emplacements prévus et vissez pour les maintenir. Replacez l'intérieur de la douille en faisant passer le fil par le trou prévu. Revissez les éléments de la douille. Vissez la douille sur l'adaptateur, puis passez le fil sous la lampe.

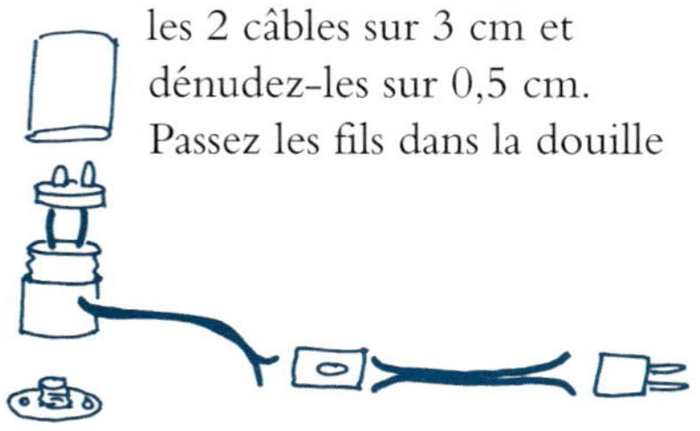

Montage de l'interrupteur

Ouvrez l'interrupteur. D'un côté, fixez le bout du fil qui sort de la douille, et, de l'autre côté, fixez le fil électrique restant. Ensuite, refermez-le.

Montage de la prise

À la dernière extrémité du fil, fixez la prise.

7. Décorez la lampe

Chaque papillon est formé d'un épi de blé pour le corps et de 4 plumes pour les ailes.

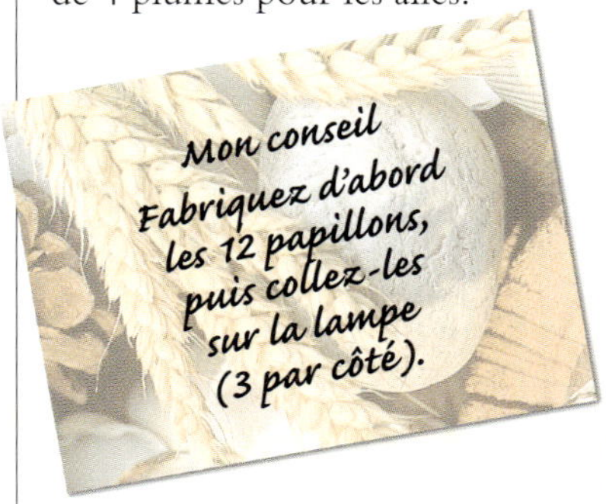

Avec la colle à chaud, fixez les 4 plumes au centre de l'épi. Ensuite, collez le papillon sur le côté de la lampe.

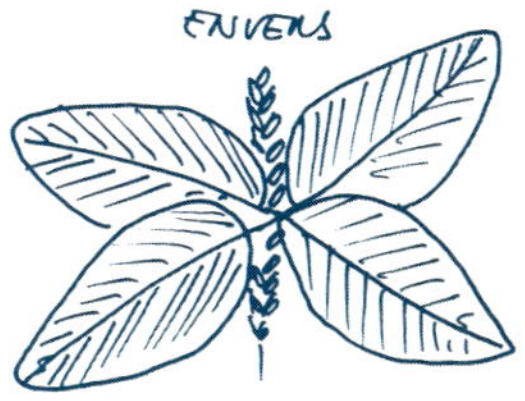

La veilleuse bord de mer

Démontez un cageot, gardez les coquilles de pétoncle et fabriquez-vous un univers lumineux.

18 COQUILLAGES. LES NÔTRES MESURENT ENVIRON 3 CM DE HAUTEUR ET 3,5 CM DE LARGEUR.
4 ÉTOILES DE MER. LES NÔTRES ONT UNE ENVERGURE DE 11 CM.
1 CAGEOT, AFIN DE RÉCUPÉRER LE BOIS POUR LA STRUCTURE. LA LARGEUR DES LATTES DU NÔTRE MESURE 6 CM.

Mon conseil : prévoyez un peu plus de coquillages pour faire des essais de perçage.

Matériel

4 brins de raphia • 2 gros clous pour percer les coquillages • pistolet à colle chaude avec 2 bâtonnets de colle • 45 clous de 1,5 cm de longueur, avec une petite tête.

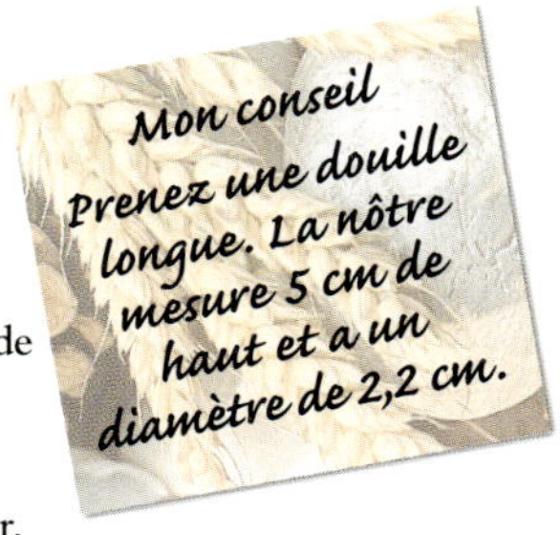

Matériel électrique

1 interrupteur blanc • 1 prise blanche • 2 m de fil électrique blanc • 1 douille à vis avec un accès extérieur pour le fil électrique. • 1 ampoule adaptée à la douille, 40 W maximum ; la puissance de l'ampoule dépend de la largeur de votre boîte, demandez conseil à votre fournisseur • 1 adaptateur qui se fixe avec des vis sur la planche appelé raccord à plaque, avec 2 vis de 1 cm de longueur.

Outillage

Ciseaux • crayon noir • cutter • règle • perceuse avec mèche de 3 mm de diamètre ou une vrille de cette taille • scie manuelle • marteau • planche à découper pour protéger la table • tournevis pour électricité • pince.

1. Découpez la structure

Désossez le cageot pour récupérer les lattes et les axes verticaux. Recoupez-les ensuite aux dimensions suivantes :

- 4 montants (L = 18,5 cm).
- 11 lattes de 6 cm de largeur : 6 lattes (L = 18 cm) ; 4 lattes (L = 14 cm) ; 1 latte (L = 12 cm)
- 8 lattes de 2,5 cm de largeur : 4 lattes (L = 18 cm) et 4 lattes (L = 14 cm).

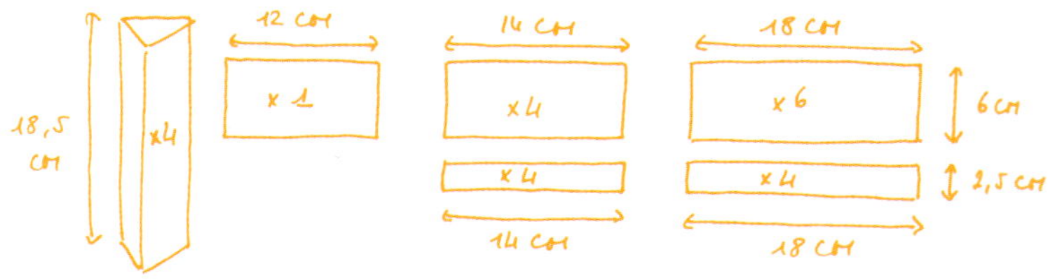

2. Montez la structure

Prenez 4 lattes de 14 x 6 cm et 4 lattes de 18 x 6 cm. Clouez 1 latte à la base de chaque montant vertical. Ensuite, clouez une 2e latte au-dessus de l'autre.

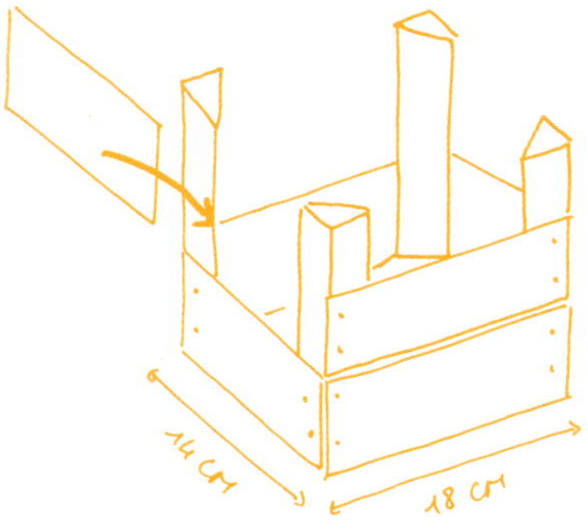

3. Installez le fond

Prenez les 2 lattes de 18 x 6 cm et la latte de 12 x 6 cm. Posez côte à côte les 2 lattes de 18 cm, puis collez la latte de 12 cm perpendiculairement et en plein centre. Utilisez le pistolet à colle chaude. Sur le dessus de la dernière latte, vissez le raccord à plaque en son milieu, il supportera la douille. Clouez le fond sous les montants verticaux, centré sous la structure de la veilleuse.

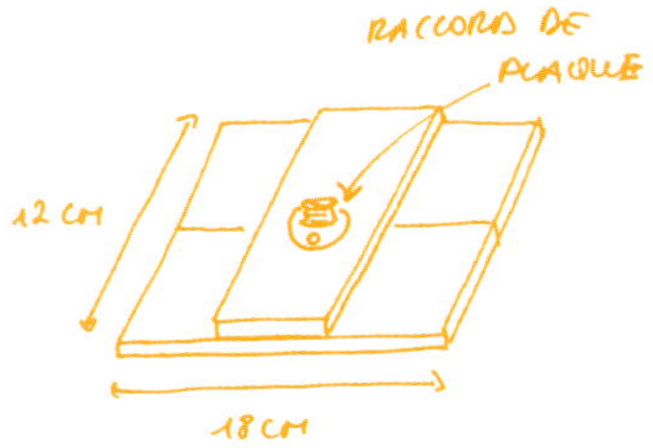

4. Percez les lattes

Ces trous vont servir à attacher les coquillages. Prenez les 4 lattes de 2,5 cm de largeur. Sur les lattes de 18 cm de longueur, tracez puis percez 5 trous à 7 mm du bord. Le premier est centré dans la longueur de la latte, les autres sont espacées de 3,6 cm.

Ouvrez et fermez les yeux : vous êtes face à l'océan.

Sur les lattes 14 cm de longueur, percez 4 trous à 7 mm du bord, les 2 premiers à 1,8 cm des bords extérieurs, les 2 suivants à 3,5 cm des premiers.

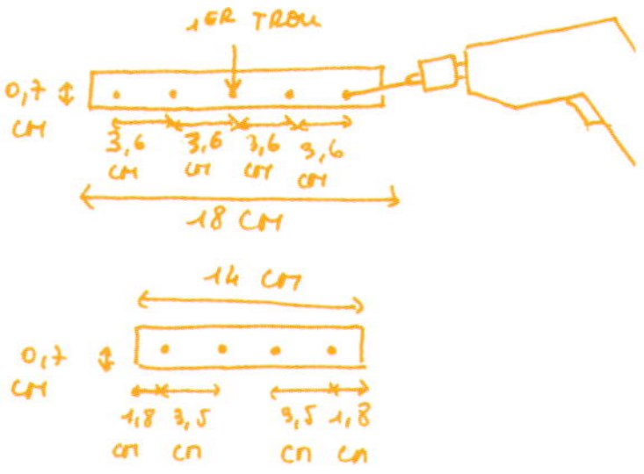

5. Installez les coquillages et les étoiles

Percez le haut de chaque coquillage avec un clou et un marteau.

Mon conseil
les coquillages sont fragiles et cassent facilement. Ne tapez pas trop fort, ils risquent d'éclater.

Ensuite, maintenez-les avec du raphia au bord des 4 lattes que vous avez percées. Clouez les lattes en haut des montants verticaux. Avec le pistolet à colle, collez une étoile de mer au centre de chaque face.

6. Montez le système électrique

Montage de la douille
Dévissez la douille. Prenez 40 cm de fil électrique ; séparez les 2 câbles sur 3 cm et dénudez-les sur 5 mm. Passez les fils dans la douille aux emplacements prévus et vissez bien pour les maintenir.
Replacez l'intérieur de la douille en faisant passer le fil par le trou prévu. Revissez les éléments de la douille.
Vissez la douille sur le raccord de plaque. Passez ensuite le fil sous la veilleuse.

Montage de l'interrupteur
Ouvrez l'interrupteur. D'un côté, fixez le fil qui sort de la douille et, de l'autre côté, fixez le fil électrique restant. Ensuite, refermez-le.
Puis, fixez la prise à l'autre extrémité du fil.

Les bonnes petites adresses

Magasins spécialisés dans tous les loisirs créatifs (peintures tous supports, perles, abat-jour, petit outillage, papiers de toutes sortes)

ROUGIER ET PLÉ
Ils ont de nombreux magasins dans toute la France et mettent à votre disposition un catalogue de vente par correspondance.
13-15, bd des Filles-du-Calvaire
75003 Paris
Tél. : 01 44 54 81 00

LOISIRS ET CRÉATION
Leurs 12 magasins sur toute la France proposent, entre autres, un grand choix de fleurs séchées. Pour connaître celui qui est le plus proche de chez vous, téléphonez au : *01 41 80 64 00*

TRUFFAUT
Plusieurs magasins dans toute la France. Pour connaître celui qui est le plus proche de chez vous, téléphonez au :
01 69 91 54 54

Magasins spécialisés dans la couture (tissus, mercerie)

BOUCHARA-EURODIF
Leur choix de tissus est très vaste. Leur rayon mercerie est lui aussi très complet.
54, bd Haussmann
75009 Paris
Tél. : 01 42 80 66 95

DREYFUS
L'un des plus grands magasins de tissus à Paris. Son choix est considérable et il pratique des prix très raisonnables.
2, rue Charles-Nodier
75018 Paris
Tél. : 01 46 06 92 25

ENTRÉE DES FOURNISSEURS
Un bon choix de boutons, galons, fils à broder est proposé. Deux magasins à Paris.
8, rue des Francs-Bourgeois
75008 Paris
Tél. : 01 48 87 58 98

9, rue Madame
75006 Paris
Tél. : 01 42 84 13 97

ULTRAMOD
On y trouve un choix immense de galons dans toutes les couleurs et toutes les largeurs, la spécialité est le galon gros grain.
La mercerie regorge de boutons, fils à broder, rubans.
14, rue Monsigny
75002 Paris
Tél. : 01 42 96 98 30

Magasins spécialisés dans le gros outillage (perceuse, scie sauteuse, tous les outils, vis et clous...)

LEROY MERLIN
Vous connaîtrez la liste des points de vente en téléphonant à ce numéro Azur :
0 801 63 46 34

CASTORAMA
Vous connaîtrez la liste des points de vente en téléphonant à ce numéro Azur :
0 801 63 64 70

Magasins divers

L'ENTREPÔT
Vous trouverez dans ce magasin des coquillages, des étoiles de mer et des fleurs séchées.
50, rue de Passy
75016 Paris
Tél. : 01 45 25 64 17

MARIE-PAPIER
Le choix de papiers est formidable. Vous en trouverez de toutes les couleurs, avec des effets de reliefs très intéressants.
26, rue Vavin
75006 Paris
Tél. : 01 43 26 46 44

Les brocantes

Elles fleurissent un peu partout. Je vous conseille aussi d'aller visiter les vide greniers qui ont lieu dans certains quartiers.
Voici 2 spécialistes de la brocante que vous pourrez contacter afin de connaître les points de vente les plus proches de chez vous.

LA COMMUNAUTÉ D'EMMAÜS
Tél. : 01 42 36 06 99

LA CAVERNE DES PARTICULIERS
Tél. : 01 47 74 94 94